上海市新闻出版专项资金资助项目

中国社会工作史料汇编（第一辑）

# 现代社会事业

言心哲 著

華東理工大學出版社
EAST CHINA UNIVERSITY OF SCIENCE AND TECHNOLOGY PRESS
·上海·

**图书在版编目(CIP)数据**

现代社会事业/言心哲著. —上海：华东理工大学出版社，2019.2
(中国社会工作史料汇编. 第一辑)
ISBN 978-7-5628-5712-9

Ⅰ.①现…　Ⅱ.①言…　Ⅲ.①社会事业—研究—中国—现代　Ⅳ.①C916

中国版本图书馆 CIP 数据核字(2019)第 039674 号

## 内容摘要

本书作者言心哲先生是我国老一辈社会学家，本书也是 20 世纪初社会工作引入中国后非常具有代表性的一本专著和教材，是我们把握本土社会工作早期发展史的重要文献资料，对当代社会工作教学和研究具有重要的参考价值。

本书分为六编，可归纳为四个部分：第一部分是对社会事业（即社会工作）的概述，介绍了这一学科的基本概念、功能、范围与分类等，并指出了当时社会工作发展的必要性；第二部分是对西方发达国家社会工作起源与发展的介绍，并回溯了中国社会慈善救济事业发展的简要历史，概括介绍了民国时期社会工作事业的主要进展；第三部分专门就社会工作人才培养进行了系统探讨，在介绍欧美经验的基础上，提出了人才培养的目标、分类和方法；第四部分（第四、五、六编）则是对社会工作社会个案工作、团体工作（小组工作）和社区服务（社区工作）三大方法基础知识的系统介绍，包括意义与特质、起源与发展、范围及种类、目的、原则与方法、专业人员培训、在社会服务中的应用等内容。

策划编辑 / 刘　军
责任编辑 / 孟媛利　刘　军
装帧设计 / 徐　蓉
出版发行 / 华东理工大学出版社有限公司
地址：上海市梅陇路 130 号，200237
电话：021-64250306
网址：www.ecustpress.cn
邮箱：zongbianban@ecustpress.cn
印　　刷 / 上海展强印刷有限公司
开　　本 / 890mm×1240mm　1/32
印　　张 / 17.5
字　　数 / 313 千字
版　　次 / 2019 年 2 月第 1 版
印　　次 / 2019 年 2 月第 1 次
定　　价 / 168.00 元

华彩百年文章传道
风云世纪专业流芳

谨以此丛书纪念中国社会工作百年历程
谨以此丛书纪念中国社会工作恢复卅年

# 丛书总序

自20世纪初社会工作专业被引入中国以来，到今天已经有了百年历史。中国社会工作的百年发展史跌宕起伏，映射出近代中国的经济社会发展与政治变动情形。

20世纪80年代后期，沉寂了30多年的社会工作在中国内地恢复重建，当时仅有4所高校开设社会工作本科专业。经过近30年的发展，现在已有300多所高校开设这一专业、100多所高校招收社会工作专业硕士，已经形成从专科、本科到硕士、博士、博士后的完整人才培养体系。与此同时，社会工作实务也渐次开展起来，到2017年年底，全国已经注册成立了近7 000家提供专业社会工作服务的社会服务机构，基本涵盖了社会工作的各个实务领域。可以说，社会工作作为一种专业制度安排，在中国内地已然获得高度认可。

回顾近30年中国社会工作的恢复重建历程，我们能够看到一条清晰的发展线索：从最初的“拿来主义”到本土理论和实务经验的生成。20 世纪 90 年代到 21 世纪初,中国社会工作从课程体系、教学体系到实务操作,基本上照搬了我国香港、台湾地区以及欧美国家较为成熟的模式,也出现了"水土不服"的现象。但是,中国社会工作学术界和实务界没有忘记探索自己的道路,并取得了一定成果。

从 1998 年开始,中国社会工作教育协会组织编写社会工作系列主干教材,跨出了学科自省的步伐。2001 年,王思斌教授提出了社会工作"本土化"的命题,倡导并鼓励人们根据中国的国情、政情和社情进行社会工作教育模式和实务模式的探索与理论提升。在"本土化"导向的驱动下,中国社会工作学术界和实务界努力挖掘"传统资源",检讨"西方学说",总结"中国经验"。

作为一家以社会工作图书出版为特色之一的出版单位,华东理工大学出版社一直致力于社会工作"本土化"图书的编辑出版。这次推出的"中国社会工作史料汇编"(第一辑)包括 6 种图书:《社会工作导论》(蒋旨昂著)、《现代社会事业》(言心哲著)、《医院社会工作》(宋思明、邹玉阶著)、《精神病之社会的因素与防治》(宋思明著)、《社会救济》(柯象峰著)、《社会事业与社会建设》(复旦大学社会学系编)。这些著作均为民国时期的出版物,代表了民国时期社会工作理论研究和实务经验的最高水准,具有极大的出版价值。

进入 21 世纪以来,中国的社会工作学者们通过"参与式行动研究”模式，即作为集理论研究者和政策倡导者于一体的角色深入实践开展专业社会工作，成为推动新的社会服务体系建构、社会组织发展和基层政府社会职能转变的重要力量。“中国社会工作史料汇编”（第一辑）的推出，可谓生逢其时，能够为中国社会工作学者的进一步探索提供别样的视角和有益的借鉴。

当前，中国特色社会主义进入了新时代，中国社会工作学者要以习近平新时代中国特色社会主义思想为指导，继续深入开展理论建构与实践建构，积极建设具有中国特色、中国风格、中国气派的中国社会工作理论体系和实务模式，以更好地服务于我国的社会发展、社会建设和社会治理实践，更好地服务于提升我国软实力与国际话语权的建设实践。

愿这套丛书能够更好地助力新时代中国社会工作的发展！

徐永祥

# 导 读[①]

登录中国知网，以“言心哲”为“关键词”检索篇名，寥寥 8 篇，还包括言先生自己 1982 年在《晋阳学刊》发的一篇自传[②]。再以“言心哲”为“作者”检索，3 篇文章，也包括上述那篇自传。一口气读完本书[③]，两相对照，不胜唏嘘。以近年来社会工作教育和研究的“突飞猛进”而言，以言先生等人为代表的 20 世纪初为发端的那次社会工作在本土的引进和发展，似乎真的已经是“云影缥缈”、恍如隔世了。然而，对于今天的社会工作学科而言，那段历史真的可以忽略吗？

## 一、言心哲其人

纵观言心哲先生的一生，既不像那个时代的革命者那样“波澜

---

① 本文为国家社会科学基金项目“民国时期社会工作本土化研究”(13CSH097)的成果。

② 言心哲.言心哲自传[J].晋阳学刊，1982(4)：73～77.

③ 言心哲.现代社会事业[M].商务印书馆，1944.

壮阔”，也没有如鲁迅那般“投笔从戎”做一个思想斗士，而是以一种比较中规中矩的知识分子的轨迹生活着。按照《言心哲自传》的记载：1898 年 7 月 30 日，言心哲出生于湖南湘潭，幼失双亲，被叔父养大，为舅父母接济；然而，幸运的是，在读书治学一途，他还是坚持了下来。言心哲 7 岁入私塾，14 岁高小毕业，虽在丝绸铺学徒 1 年，但 15 岁又考入长沙甲种商业学校，受业于名师杨昌济和李肖聃，同时又旁听于当时的“思想重镇”之一“长沙船山学社”；21 岁由族间亲友资助参加赴法勤工俭学，后留学美国南加州大学攻读社会学和经济学，1928 年获得硕士学位，当年秋季受表弟燕京大学许仕廉博士邀请回国，先后任教于燕京大学、南京中央大学、复旦大学、中山大学，1940 年以后曾任社会部的社会行政计划委员会委员、人口研究委员会委员，并主政重庆实验救济院院长职务——惜乎书生从政，困难重重，在言心哲看来，当官的经历并不理想。再接下来就是中华人民共和国成立之后，1952 年高校院系调整，社会学被撤销，那是社会学历史上的一段“公案”。1957 年，言心哲先生紧跟着费孝通发表的“关于社会学，说几句话”一文，在《文汇报》发表了“也为社会学说几句话”，竟因此被打成“右派”，只是所幸未受太大的摧残，此后直到社会学恢复。二十几年弹指一挥间，作为一个社会学家和教育研究工作者，大好韶华消磨殆尽，虽时代使然,但不得不令人扼腕。1984 年 2 月 11 日,言心哲先生病逝于上海。

## 二、言心哲其学

总览言心哲先生的治学,集中于社会学和社会工作两个部分,前者包括社会调查和农村研究,后者主要围绕社会工作理论与知识的引介和在本土的适用展开。刘拥华曾在《中国社会科学报》上发表了"缺席的言心哲先生"[①]一文,认为言心哲先生的研究兴趣和方向都与当时主导中国社会学的燕京大学相隔甚远,因而始终游离于主流社会学之外。谈及那一时期的社会调查,我们能想到的是陶孟和主持的"北平调查所"和李景汉的《定县社会概况调查》[②];谈及人口调查,我们首先想到的是陈达主持的现代人口普查工作;谈及中国农村研究,则不可避免地要以费孝通先生的《江村经济》[③]为首——言心哲的社会学研究的确和这些流派与传统并不相融。结合言先生的自传,我们可以大概看到他与燕京大学"相交"到"分离"的这么一个轨迹。

① 刘拥华."缺席"的言心哲先生[N].中国社会科学报,2013-05-17(A08).
② 李景汉.定县社会概况调查[M].中国人民大学出版社,1986.
③ 费孝通.江村经济[M].北京大学出版社,2012.

1928 年，在获得文科硕士之后，已经修习了博士科六个学分。正在这时，前燕京大学社会学系主任许仕廉电促我回到燕京大学担任社会学教学工作。于是，我离开美国洛杉矶到旧金山，经过太平洋，路过日本横滨，回到上海后即去燕京大学任教。第一学年所讲授的课程为《社会学概论》和《社会领袖》[①]两门。由于基础理论学习不够，专业知识造诣不深，加以几度患病，曾在前北京协和医院医治，幸获痊愈。但自己也感到，那一年教学工作的效果是微不足道的。

——《言心哲自传》，载《晋阳学刊》，1982 年第 4 期。

可见，由于患病也好，教学效果差也罢，言心哲在燕京大学的经历并不愉快。而 1929 年夏天，他就离开北京，在许仕廉等人的推荐下到了南京，给“中央高级军官训练班”讲授“社会调查”课程了，自此也就基本宣告与燕京大学主导的社会学传统分离开来。1933 年 2 月 1 日，李景汉的《实地社会调查方法》一书由“北平星云堂”书店发行，时隔一年，言心哲在 1934 年《新社会科学》第一卷第二期发表“书评：李景汉的实地调查方法”一文对该书进行了评介。言语之中，对该书和李景汉其人颇为肯定，貌

① 课程名现多用引号而非书名号，为尊重原著，暂不修改。——编者注

似是没有什么芥蒂的。而且在言心哲的《社会调查大纲》一书中，许仕廉和杨开道分别为之作序，可见双方可能并非志趣不同。言心哲离开北京，多是其他因素使然，对此，我们就不得而知了。

遍查中国历史文献总库与全国报刊索引，得言先生专著11部，报纸杂志论文70余篇；概括起来，言先生在社会调查方面的研究其实贯穿了他的社会学治学，主要集中在研究方法和将之运用于农村社会及社会建设研究上，因而也是学以致用的。仅以他的第一本书《社会调查大纲》为例就可以很明确地看到这种特点。该书于1933年由上海中华书局印行，是在南京讲学讲义的基础上完成的。该书分为两编：第一编为总论，重点介绍和讨论了社会调查的基础知识、调查的步骤、组织和进行实地调查及访谈、制表与绘图的基本方法；第二编是各论，分别就人口、教育、犯罪、卫生、农村、事业六大问题的系统调查进行了指导性的分析，最后在书末列举了学习社会调查的中英文参考文献。概括该书治学特点，笔者认为有两个方面必须加以关注。第一是扎实的专业功底，从书中所呈现的知识的系统性和专业性而言，《社会调查大纲》绝对是同类研究中的翘楚，这一点从许仕廉和杨开道所做的序言中也可以得到佐证。比如杨开道在序言里指出[1]：

> “社会调查在欧美的确已经十分普遍，就是在中国也十分入时，不过社会调查的刊物还是十分幼稚，号称社会调查专家的爱尔梅(Elmer)博士也只讲了一大套调查大纲，对于调查计划、调查区域、调查人才、调查表格、调查谈话、调查整理都是挂一漏万，不敢恭维。其他的中西作家都犯有同样的毛病，没有把社会调查的系统整个儿地表现出来。本书作者言君心哲费去不少心血，收集不少材料，组成这样大一本社会调查书籍，虽然不能说是尽善尽美，也实在是难能可贵，所以不客气地写几句话在这里介绍给读者诸君。”

第二是注重对本土具体情境的适用，以及以调查服务社会的价值情怀。这一点特别难能可贵。他在该书中提到[2]：

> “现在中国社会，情形之紊乱复杂，实远甚于欧美。社会事业，百端待举。有许多人先本具有改革社会的志愿，等到一

① 言心哲．社会调查大纲[M]．上海中华书局，1933.
② 言心哲．社会调查大纲[M]．上海中华书局，1933.

入社会便觉改革困难，不胜其烦，容易灰心绝望。我们应知道，就是美国那样富强，社会生活，甚为完备，然犯罪、疾病、失业、贫穷等等仍在所难免，而如民治、教育、和平亦远不如我们理想的，所以改革社会要有毅力。社会问题日多，改革的需要亦引之日甚，用我们所学的，尽量谋求社会发展，这也是从事社会调查者应取的一个态度。”

该书是言心哲的第一本著作，而且也是其在国内治学的起点，他后续的乡村与人口研究基本上都是沿着该书的方法和思想发展而来的，这是在理解言心哲所治学问时所必须把握的。仅从当时在同一时期发表的农村社会学研究的著作来看，杨开道的《农村社会学》(1929，世界书局)以引介西方理论知识为主；顾复所编的《农村社会学》(1933，商务印书馆)更侧重对中国本土农村的描述，学理层面略有欠缺；冯和法所编的《农村社会学大纲》(1934，黎明书局)主要从社会生产力和生产关系的角度切入，且强调普遍联系的方法；而言心哲的《农村社会学概论》(成书于 1933 年，出版于 1934 年，中华书局)则更注重将来自西方的农村研究理论置于中国本土的大背景下探讨，分析了农村研究在中国的重要性以及研究不足的原因，该书在使用社会学理论与方法方面的体系建设更为完整，在学科意义上也更为专业，给人一种积极本土化的态度。而这一点，也比较充分地体现在他对社会工作的研究和人才教育等方面。他关于社会工作的治学，我们放在下面结合本书来探讨。

## 三、《现代社会事业》其书

笔者在《解读社会工作历史的三个视角》一文中，曾经探讨自己初涉民国时期社会工作历史文献的那种"惊喜"之情[①]：

> "社会工作专业恢复以来，大量的专业知识和校本都来自西方发达国家，并且基本上都是引进上个世纪[②]末的已经相对成熟的知识经验。这种现象似乎给国内学界一种错觉：社会工作在本土刚刚起步，从而有意无意地忽略了上个世纪[③]初曾经有过的那一段专业发生发展的历程和本土化的有益尝试。实际上，当我们回顾先辈们曾经走过的路，却蓦然发现，问题发生的情境是何其相似：同样是来自西方，同样是社会转型，同样曾经面临着边缘化的困境，也同样曾经

① 林顺利. 解读社会工作历史的三个视角[J]. 中国社会工作，2013(1).
②③ 此处指 20 世纪。

面临着适应本土社会的困惑和迷茫。……在这里，历史和现实交汇，产生了一种'共鸣'，而这种'共鸣'告诉我们：必须重新发掘那一时期的历史，才能够形成一种从专业到实践的延续。"

实际上，这种惊喜之情完全可以用在阅读《现代社会事业》一书上，且毫不为过。中国社会工作恢复建设40年来，我们直接主动引入了同时期的社会工作理论知识研究成果，从教师到学生，从研究者到实践者，都有意无意地忽略了20世纪初我们曾经走过的相似的道路，忽略了那个时代的前辈学人们曾经为将社会工作发展为一门经世致用之学问而做出的努力。所以当我们在历史文献中回首，可能会不由自主地发出一些惊叹：原来早在20世纪的二三十年代，我们本土学者所撰写、编著的专著和教材就已经有了对社会工作三大方法的系统介绍，而在北平协和医院的社会服务部早已有了医院社会工作，在当时的报纸杂志上，社会工作的同仁已经开始讨论个案工作的技巧和方法，个案工作和团体工作很早就出现在女青年会的社会服务以及儿童、医院、精神健康、伤残重建等领域中。带着这样一种"共鸣"的心态，我们来看一下言心哲先生的本书著述。

第一，要阅读此书，必先了解并结合当时的中国社会背景。本书成书于 1943 年，是言心哲 1928 年归国后从事社会工作教学和参与一些政府部门主导的社会建设事业的成果，前后大约 12 年(1931—1943)。而这 12 年，中国基本上处于抗日战争之中，战乱频发，时局不稳，天灾人祸，城乡经济受阻，社会建设待兴。和抗日战争之前的半殖民地半封建社会相比，社会固然动乱，但社会转型已经日趋进步，生产和生活的现代化进程加速，所以要从社会动荡和社会转型两个角度来把握这一时期社会工作发展的背景。言心哲在自序中谈道：

> “现代社会事业在我国这次抗战以前是被忽视的一种事业，我国以往谈民族复兴与国家建设的，很少有人把社会事业看作一个重要的部门，殊不知社会事业的兴办与研究为增进社会福利、提高人民生活的一种重要工作，是以欧美先进诸邦莫不努力创办各种社会事业，以减少人民困苦、培养国家元气。社会事业在我国发展的必要性，已由多年抗战的经验而深深地感觉到了，此点从近年来中央及地方社会行政机构的设立，各项社会事业的兴办以及社会事业教育之渐加注意，可以窥见一斑。”

所以在当时的社会背景下，社会事业即社会工作已经开始从以往被忽视，到国家与社会逐渐重视的这样一个阶段。这个阶段实际上有两个需要交代的具体背景和情境。一个是自20世纪初伴随着西方教会的传教事业，尤其是基督教青年会的社会福音事业引入并经由燕京大学进入高等教育体制内的社会工作专业，已经在本土扎根并且发展了近十年。以燕京大学为首的社会工作专业人才培养尽管影响不大，但毕竟已经埋下"火种"，这些火种或者在政府机关，或者在社会慈善救助组织，或者在高校，都在为社会工作进入社会建设发挥功能积累一定的力量。另一个是清末民初以来社会福利和社会救助体系的现代化转型，在民间具体表现为传统以宗族和善堂为主导的慈善救助事业开始向官办民主和民间自组织转型；在政府那里则体现为社会福利制度，尤其是政策法规和行政管理体制的逐步完善。1940年以后，"社会部"以及各地社会处的设置，从劳工福利到公务员抚恤制度等一系列制度的设计和社会工作作为专业技术引入社会福利和社会服务的一系列举措就是这种转型的成果。这些是在读本书前需要了解的前提。

第一，阅读本书，要领略之前我们在"言心哲其学"部分所提到的言心哲严谨的治学态度和扎实的专业底蕴，具体体现为本书在社会工作知识体系引介方面的专业性的坚守。从内容设计上，本书可以说几乎穷尽了当时社会工作学科知识的方方面面。本书分为六编，可以归纳为四个部分。第一部分是对社会事业（即社会工作）的概述，介绍了这一学科的基本概念、功能、范围与分类等，并指出当时社会工作发展的必要性；第二部分是对西方发达国家社会工作起源与发展的介绍，并回溯了中国社会慈善救济事业发展的简要历史，概括介绍了民国时期社会工作事业的主要进展；第三部分专门就社会工作人才培养进行了系统探讨，在介绍欧美经验的基础上，提出了人才培养的目标、分类和方法；第四部分（第四、五、六编）则是对社会工作社会个案工作、团体工作（小组工作）和社区服务（社区工作）三大方法基础知识的系统介绍，包括意义与特质、起源与发展、范围及种类、目的、原则与方法、专业人员培训、在社会服务中的应用等内容。

与之可参照的同时代的社会工作概论类相关书籍，主要有钮长耀的《社会工作（初稿）》（1940，中央社会部），孙本文编的《社会行政概论》（1941，中华文化服务社），马宗荣的《社会事业与社会行政》（1942，文通书局）、蒋旨昂的《社会工作导论》（1946，商务印书馆），黄永滋的《社会行政概论》（1946，改进出版社），还有就是当时政府部门编写的培训手册，颇具代表性的就是国民党训练委员会编的《社会行政》（1943）。我们把他们对社会事业的定义和内容的设计列表对比，就能发现其中的差异。

**1940年代社会工作概论性书籍定义与内容比较**

| 著作名称 | 作者 | 对社会工作的界定 | 内容提纲(一级) |
|---|---|---|---|
| 《现代社会事业》 | 言心哲 | 由上述几个定义看来,我们可以说,社会事业是运用现代科学的知识与方法,办理各种社会救济事业,以免除个人当前的痛苦,解决社会当前的问题,消极地减少各种社会病态。同时,并注意社会生活的改进,积极地预防各种社会病态的产生。其主要目标是调整个人及社会生活的共同关系,增进大众的福祉。凡消极的社会救济事业与积极的社会福利事业,皆可包括在内 | 第一编　现代社会事业纲要<br>第二编　各国社会事业概况<br>第三编　社会事业人才的训练<br>第四编　社会个案工作<br>第五编　社会团体工作<br>第六编　社区服务工作 |
| 《社会工作(初稿)》 | 钮长耀 | 没有明确定义,以其书中所列领域表示其外延:民众团体的组织训练和监督指导;社会运动的指导与监督;社会福利事业的倡导实施与管理;合作事业的倡导与管理 | 第一章　导论<br>第二章　社会工作基本法则<br>第三章　民众团体指导要领<br>第四章　社会救济事业的实施<br>第五章　社会服务事业的实施<br>第六章　社会工作人员应有的修养<br>结论 |

续　表

| 著作名称 | 作者 | 对社会工作的界定 | 内容提纲(一级) |
|---|---|---|---|
| 《社会事业与社会行政》 | 马宗荣 | 综合了 E. T. Devine 和 Alice Salmon 等人的说法,概括如下:生存保护事业、经济保护事业、保健事业、儿童保护事业和教化事业五类 | 第一章　慈善事业的发展发生及其进展<br>第二章　社会事业的发生及其进展<br>第三章　我国社会事业的发展<br>第四章　社会行政<br>第五章　社会事业联络机关<br>第六章　社会事业人员的养成 |
| 《社会工作导论》 | 蒋旨昂 | 所以社会工作是一种过程,应用各种社会力量(亦即社会制度所发生的力量)加以配合,使之帮助增加人与社会接触的活动或自由,至少减除阻碍。此种增加之可能的因素如愚、穷、弱、私;换言之,社会工作是一种发展社会化以培养个性的过程 | 第一章　社会工作之地位<br>第二章　社会研习;社工与个人<br>第三章　社工与团体<br>第四章　社区组织<br>第五章　社会行政<br>第六章　社工干部教育<br>第七章　社工所需的社会学概念 |
| 《社会行政概论》 | 黄永滋 | 社会行政是国家行政权的一部分,即运用政治方法与行政效能去执行社会政策、解决社会问题,而以确立最大多数的最大幸福,以适应社会的生存进步为原则。换言之,社会行政乃是将人类社会行为、社会活动以及社会组织加以合法管理,以获取行政的效能,使集中全力于政府,这就是社会行政的重要意义 | 第一章　绪论<br>第二章　社会行政概念<br>第三章　人民团体组训<br>第四章　社会运动<br>第五章　社会福利<br>第六章　合作事业<br>第七章　国民义务劳动<br>第八章　社会行政实施的必要条件与精神 |

续 表

| 著作名称 | 作者 | 对社会工作的界定 | 内容提纲(一级) |
| --- | --- | --- | --- |
| 《社会行政》 | 中国国民党训练委员会 | 社会行政是国家行政的一种,它的任务,一般地说,是执行国家的社会政策,以求达到社会建设的目的 | 第一章　概说<br>第二章　民众组训<br>第三章　社会运动<br>第四章　社会福利和救济<br>第五章　合作事业<br>第六章　社会调查 |
| 《社会行政概论》 | 孙本文编著 | 社会行政是人本主义的行政,古人就说"仁者,人也",故社会行政亦可简称为"仁政"或"人政",其设施以人为本,以社会化的福利为前提。我国先哲从来以民本政策为施政之要。<br>"发政施仁"为王道之始,以"匹夫匹妇皆得其所",而归于大同之治。现代政权能分工日益严密,就一方面而言,社会行政专为机构之一,乃发展阶段应有之趋势。就另一方面,在领域划分专业自守的局面之下,顾及全盘性以济其穷,亦社会行政应运而生之根源 | 该书为文集,列文章如下:<br>张鸿钧　弁言<br>孙本文、陈达等　我们对于社会行政的意见<br>张鸿钧　社会行政纲要<br>陈达　社会学与社会行政<br>杨开道　社会行政与社会研究<br>李景汉　社会行政与社会调查<br>毛起鵕　社会行政与社会统计<br>刘崇龄　三民主义社会政策的特质<br>吴泽霖　社会行政与社会运动<br>谢徵孚　社会行政与社会立法<br>王政　社会行政与社会制度<br>瞿菊农　社会行政与社会建设<br>杨开道　社会行政与乡村建设 |

续 表

| 著作名称 | 作者 | 对社会工作的界定 | 内容提纲(一级) |
| --- | --- | --- | --- |
| 《社会行政概论》 | 孙本文编著 | 社会行政是人本主义的行政,古人就说“仁者,人也”,故社会行政亦可简称为“仁政”或“人政”,其设施以人为本,以社会化的福利为前提。我国先哲从来以民本政策为施政之要。<br>“发政施仁”为王道之始,以“匹夫匹妇皆得其所”,而归于大同之治。现代政权能分工日益严密,就一方面而言,社会行政专为机构之一,乃发展阶段应有之趋势。就另一方面,在领域划分专业自守的局面之下,顾及全盘性以济其穷,亦社会行政应运而生之根源 | 孙本文　社会行政与社会进步<br>陆京士　战时人民团体组调之理论与实际<br>蒋旨昂　社会行政与社区组织<br>龙冠海　社会行政与集团工作<br>言心哲　社会行政与社会个案工作<br>吴榆珍　社会行政与妇女工作<br>李安宅　社会行政与边疆社会工作<br>寿勉成　社会行政与合作事业<br>吴文藻　现代国家的福利功能观<br>范定九　我对于社会福利的刍见<br>乔启明　社会行政与农民福利<br>程海峰　社会行政与劳工福利<br>陈文仙　社会行政福利与家庭福利<br>熊芷　急待推进的儿童福利工作<br>潘光旦　社会行政与卫生<br>林良桐　社会行政与社会保险<br>喻兆明　社会行政与职业介绍<br>柯象峰　我国社会救济事业之回顾与前瞻 |

在上述概论性质的成果中，钮长耀、黄永滋和中国国民党训练委员会，甚至包括马宗荣的书中，都倾向于更宽泛地界定社会工作，实际上是将社会行政的概念等同于国家在社会领域的治理行为，社会工作仅仅是社会救助和服务中的一部分，这显然与我们目前所常用的概念并不相同；孙本文的《社会行政概论》则是一本文集，孙本文、陈达等人在文集的开头所谓“达成共识”给出了关于社会行政的界定，实际上只是力图将“人本主义”和本土文化相结合的“仁政”，这与马宗荣认为我们国家自春秋汉唐以来均有社会事业的看法几无本质区别。蒋旨昂的社会工作概念比较接近当时西方和我们当代狭义的社会工作，可他的《社会工作导论》不太注重西方原本的知识传统，急于建立所谓中国的社会工作体系（自序），导致该书作为教材的意义有所欠缺。相比之下，言心哲的《现代社会事业》，开篇第一编就明确界定了社会工作与社会行政、慈善事业、社会学的区别与联系，将社会工作定位在一个合适的“区间”。更为重要的是，言心哲极力倡导社会事业对社会建设的重要性，但很理智地将西方社会工作的经验和理论与技术体系完整客观地呈现在该书中，详尽介绍了各国的社会工作简史以及社会工作人才培养和社会工作三大方法，可以说很专业地尊重了西方短暂的知识和实践传统，这也是笔者认为言心哲应当在中国本土社会工作历史上有浓重一笔的主要原因之一。

第二，阅读本书，要看到言心哲对社会工作适用于本土社会建设的本土化努力。我们当前有一种相当普遍的认识，即认为社会工作是“舶来品”，是由西方进入中国的。但是如果认真考察上述几本最基础的民国时期社会工作概论成果，就不难发现，实际上，当时的社会工作学者几乎不约而同地按照社会事业较为宽泛的概念梳理了中国的经济社会史，将社会事业追溯到了我国文明的开端。比如上文提到的马宗荣，即便是本书作者言心哲，甚至也将我国社会事业的起源按照慈善行政推到了黄帝纪元。在这些学者看来，中国和西方国家一样，也都有着悠久的慈善救济传统，只不过西方社会发展略微超前而已，而我们要做的就是参照这些略微超前的经验来思考我们自己的国家和社会建设。言心哲非常注意西方理论知识的本土化，注重在研究中“国货”的比重，比如他在评价李景汉的《实地社会调查方法》一书中就指出：

“李景汉先生近年来对社会调查事业的提倡非常热心，尤其在农村社会调查方面格外努力，《实地社会调查方法》一书系集其多年从事社会调查所得的经验编著而成。全书的材料，虽不能说‘都是国货’，然比国内此类已有的著述或全译自西本或大都译自西本者时有不同，故此书有向国内从事社会调查者介绍之必要与价值也。”

可以看出言心哲对"国货"的重视程度。言心哲的社会工作本土化的思考有两个贡献非常突出:第一,在介绍各国社会事业经验的时候,他将中国社会事业的起源和发展从所谓黄帝纪元一直推到社会部成立之后,国家在中央和地方设置社会行政机关,这样就建立了一套完整的中国社会工作发展史;第二,在对社会工作的概念、社会工作人才培养、社会个案工作、社会团体工作和社区服务的基础知识进行介绍的同时,特别注重与本土社会建设的具体国情和国内在该领域的进展进行有机结合,体现了其自始至终一以贯之的对社会工作在理论和实践上本土化的尝试。比如在第三编"社会事业人才的训练"中的"社会事业人才训练的方法"一章,他就提出了我国社会事业人才的商榷一题,并草拟了一份理想的社会事业课程表,根据我国当时的师资和社会需要,分设了必修课、选修课和模块课程,这种基于本土国情的考虑,即便放到今天,也并不过时。

第三,阅读本书,应当始终带着一种比较的视角。在同时期乃至整个民国时期的社会工作导论和概论性教材中,言心哲的《现代社会事业》一书是最适合与当代社会工作知识进行对照参考的。本书成书于 1944 年,1946 年再版,而当时西方社会工作通用方法个案工作、小组工作和社区工作作为专业方法基本上均已成熟,所以言心哲在该书中呈现的无论是社会工作的基本概念还是社会工作教育以及三大社会工作方法，其基本的理念和技术程序与当代的社会工作教材存在一定的连续性和相似性，对于考察社会工作学科知识的演变具有重要意义。比如，即便是在当代个案工作的知识体系中，Richmond M. E. 的《社会诊断》和《什么是社会个案工作》也仍然是奠基之作，而由于言心哲在 1938 年担任南加州大学社会学系《社会学与社会研究》杂志合作编辑，并曾获得美国加州太平洋社会学学会会长鲍格达授予的名誉委员称号，可见其与美国学术界始终保持着联系；而从他在本书所列文献来看，所引英文最新成果甚至有 1941 年的，因此本书应该算是当时社会工作概论性教材中知识体系最新的了。

## 四、结语

在《经济学是如何忘记历史的：社会科学中的历史特性问题》一书中，杰弗里 · M. 霍奇逊（Geoffrey M. Hodgson）说道："历史是重要的，这部分是由于每一个复杂的有机体、每个人和每一个社会都带有过去的痕迹。演化建立在历史残存的基础上，这些残存会阻碍当前的行动。我们祖先做出的选择很难被消除。"[①]但是，沉浸在不加反思的当地语境中，本土社会工作长期处于一种"忘却历史"的状

① 杰弗里 · M. 霍奇逊. 经济学是如何忘记历史的：社会科学中的历史特性问题[M]. 中国人民大学出版社，2008：3.

态。这种状态的表现有三种:一种是固守来自西方的社会工作所谓的“专业性”,拒绝承认和接受中国传统慈善救济和国家治理中的社会工作元素和渊源;一种是有意无意地忽略了民国时期社会工作曾经引入中国的史实,或者认为该时期社会工作已经过时,而且由于在整个民国以及近代的国家叙事中几乎没有声音,在专业上也不成熟,所以认为没有什么参考价值而选择性地无视;还有一种则是出于专业恢复以来学科史建设缺失的“症状”,本科专业和 MSW 课程中根本没有这类课程设置,而已有教材中也基本没有提及,所以社会工作专业的学生也无从知道和了解本土社会工作曾经在 20 世纪初到 1952 年专业撤销的这段历史。在这样的一种现实状况下,重读和精读言心哲著述的本书,回顾当时老一辈社会工作学者曾经走过的那段历史,就有了一种“回首向来萧瑟处”的感觉。借着这样一个契机,我们沿着历史逆流而上,回溯自 20 世纪初发端的民国时期的社会工作,以及同样孕育于该时期的中央苏区和陕甘宁边区的民政工作传统,到 1952 年社会工作专业撤销,民政工作主导社会事业,再到 1987 年马甸会议确定的专业恢复以来的今天,一个相对完整的中国社会工作历史和学科史的框架就会渐次呈现。

林顺利

2018 年 10 月

# 目　录

## 第二编　各国社会事业概况



## 第三编　社会事业人才的训练



## 第四编　社会个案工作

## 第五编　社会团体工作



## 第六编　社区服务工作

# 朱　序

复旦大学言教授心哲近著《现代社会事业》，以澜数十年来所经历，均为社会救济事业，嘱为之序。澜观言君之书，系博采近代东西研究社会事业学者的论著，与个人积年搜讨的心得所成之结晶。书中溯社会名义与事业之起源，而推论其演进之程序以迄于现代，由狭义的而推到广义的，由枝节的而推到本源的，由理论的而归结到事实的，澜虽不敏，未尝于社会学探讨研求，然于其所主张之义理与事业，则认为确切而精当，足为留心现代社会事业而发愿担当其任务者所取资。盖此中意趣，惟曾经苦心研究或着手进行者，其感想弥为兴奋。澜自 1919 年以来，值北五省及黄河、长江流域水旱频仍，于办理义振官振之余，辄觉拯救一时患难后，不为之图谋永远的生产，则所救济者尚属未能彻底；复感觉与其救济于已然，不若探本究源，而救济于未然。是以于救济陕西旱灾之际，即与华洋义振总会筹开泾惠渠，渠成而灌溉利兴，旱灾因灭。随在西安与扶风成立两灾童教养院，院各数百名，于养育外，一教工，一教农，无论男女皆令能手自操作，又于甘肃救灾后，设育幼所于河西各县，供给衣食住，教以应有常识，近更与军政当局地方绅商筹集基金，创办海固、隆化等县回民生活小学，注重纺毛等工艺，培养其知识与能力，安定其生活与心志。又移黄河灾区难民于黄龙山，兴办垦殖，注重保安与教育，冀成社会乐园。所幸现时下而士民乐输，并非为求福而施舍；上而政府振灾，注意于社会之救济；此澜所不敢不日夕孜孜，勉力以赴者也。虽然，以上种种，不过对于失养失教之贫民妇孺一部分的救济事业而已；以言社会事业，谈何容易；所赖全国上下，一致努力，发挥全民之互助精神，从根本上改善社会耳。夫言论为事实之母，言君一方发抒学理，一方传授心法；复旦社会学一系，人才辈出，皆克为言君任宣传与实行之责，澜既延其高足弟子俞生湘文赴黄龙山担任保育，并拟续延吴生莱、梁生业鸿相助为理，期举其学说与现办事实相印证。来日此书风行全国，有心人闻风兴起，合力提倡，社会全般事业，一一皆从源头处加上纠正；岂特增进吾国现代社会上之幸福，即吾民族之复兴，胥于此赖之矣；览者其勿河汉斯言。

1940 年 6 月山阴朱庆澜[①]序

① 朱庆澜(1874—1941)，字子桥、子樵、紫桥。山东济南市历城人，祖籍浙江绍兴钱清镇秦望村人，政治家、慈善家。——整理者注

# 自　　序

《现代社会事业》一书，今已脱稿者二十余万言，现值战时，深恐稿件散失，加以友朋之劝促，虽明知其中有待修改之处颇多，亦决提早付印，以期对于我国之社会事业与社会行政能有些微之贡献。

社会事业一科，不仅在我国较为新兴，即在欧美诸邦亦属后起。欧美各国对于现代社会事业之提倡与研究，为时亦不过三四十年，但在此短短数十年间，进步殊为迅速。近二十年来，欧美各国，尤其是美国各种社会事业之发展，社会事业教育之进步，社会事业研究机关之设立，以及此类出版刊物之增加，实使吾人有望尘莫及之感。

现代社会事业在我国这次抗战以前是被忽视的一种事业，我国以往谈民族复兴与国家建设的，很少有人把社会事业看作一个重要的部门，殊不知社会事业的兴办与研究，是为增进社会福利、提高人民生活的一种重要工作，是以欧美先进诸邦，莫不努力倡办各种社会事业，以期减少人民困苦，培养国家元气。社会事业在我国的需要，已由于多年抗战的经验而深深地感觉到了，此点从近年来中央及地方社会行政机构的设立，各项社会事业的兴办，以及社会事业教育之渐加注意，可以窥见一斑。

不过，社会事业千头万绪，加以我国人口众多，幅员广大，社会经济等情形，又多与他国不同，要使今后的社会事业对于民族复兴与国家建设发生更大的效果，有待改进与研讨之处当然很多，举凡社会事业理论的阐扬、社会事业人才的培养、社会行政人事制度的树立、工作方法的改善、研究工作的推动，以及理论与实际如何使之沟通、学校与机关怎样取得联系，等等，均当根据我国当前环境，参考欧美各国已有成规，作进一步之探讨与改善，著者希能于此籍中，略为阐述此中要义。惟著者十余年来对于社会事业虽然稍加涉猎，而该科范围广泛，关系重要，心得殊鲜，加以个人见闻有限，目前收集材料又颇困难，不妥与疏忽之处定所难免，尚希海内贤达多予匡正为幸。

本书之得以完成，有赖于友朋之协助与鼓励者实多，孙本文先生、吴景超先生、范定九先生、吴文藻先生、吴泽霖先生、谢徵孚先生、王政先生、杨开道先生、简贯三先生，对于本书的设计，均有所建议。朱约庵先生曾阅“社会事业人才的训练”一编，并有所指正。葛三立先生曾代校阅全书之一部。陈定闳先生对于“日本的社会事业”一节[①]帮助不少。柯象峰先生、龙冠海先生、傅尚霖先生、张鸿钧先生、毛起鵕先生、何德鹤先生、陈文仟先生亦给予著者不少的助力。陈铁生先生、潘小萼先生、宋哲夫先生、王理成先生、陈烈先生供给我国社会事业机关史料颇多。于广林先生代为缮写全书之一部。皆应于本书付梓之日，聊申谢意。

社会部部长谷正纲先生、前国立复旦大学校长吴南轩先生、现任国立复旦大学校长章益先生、美国南加州大学社会事业学院院长兼社会学系主任鲍格达(Bogardus, E. S.)先生，给予著者不少的鼓励与襄助，得使本书克以完成问世，尤其铭感难忘。1940年夏，朱庆澜先生在北碚寄住，因得有机缘与之常相过从，曾将该书初稿，请其指示，并蒙亲自书序，私衷感激，匪可言喻，今本书草率完成，而朱先生业已去世，未获亲睹，缅怀先进，诚不胜感慨系之。

1943年6月1日言心哲序于北碚国立复旦大学社会研究室

① 实为第二编第六章。——编者注

# 第一编

中国社会工作史料汇编（第一辑）

# 现代社会事业纲要

# 第一章　社会事业的意义

社会事业(Social Work)这个名称,究竟起自何时？社会事业是什么？直到现在,社会事业有没有确切的定义？社会事业与社会行政有什么区别？社会事业与慈善事业有什么不同？社会学与社会事业有些什么相互的贡献？社会事业的功用安在？社会事业的目的及其方法又是怎样？社会事业的范围及其种类,究应包括一些什么？社会事业所受的责难是什么,以及吾人的解答又是怎样？这些都是我们研究社会事业的人首先应当注意的问题。本编的目的即在对于上述各种问题,来试作一个简要的答复或说明。

## 第一节　社会事业名称的由来

在人类社会史上早已就有互助事业、救济事业或慈善事业，但是社会事业这个名称，直到20世纪才开始通用，虽然在1860年时即有这类事业的活动。[①] 在19世纪以前，也有所谓“社会改造”“慈善事业”或救济院、孤儿院、老人院、疯人院一类的慈善机关，但是还没有一个集合的名词概括现今之所谓社会事业。据美国社会事业专家狄万(Devine E. T.)[②]的考证，社会事业这个名称，直到1904年或1905年始为一般人所通用。[③] 狄氏的考证，当然是指美国而言。美国而外，据说德国以1902年为社会事业成立之年，但德国在1896年的时候，已经有人使用社会事业这个名词。[④] 不过，社会事业这个名词，究竟创始于何人与何年，是很难说的一件事体。[⑤] 本来，社会事业系渊源于慈善事业，后由慈善事业渐进而成为社会救济事业，再从社会救济事业发展到积极的福利事业，终乃形成现代的社会事业。因时代的演进、思潮的改变，其意义与内容

① Klein Philip, General Discussion of Social Work, The Encyclopaedia of The Social Sciences, Vol. 14, 165.

② Devine，现多译为“迪瓦恩”。——编者注

③ Devine E. T., Social Work, pp. 15～16.

④ 李剑华：《社会事业》，第1页。

⑤ Macadam E., The Equipment of The Social Workers.

虽有多少的不同，而社会事业这个名称则早已确立矣。

## 第二节　社会事业名词的诠释

社会事业(Social Work)有译为社会工作者，有称为社会服务(Social Service)者，有称为社会福利(Social Welfare)、公共福利(Public Welfare)、社会行政(Social Administration)、社会事业行政(Social Work Administration)或社会服务行政(Social Service Administration)者，名称虽异，而目的实同，即皆为人民谋福利是也。此类名词，在欧美各国虽亦不甚划一，但沿用社会事业(Social Work)者较多。本书之所以采用“社会事业”一词，亦正以其应用较为普遍，且能包括各种社会服务事业故也。今试诠释于次：

第一，“社会事业”一词，似已为一般人所习用。我国以往关于此类著作虽不甚多，而亦有数种可述者，例如李剑华氏所著之《社会事业》[1]、李世勋氏所著之《社会事业》[2]、祁森焕所著之《社会事业大纲》[3]，皆称社会事业。

在国内，各大医院中设有社会服务一部者颇多，例如前上海之

① 李剑华:《社会事业》，世界书局 1931 年版。——编者注
② 李世勋:《社会事业》，上海中华社会事业研究会 1931 年版。——编者注
③ 祁森焕:《社会事业大纲》，博文社 1931 年版。——编者注

中山医院、上海之中国红十字会第一医院、南京之鼓楼医院、重庆之宽仁医院及前北平之协和医院等是，其中以北平之协和医院办理较有成绩。该院之社会服务组织系于1921年成立，始称社会服务部，大约在十年前改称社会事业部。[①] 它如以往及现在国内各种杂志报章所刊载关于此类之论文及记载，沿用社会事业者亦较多。[②]

社会事业学校之开设，以美国为较多，此类学校或学系之名称，有称社会服务行政者（例如芝加哥大学 University of Chicago 即为 Social Service Administration），有称公共福利行政者（例如路易西案挪州立大学 Louisiana State University[③] 即为 Public Welfare Administration），有称社会行政者（例如爱阿瓦州立大学 Iowa State University[④] 即为 Social Administration），有称社会事业者（例如纽约社会事业学校 New York School of Social Work），但就美国全国而论，仍以称社会事业者为最多。依据美国1941年

① 吴铎：《北平协医社会事业部个案的分析》，《社会科学杂志》2卷1期，北平社会调查所出版，1931年3月。1937年春，作者于搜集北平协和医院社会事业部之资料中，得悉该部仍称社会事业部。

② 杂志论文方面例如：钱振亚《日本社会事业之概况》，《社会学刊》2卷3期（中国社会学社编辑，世界书局发行）；许仕廉《考察苏联社会事业杂志》，《社会学刊》3卷4期；孙本文《各国社会事业概况》，《时代精神》4卷2期（重庆独立出版社发行）；言心哲《抗建期中社会事业实施的方针及步骤》，《时代精神》3卷4期；浦乃筠辑《苏联之社会事业》，《时代精神》3卷4期。报章上之论文及消息沿用社会事业一名词者甚为普遍，兹因篇幅所限，不及备述。

③ Louisiana State University，现多译为“路易斯安那州立大学”。——编者注

④ Iowa State University，现多译为“艾奥瓦州立大学”。——编者注

出版之《社会事业年鉴》所载关于美国 41 个专门训练社会事业人才之学校或学系一览，[①]其中称社会福利者 1 校，称社会服务行政者 1 校，称社会服务者 3 校，称社会行政者 3 校，称公共福利行政者 1 校，称应用社会科学者 2 校，称社会科学者 1 校，称社会经济及社会研究者(各)1 校，其余之 27 校皆称社会事业。由此可见，社会事业一名词，在美国采用较为普遍。

第二，社会事业之意义，在我国习用上虽似稍嫌广泛，但能包括一切慈善事业或社会救济事业、社会福利事业、贫民救济事业、儿童保护事业、劳工福利事业、社会保健事业、民众娱乐事业、妇女救济事业、犯人救济及感化事业、精神病人服务事业、残废人及老年人救济事业、社会保险、合作事业，等等，凡消极的社会救济事业与积极的社会福利事业，皆可概括于社会事业之内。Social Work 译为社会工作，原无不可，但慈善事业与合作事业等，似亦不便归在社会工作之内，而称为“慈善工作”或“合作工作”。“社会服务”一词，亦常被采用，但已不甚普遍。前北平燕京大学之 Department of Sociology and Social Work 曾译为社会学及社会服务学系。Social Work 译为社会工作尚可，但与社会服务之意义不同，此或因燕大成立该系较早，其时我国现代社会事业之提倡，尚

① Kurtz, Russell H., (Editor) Social Work Year Book of 1941, 176～177. Russell Sage Foundation, New York, 1941.

在萌芽时期，应用“社会服务”或较易于使人了解，但社会服务一名词，除特殊情形外，已渐不甚适用，欧美各国近年出版此类之书籍及学校课程的名称，鲜有称社会服务者，此因社会服务似含有不受物质报酬无条件地为人帮忙之意。此种纯粹性的“社会服务”，当然与现今专门从事社会事业者不尽相同。现在欧美各国之从事社会事业者，早已视为专业，其须有物质上的报酬及专门的训练，与其他各种职业正复相同。

第三，为求国际上的联络与合作便利起见，似亦宜采用社会事业一词。美国之《社会事业年鉴》(*Social Work Year Book*)、社会事业人员联合会(The American Association of Social Workers)、社会事业宣传会议(Social Work Publicity Council)、社会事业大会(The Conference of Social Work)、社会事业学校联合会(The American Association of School of Social Work)以及国际社会事业大会(The International Conference of Social Work)，皆采用社会事业一词。在南北美洲，社会事业一词沿用固极普遍，即在日本亦久已通用。日本之中央社会事业协会、《社会事业年鉴》，及关于此类出版书籍，几莫不以社会事业为通用之名词。可见社会事业这个名词的意义与性质，在日本早已确定。总之，在国际方面，此类名词若能划一，于合作、交换必利多而弊少也。

Social Work 在我国文字中译为社会事业，似无不当，国立编译馆所编译之社会学名词，曾开会讨论，Social Work 已多数赞成译为社会事业矣。不过现在我国，在某种情形之下，或称社会服务，或称社会福利，或称社会行政，似均无不可（例如现在各地所设之社会服务处、社会部之社会福利司、社会行政计划委员会），而各种社会服务活动的统称，则似以社会事业为宜。

## 第三节　社会事业的定义

社会事业一科之输入我国，为时不久，故社会人士对于社会事业的意义尚多不能明了。有人以为社会事业就是慈善事业或救济事业，其实并不尽然，因为社会事业一方面固然是慈善、救济、感化以及运用其他各种科学知识与方法，以补救贫穷、疾病、犯罪、失业等社会病态，一方面还要改良普通社会生活及团体组织，以预防各种病态的产生。又有人以为社会事业就是一般公益或公共事业，亦属误解。社会事业原是在现行社会经济制度之下，对于一般不幸分子加以扶助，以谋大众福利的增加，但同时亦常注意到社会生活如何改善，社会病态如何遏止，目的在于使社会大众同登幸福安乐的境地。故仅为一人一家或一族之利益计，固不能称为社会事业。即政府通常之公益行政事业，如警务、消防等事业，以及各种职业团体所主办之事业，也不是社会事业。

一般社会人士对于社会事业之所以不大明了，一方面是因为社会事业的范围过于广泛，一方面是因为许多社会事业家的意见亦复各有参差，所以狄万在其所著之《社会事业》一书中曾经说过："社会事业还不能成为一个满意的名称，因其意义甚为广泛，所有人类社会活动的事业，似都可包括在内。就是自命为社会事业家者，他们也没有一个公认的定论，各人的认识与标准，亦复不同。"[①]克来因（Klein P.）[②]亦曾谓社会事业至今还没有一个公认的完善定义。[③] 不过，十余年以来，因许多学者之努力研究，从事社会事业者之实心任事，意见虽偶然互有出入，范围之广狭，所见虽略有不同，然已渐趋一致。今就社会事业的定义，择要叙述数种于下，以见社会事业概念之一斑。

桂应（Queen S. A.）[④]说："社会事业是适应个人关系的艺术，这种艺术是用以协助解除个人与个人间所发生的各种困难的。例如本籍与客民的关系、雇主与雇工的关系、学校与家庭关系的调整，都要借助于社会事业。"[⑤]

---

① Devine E. T., Social Work, 19.

② Klein，现多译为"克莱因"。——编者注

③ Klein Philip, General Discussion of Social Work, The Encyclopaedia of the Social Sciences, Vol. 14, 165.

④ Queen，现多译为"奎因"。——编者注

⑤ Queen S. A., Social Work in the Light of History, 18.

霍尔伯(Halbert L. A.)[1]说:“依照科学的标准,社会事业是在人类幸福关系之下,产生、变更或适应社会组织及行动的事业。”[2]

司外尼次(Schweintez Kral De)[3]说:“社会事业是帮助人们解除困难的一种艺术。”[4]

季灵等(Gillin[5], Dittmer and Colbert)谓:“社会事业的意义是以科学方法发展,并适应人类关系的一个途径,使个人及社会获得常态生活,并且鼓励个人及社会向前进步。”[6]

奇烈(Cheyney Alices)[7]女士说:“社会事业似乎是包括各种有关联的社会服务活动的统称,事业的种类虽有不同,然皆视受救助者之需要,自愿地予以扶助。从事社会事业者,对于受救助者的社会关系的改进,莫不格外注意,对于科学的知识与方法,亦常予以充分的利用。”[8]

由上述几个定义看来,我们可以说,社会事业是运用现代科学的知识与方法,办理各种社会救济事业,以免除个人当前的痛苦及解决社会当前的问题,消极地减少各种社会病态。同时,并注意于

① Halbert,现多译为“哈尔伯特”。——编者注
② Halbert L. A., What is Professional Social Work,24～25.
③ Schweintez,现多译为“施韦尼兹”。——编者注
④ Schweiretz, Kral De, The Art of Helping People Out of Trouble.
⑤ Gillin,现多译为“吉林”。——编者注
⑥ Gillin, Dittmer and Colbett, Social Problems,15.
⑦ Cheyney,现多译为“切尼”。——编者注
⑧ The Encyclopaedia of The Social Sciences, Vol. 14, 166.

社会生活的改进，积极地预防各种社会病态的产生。其主要目标在于调整个人及社会生活的共同关系，增进大众的福利。凡消极的社会救济事业与积极的社会福利事业，皆可包括在内。

社会事业的定义虽略如上述，但社会事业的特征及其意义，往往是随着科学知识的增进而变更的。[①] 狄万亦常谓，社会事业因为富于弹性的缘故，所以社会事业的意义与范围，日异而月不同。是以对于社会事业欲求一公认而永远不变的定义，要大家遵守，是很不容易的一件事体。

① Lundberg, Bain, Anderon and Others, Trends in American Sociology, 325.

# 第二章　社会事业与社会行政

社会事业的意义已如上述，那么，社会行政又是什么？社会事业与社会行政的性质，又有何不同之点？这正是我们现在所要讨论的一个问题。社会行政一名词，现在我国及欧美各国亦常采用。以往从事于社会事业者及对于社会事业有兴趣的人，大都只知注意于直接服务（Direct Service）的节目、方法及其问题，而对于行政方面并不大注意。那时，社会事业方面的行政工作与直接服务似乎没有什么区别，也从来没有把社会行政看作一个分别的部门。①但由于现代社会事业的发展、范围的扩大，以及社会事业机关的大量增加，于是社会行政方面乃成为社会事业中一个迫切的问题，而

① Dunham A.，"Administration of Social Agencies"，Social Work Year Book of 1941，20.

有待于解决与研究之必要了。[①] 无论是消极的社会救济事业也好，积极的社会福利事业也好，想要办理得法、推动有效，社会行政机构的成立、行政效率的增进，当为极关重要的问题。一个教育机关，要把教育事业办理得好，要注意教育行政；一个工商组织，要把工商事业处理妥善，要注意工商行政。一个社区的社会问题是多么普遍，社会关系是多么复杂，社会事业的类别又如此之多，社会行政之重要当亦不难想见了。现在有些国家认识到社会事业与社会建设之重要，有专设社会行政机构管理并发展一国之社会事业者。我国现在主管社会行政的机关为社会部，隶属于行政院，实际说来，社会部即等于社会行政部。在表面上看来，社会行政系由国家来执行，政府设立之社会事业主管机关为社会行政机关，社会行政多赖国家办理，但实际上，私人所举办之社会事业机关，亦当认识到社会行政原理与方法之重要，社会事业的推动方易收美满之效果。社会行政，顾名思义，似偏重于实际的执行方面，社会事业一方面要注重实际工作的推动，一方面也要有理论的基础，现代社会事业理应双方并重。注重行政方面的课程，可称社会行政，或社会机关行政，或社会事业行政，或公共福利行政。由于现代社会问

① 参阅 Street，Ellwood，Social Work Administration，Chap I，The Importance of Administration，1～4.

题的复杂，社会事业范围的扩大，此类课程在社会事业学校或学系中，当亦属重要。

我们平常一谈“行政”二字，很容易使我们联想到政治学，因为行政学或行政管理学是政治学中的一个部分，是以在大学政治学系的课程中每(每)有行政学一科之设立，专门讨论政府组织之活动与效用及其管理。[①] 行政一词在行政学上的解释，为“人”与“物”的管理。政府机关为完成其任务，执行其政策，自有赖于“人与物”。政府机关行政效率之能否提高，全视对于人与物之管理是否得当以为断。社会行政在性质、技术及哲学方面与普通行政容有许多不同之点，但如机关的组织、人事行政、事务管理以及经费等问题亦颇多雷同之处。因此，以往有若干社会行政的资料或文献，是从较广泛的普通行政学一科参考而来的[②]，这是因为社会行政在性质与内容上虽与其他行政有些不同，而在执行上或在推动某种社会事业时，也是离不开人与物的，所以人与物的管理在社会行政方面也很重要。不过，在社会行政的整个领域中，无疑地，有些活动，例如书记工作及物品采购之类是属于例行的工作，但在其他方面，社会行政在现代社会事业先进的国家已日益专业化，例如执行、监督、组织与视

① 张金鑑：《行政学之理论与实际》，第1页。
② Dunham, Arthur, “Administration of Social Agencies”, Social Work Year Book of 1941, 20.

导等工作,都需要明确的透视、深刻的研究,专门的技术与有创造表现的贡献才能做得好,此在现代社会行政的专门工作上是随时可以发现的。从许多方面看来,社会行政确是需要专业化的。[①]从专业的立场说来,一种专门的行政人才,只能担任他所熟悉的行政工作,因为在不同的行政园地,必须运用不同的行政原理与技术,例如军事、教育、商业、工业、交通等,莫不各有其行政上的原理及专门技术的,社会行政既被视为一个专门部门,当亦不在例外。

现代社会事业之重视行政,实非无故。社会事业之日渐推广,组织日渐扩大,管理日形复杂,从事此类工作者乃不容不研究其是非得失。加之,社会学与社会事业的知识日渐渗入于社会行政,使社会行政理论的基础日益丰富。[②] 事实给予吾人许多证明,社会行政问题的科学研究及行政技术,已随社会事业的发达及社会行政家经验的增加而日有进展,此种发展情形从近代关于此类出版之书籍及定期刊物方面,可以窥见一斑。

在美国1910年时,即有这类书籍出现,例如墨克林[③]所编之

---

① 参阅 Simey T. S., Social Administration,13~14.

② Simey T. S., Social Administration, Preface and Introduction.

③ McLean,现多译为“麦克莱恩”。——编者注

《较小城市慈善会社的组成》[①]及舍菲尔[②]的《慈善领导者》[③]为关于社会行政方面较早之文献。至 1914 年,美国有一个社会事业学校曾设有社会事业行政的课程。[④] 但是,那时关于此类较好的参考书籍及论文仍极缺乏,担任教授这类课程者乃不得不利用与此有关的各项文献,如政府行政、商业行政一类的资料。在该科发展的初期,行政方面的会议记录及个案资料,亦被用作行政方面的题材。自 1920 年以后,社会行政渐渐引起若干学者的注意与研究,因而产生了许多此类良好的参考书籍。同时,在杂志上亦有许多关于此类论文的发表。其中有不少资料是针对社会行政实际技术方面的讨论,虽然其中的材料有时也有涉及其他方面的。

自 1930 年经济恐慌潮流席卷全球以后,失业救济与贫民救济成为许多社会事业机关极严重的问题,于是社会救济行政成为若干国家重要行政之一,社会行政专家已被视为促进社会福利、减少人民痛苦的主要角色。无论是站在政府的立场或事业的观点上,行政对于社会事业方面的功效,很少有人加以否认了。此种兴趣之增加,信念之加强,以及社会行政重要性之了解,对于现代社会

---

① McLean, Francis H., The Formation of Charity Organization Societies in Smaller Cities, 1910.

② Sheffield,现多译为"谢菲尔德"。——编者注

③ Sheffield, Ada E., The Charity Director: A Brief Study of His Responsibilities, 1913. 脚注①和③中两书为美国 Russell Sage Foundation 所出版。

④ Kutz R. H., (Editor) Social Work Year Book of 1941, 21.

事业之发展是有很大影响的。现在欧美各国,尤其是美国,社会行政或社会事业行政一科,已被视为社会事业学校中的重要课目之一,虽然关于该科之名称、内容及重要性之程度仍不免有参差的意见。

# 第三章　社会事业与慈善事业的区别

从历史方面看来，社会事业虽系渊源于慈善事业，但是，现代社会事业与往日的慈善事业有许多不同之处，兹择要申述于次。

第一，社会事业与慈善事业的区别，在于基本观念之不同。狭义的慈善是以金钱或物品赠给穷人，救济残废或扶助病者。广义的慈善，凡是对人表示同情或予人一些实际上的援助，如介绍工作，使之获得教育机会，也可以说是慈善。往日的慈善，无论是广义的也好，狭义的也好，其出发点大都系基于宗教、迷信与同情的观念，来救济社会上一部分的不幸分子。他们每把慈善事业视为私人的一种“恩惠”，脱离不了“怜悯”与“姑息”的概念。而且“恩惠”之有无，全出于施助者的自愿，受助者并无要求之权。换句话说，慈善有如礼品，赠与不赠，或赠送之多寡，全凭个人的意愿或自由，受助者固不能有所强求，他人亦不得加以干涉。往日兴办慈善事业者的动机，在“做好事”“得善报”“入天堂”。“修桥补路，为的是儿女的将来。”旧日慈善家常常劝人，“当路莫栽荆棘草”，为的是“他年免挂子孙衣”。因其出发点与基本观念的不正确，慈善事业每每仅能对于社会里面的少数分子予以援助，援助的方法亦不外施衣、施粥、施材等消极工作。现代社会事业则不然，现代社会事业的兴办则纯系基于社会国家的责任，现今之从事社会事业者，莫不站在科学的立场，摒除“报应”的观念，对于全社会不幸分子的救助及社会生活环境的改善，认为是应尽的责任或义务，同时，受助者亦有要求救济之权利。例如往昔之医院与学校多为慈善家所创设，今则多移归地方及国家主办，公(立)医(院)及公立学校制度创立以来，人人皆有权要求此等享受之获得。现代国家在社会事业方面，亦有同样的趋势。

第二，社会事业与慈善事业的区别，在于方法上的差异。现代社会事业的举办，莫不利用各种科学方法，对于一种病态的发生莫不穷本溯源，细察因果，以为诊治之依据，此因个人状况及其家庭历史与夫生活环境，各有不同，故对于个人问题欲有所补救，不可不注意个别诊断，因为必须如此，方能对症下药，施以适宜之治疗，所以社会诊断(Social Diagnosis)、社会个案工作(Social Case

Work)、团体工作(Group Work)、社会调查(Social Survey)及社会统计(Social Statistics)等,均为社会事业方面的重要方法或工作,此种方式或工作不仅可以供给临时救济的参考,且可以用为从事预防的根据。从前之办理慈善事业者,对于社会病态的补救,只知顾及临时的救济,“头痛医头,脚痛医脚”,不曾注意到个别诊断与社会调查等工作的重要。一遇病态发生,每本其“一视同仁”的态度,不加区别地予以救济,故其所举办之事业,因其缺少科学方法,对于病态或问题的认识多欠精确。前已言及,往日慈善事业的动机是在“做好事”,“做好事”在许多方面当然有时也可使个人获得较好的适应,但是,有许多“做好事”的人因为没有适当的方法,其所得结果每与想象的情况适得其反。试观我国旧日的慈善事业,不是施衣施材施粥,就是编制善书,广印佛经,分送各界,以劝世化俗,或作“敬惜字纸”一类的工作。这些“善书”如《太上感应编》《阴骘文》等,迷信的色彩极深,其中所述劝导的意义多限于个人,而引证的事实无非是古代忠孝节义和功罪报应一类的故事,虽然不能说这一类的工作对于个人全无益处,但其见解不深,范围狭隘,语涉鬼神,漫无稽考,实与现代社会事业的科学精神与方法相去甚远。

第三,社会事业与慈善事业的区别,在于组织上的不同。对于现代社会事业,行政机关非常重视内部组织的健全与科学的管理,因为有健全的组织与科学的管理才能提高一个机关的行政效率，是以欧美先进诸邦社会事业机关的组织无不日求严密，管理方面亦力求科学化与标准化。而往日的慈善事业机关组织既不严密，管理亦欠周到，对于外界更少联络。往昔的慈善事业每系社会上少数热心分子，感于一时的需要，任意兴办，并无整个的计划与通盘的打算，组织与系统上多不合乎科学的原则。一种慈善事业的创办是否合乎社会长久的需要，会不会与他种事业发生冲突或重复，主办者是不考虑的。热心慈善事业之辈，每因一时的高兴发起种种事业，成立许多机关，及至时过境迁，就没有人负责，所以以往有许多慈善团体兴废不定，统制无方，漫无系统，规模狭小，而于联络方面更不重视。往日之慈善机关，每每各自为政，不相联系。现代社会事业，不仅机关的本身常有完备之组织，与其他机关亦常取得密切的联络，如此，方足以开事奏功，借收"事半功倍"之效。一个机关每因限于人力物力，有许多专门工作不易或不能单独举办，而同时，社会事业千头万绪，若不与其他有关之机关联合办理，即无从进行。一种事业的创办，要有组织、有系统、有联络，才可以避免滥施与工作重复，才可以节省经费与人力，是以现代社会事业人员与社会事业机关莫不从事、提倡各项联络工作，期以较少的经费与人力收得较大的效果。

第四，社会事业与慈善事业的区别，在于对象与范围广狭之不同。现代社会事业以社会大众的福利为对象，其目的在谋全体社会生活的改善与社会关系的调适，而慈善事业则往往仅以个人或极少数人为对象。换句话讲，慈善事业的对象较为窄狭，而社会事业（所涉）范围则较为广泛。从前的慈善事业，仅注意于消极的救济，救济以外的积极或预防工作则毫未顾及。消极的救济事业固可视为社会事业之一部，但现代社会事业不止于消极的救济而已，现代社会事业的重要工作，在对于各种社会病态未形成以前能有事先的预防，以遏止病态于未然。对于社会上的不幸分子，用消极的方法来救济他们，实出于不得已之举，但真正的社会事业贵能正本清源，使社会病态能有根本的解决，此正所谓“一两之预防胜过一磅之救济”也。因此，现代社会事业的范围，除救济贫民、扶助弱者以外，对于娱乐的提倡、环境的改善、公共卫生的策划、儿童福利的鼓吹、社会立法的推行以及社会调查的举办等，莫不惟力是视，日益扩大其活动与范围。

第五，社会事业与慈善事业之区别，在于工作人员的训练与知识的不同。在现代社会事业发达的国家，社会事业早已（被）视为一种专门职业，从事斯业者，莫不专心致志，以期于成，是以欧美先进各国多设有社会事业教育机关以训练此类人才，此因各种社会病态的救济与预防，社会生活环境的改善，社会关系的调适，须有种种新的科学知识与方法，方能应付得法，故非研究有素，深通各科，对于社会问题与社会病态就难有透彻的认识与切实的补救。诚以各种事业莫不各有其特殊的状况，社会事业的范围广泛，内容亦甚复杂，惟有聚精会神，埋头苦干之专家，朝夕不懈，继续不断地努力运用其所习得之知识与方法，从事实行与研究，方克明悉其中底蕴。但往日社会对于举办慈善事业者的见解则不尽然。他们的看法，以为慈善事业，只要具有闲心闲力，好心好意来“做好事”的人，谁都能办。“好事”只要有钱，谁都能做。从前掌管慈善事业者，大都系拥有资产、热心公益之辈，而且在社会上是很有地位的人，他们常以其余力从事慈善事业，纯属义务性质，不受酬劳。他们对于所经办之事业，热心或许绰绰有余，能力则常嫌其不足。这是因为，一方面是他们没有受过这类的专门训练，科学方法与知识自难具备，认识亦复有不同；另一方面，其系以余力从事，不能用全副精神，经管其所举办之事业，所以每每有始无终，或时作时辍，故结果常不能令人满意。现在我国社会的一般人士，对于社会事业依然未能完全改变这类的传统观念，仍以为社会事业只要有钱，谁都能办，但是，现代社会事业不是他们所想象的那样简单，非有专门的训练与专门的知识，是不易于了解社会的实际情形，应付复杂的社会环境及补救社会病态的。

# 第四章　社会学与社会事业的区别及其关系

我国因为社会科学落后，时人对于社会学固不免有种种误解（不是误以社会学与社会主义相混，就是误认社会学为一种唯物史观）[①]，就是对于社会事业也有各种不同的看法，此点在上面已经提到。社会学与社会事业有何不同？其相互关系又是怎样？也是不大留意的。

依照社会学家，如柯莱（Cooley C. H.）[②]等的意见，均以为社会学与社会事业的主要区别，就是社会学是科学（Science）或社会科学（Social Science），而社会事业则为社会艺术（Social Art）。社

① 孙本文：《社会学原理》，第 631 页。
② Cooley，现多译为“库利”。——编者注

会学既是科学或社会科学，社会事业既是社会艺术，那么，我们若要知道社会学与社会事业的区别及其关系，就应先明了社会学及社会科学的性质；要明了社会学及社会科学的性质，就应先明了科学及艺术的性质。

关于科学与艺术的性质，依照柯莱的意见，艺术比较广泛远大，切近人格人性，而科学的路径比较窄狭，可与人格分开。科学是狭小的，艺术是广大的；科学是部分的分析，而艺术则多属于整个的描述；科学是专门的，而艺术是大众的。

麦其维[①]在其所著的《社会学对于社会事业的贡献》一书中，亦首先说明社会学是科学，社会事业是社会艺术，其次说明科学与艺术的区别。他说："艺术是要支配对象，科学是要了解对象；艺术注重个体，科学注重原则；艺术活动由于内心之感召，不自理论之推断；科学的功用在说明达到目的之手段，不在实际之行动，科学的自身是抽象的，艺术的自身是冲动的，必须两者相互为用，分途并进，才能相辅相成，殊途而同归。"[②]

科学和艺术无分高下，不可偏重，对于人类社会有同样的贡献。两者并不相反，而实相成，并须相互为用，分道扬镳，才能开事奏功，贯通无阻。例如绘画原属一种艺术，然而说到绘画的技术，

① Maciver，现多译为"麦基弗"。——编者注
② Maciver R. M.，The Contribution of Sociology to Social Work，Chap. I.

则属于科学的范围了。又如研究地质学、工程学等，原属科学，然而谈到测量和描写的艺术，也是不能缺少。这样一来，我们研究一门学科，已不知不觉地双管齐下，同时采用科学和艺术了。

自19世纪各种自然科学及20世纪各种社会科学蓬勃地发展以来，一切学问莫不先后脱离了玄学的色彩，换上新的科学方式，社会学也在这时候应运而生，然而至今仍有人怀疑，社会学究竟是不是科学？

往日之所谓科学，系专指物理、化学、生物、天文、地质等自然科学而言，所谓科学家亦系指研究上述各种自然科学之专家而言，至于社会科学如政治、经济、社会诸科，并未被视为科学。如此所谓科学，含义未免太狭，实际言之，知识之能成为科学与否，不在研究的对象，而在研究的方法。英人汤末生（Thomson J. A.）[①]谓："科学的目的，在用最精确、最简单、最完全而可证验的方法，来说明经验的客观事实。"[②]又云："科学以人所能知之宇宙作研究题目，既研究物理，复研究心理，既研究自然，复研究人间。"[③]英人皮尔逊（Pearson K.）亦谓："科学之系统，仅在其所用之方法，而不在材料，人能区分事实种类，发现相互关系，厘定先后次序，即称为科学家。"又云："科学的范围是无限制的，科学的材料是无止境的，凡

① Thomson，现多译为"汤普森"。——编者注

②③ Thomson J. A.，Introduction to Science.

自然现象、社会生活、一切发展的史迹与现状，无不可为科学的材料。”[①]由此可知，科学二字，较往昔之所视者已甚广泛复杂，科学之所以成为科学乃在方法，而不在对象，凡用合理的方法所取得之系统而可证验的知识，不论其属于自然现象或社会现象，均得谓之科学，由此看来，社会科学之为科学，是没有问题的。

社会科学之能视为科学，已如上述，那么，社会学究竟是不是科学呢？社会学在成立之初，能否视为一种科学，固有人怀疑，即在今日，因为社会学范围的广泛，(其)能否成为一种专门科学或社会科学，仍不免有人怀疑。我们已经知道，社会科学之所以能被视为科学，以其能应用论理学[②]上的方法，归纳、演绎、分析、归类、比较、综合之以求得有系统组织而可证验的正确知识。社会方面的种种现象，人类的一切行为，无在不能归纳、演绎、分析、归类、比较、综合之以求得有系统组织而可证验的正确知识。所以“社会学的任务，是在研究人类的社会行为。人类的社会行为，自然可以分类、比较、分析、综合，以组织而成有系统可证验的知识。所以社会学亦是一种科学，它的科学性质，正与物理学、化学、生物学等没有区别”[③]。社会学者过去所做的工作，莫不是向有系统组织而可证

① Pearson K.，Grammar of Science，Chap. I.

② 现称为“逻辑学”。——编者注

③ 孙本文：《社会学原理》，第 27 页。

验的正确知识的途中迈进，如果仍是怀疑它不是科学或社会科学，则不但不明了科学的意义，且不明了社会科学的性质。

关于社会学与社会事业的区别及其关系，麦其维（Maciver）曾作下列之解释①，他说："社会学是研究社会关系的，社会事业是帮助个人在特定的社会环境以内解除失调现象的。社会事业人员若不仅是例行的技师，必须随时有进展的人格，他一方面要有经验，一方面要有自己的哲学。欲使他自己的哲学不是幻想，或他自己的经验不太狭隘，均有赖于社会学。因为社会学可有两种贡献：一种是指示正确的方面，使社会事业人员，超过当时当地的'个案'范围，得到较为广泛的认识，认识各种社会潜能与条件；一种是将特殊研究交给社会事业人员采纳，是即是，非即非，完全客观，盖科学好像站在世界以外，无所动于中，不像艺术站在世界以内，希图改造世界。""现在对于社会事业的见解，仍然逃不出两种传统的假定，以为社会事业是'好心做好事'或则只是济贫，济贫只要有钱即能办到。好事谁都知道是什么，不管是为已或者是为人。可是现在的社会事业，已包括娱乐与社会病理等需要专门知识的工作，不是原来所想象的那样简单，也不是谁都会干。社会事业已不只是慈善事业，已与慈悲为怀的组织分家，何况济贫工作大半归到政府

① Maciver R. M., The Contribution of Sociology to Social Work. 李安宅：《社会学对于社会事业的贡献》，天津《大公报》1933年5月3日。

行政范围,已经用不着旧日的慈善机关了。在这种局面之下,社会事业人员要靠有专门知识来担当专门职务,非复如昔日之徒有闲心闲力者的自动活动所能为力。不过事实是这样,传统的观念,至今还没有彻底改变。所以社会事业必须提高训练程度,获得专业地位,有如医生、工程师一样。不然,报酬既不甚高,社会评价又不公平,一定会影响他们所从事的工作,不易得到人们信仰而底于成功。”

麦氏最后讨论社会事业对于社会学的贡献,他说:“第一,社会事业因为实际上常遇到种种社会环境,可以帮助社会学划分社会环境的种类。第二,社会事业因为追究每件个案的社会环境,不但知道社会团结与分离两种势力的趋向,同时,也能知道彼此运行的状况,这可以帮助社会学研究人类团体生活的过程。第三,任何社会事业都是根据工作的假定来解决个人问题的,所以任何社会事业都是一种试验,因为社会事业是试验,所以能够帮助社会学了解社会因果律。”“谈到社会因果律的关系,社会事业人员在任何境地之下都要研究四方面:一是一般的社会背景,即基本的社会因素与经济因素等;二是个别的社会背景,即个案的生活状况或个案所代表的团体类型所有的背景;三是个案在特定的团体生活以内所受的人格影响;四是个别失调所有的当前问题。”大体言之,社会事业似为社会学原理的直接应用。社会学理论的进步,固可予社会事业很多的帮助，而由社会事业所得的各种人类经验，亦曾予社会学不少的贡献。又据蒲色德(Bossard)[1]的看法，社会事业的目的不外两种，一为协助个人、团体或阶级调适于环境，二为图谋环境的适当改变；为求达到上述两种目的，均须有赖于社会学原理的协助。[2] 蒲氏以为，社会学对于社会事业的贡献计有下列几点：① 社会学上的各种概念，可以供作研究人类实际问题的参考；② 社会学的原理对于个人及社会行为的问题，有些新的发现，可供社会事业的应用；③ 社会学上的社会全体有机关系说，可作社会事业人员一种有用的观点；④ 社会学可以表达社会事业推进的可能性，何者可用人力改造，而何者不能；⑤ 社会学规定许多标准，可供社会诊断及社会处理的用途；⑥ 社会学可供社会事业人员一种有用的社会哲学。基于上述几种缘由，现代社会事业几莫不以社会学为基本的知识。

从历史方面看来，社会事业的发展，最初虽则未受社会学若何的影响，社会学与社会事业渊源虽则亦有不同，而就过去一世纪以来之发展情形看来，两者确有相互依赖的关系。试就美国社会科学社(American Social Science Association)、全国社会事业大会

① Bossard，现多译为“博萨德”。——编者注

② Bossard，“The Functions and Limits of Social Work as Viewed by a Sociologists” in Bernard's Field and Methods of Sociology，1934.

(National Conference of Social Work)以及美国社会学社(American Sociological Society)三个团体的情形加以考察,社会学与社会事业不仅有相互依赖的关系,而且有共同的兴趣和活动。1879年美国社会科学社开会时有社会事业讨论组的设立,而社会学的名称直到1886年始在美国流行,所以二者的关系只能说到1886年才正式开始。两者关系的密切,可从上述几种学术团体会员之相互参加情形略见一斑。社会学社的会员,有许多参加全国社会事业大会,全国社会事业大会中的会员,同时亦有许多参加美国社会学社。[①] 社会学与社会事业乃系一种学术(的)两方面,所以社会事业家亦往往有被称为应用的社会学家或社会技师(Social Engineer)的。在美国1894年至1905年间,社会学与社会事业运动似极有关,而在本世纪[②]之最初二十年间,二者之关系并不显得怎样密切,这是因为当时美国的社会学家与社会事业家意见分歧,甚至彼此互相攻击。社会学家以为从事社会事业之人员,终日忙于救济事业,无暇顾及高深训练,对于经办之事业只知其然而不知其所以然,其所搜得之材料每不能作为社会研究的资料。而从事社会事业者,亦常以为社会学家只知崇尚论理,专事空谈,无补于

① Klein E. E., The Relations of Sociology and Social Work, Social Forces, Vol. 9, No. 4.

② 此处指二十世纪。——编者注

实际。直到后来，双方都感到理论与事实实有融会贯通、互相调剂之必要。现今美国社会学界与社会事业界莫不有密切的联系，全国社会事业大会开会时分组讨论社会学，社会学界开会时亦分组讨论社会事业。训练社会事业人才之机关，几莫不与大学之社会学系合作，或附属于大学之社会学系。从此可知，社会学与社会事业之关系，是何等密切。

总而言之，社会学是着重于原理的指示，而社会事业则注意于实用方面。因此有人将社会事业称为应用社会学（Applied Sociology），不仅理论与实际应双方并顾，而且要有密切的联系。仅重理论而不顾实用，容易成为“空话”，偏重实用而无理论的根据，容易使人“盲动”，所以二者不可偏废。

# 第五章　社会事业的功用

现代社会事业的功用颇多，兹就个人见解所及，择其较著者分述于下。

第一，社会事业可以促进社会进步。社会进步的意义，从来社会学者的解释各有不同。华德（Ward L. F.）[①]认为："凡可以增加人类幸福就是进步。"[②]恺史（Case C. M.）[③]以为："社会进步，就是社会生活全盘的改善。"[④]蒲希（Bushee F. A.）[⑤]则谓："普通所谓进步，意即趋向着惟一的理想，此种理想，包含一种最后增加幸福

---

① Ward，现多译为"沃德"。——编者注

② Ward L. F.，Dynamic Sociology，174～177.

③ Case，现多译为"凯斯"。——编者注

④ Case C. M.，Social Process and Human Progress，Chap. I.

⑤ Bushee，现多译为"布希"。——编者注

的意思。”[①]霍伯浩(Hobhouse L. T.)[②]谓:“社会进步就是社会生活中关于人类附以价值的特质的发展。”[③]霍氏所谓人类价值,也就是指人类幸福而言。爱尔华(Ellwood C. A.)[④]谓:“社会进步含有改良人类生活状况的意义。”[⑤]归纳言之,社会大众的生活有了改善,大众的幸福有了增加,才算是社会进步。但是,大众的生活如何方能改善,大众的幸福如何方能增进,其中有一前提,即群众的利益必须调和,团体与团体间的冲突不致发生,才能使社会有现时的安宁与前进的能力。社会事业主要目标即在改善大众的生活,增进大众的幸福,调和群众的利益,减少团体的冲突,使社会能有现时的安宁与前进的能力。总理[⑥]在《民生主义》中亦曾昭示我们:“社会之所以进步,是因群众利益相调和,不是群众利益相冲突。”社会事业的目的,亦不外此。但是,我们也须知道,社会演化,必有许多变迁,一有变迁,定有许多人不能适应复杂的社会环境而致失调,此因人之资质不同,环境各异,在社会变迁的时候,有的幸而前进、成功;有的不幸而落后、失败,乃一种当然的结果。社会对于这些不幸分子,若不加以扶助、解救,势必形成种种社会病态,有

① Bushee F. A., Principle of Sociology, 9.
② Hobhouse,现多译为“霍布豪斯”。——编者注
③ Hobhouse L. T., Social Evolution and Political Theory, 8~12.
④ Ellwood,现多译为“埃尔伍德”。——编者注
⑤ Ellwood C. A., Psychology of Human Society, Chap. 14.
⑥ 本书中未明确指出的“总理”皆指孙中山先生。——编者注

碍社会进步。在这个时候,社会事业人员常与这些不幸分子相接触,认识其严重及危险的程度自较一般人为深刻,故无时满意于社会现状,无时不思有所改革、解救或处理之。这些改革、解救或处理的工作,就是社会事业人员的任务,所以他们常常创办各种社会事业机关,发起种种社会运动,以谋补救社会病态,促进社会进步。

第二,社会事业可以谋达社会公道,社会公道为社会革命最后的目的,各种主义几莫不以此相号召。总理毕生从事革命,亦屡以“天下为公”的原则,昭示吾人。英儒霍伯浩(Hobhouse)讨论社会公道与合理之善(The Rational Good)大都与“天下为公”之精神吻合。[①] 社会事业系在原有社会制度之下,以和缓的方法来谋达社会公道。何以需要社会公道?因为在现行社会经济制度之下,富者愈富,贫者愈贫。富者何以愈富?因为有适宜的环境、良好的机会、美满的家庭、合宜的教育、相当的职业,以及其他种种较好的际遇,所以能为富人或好人。贫者何以愈贫?亦不外环境恶劣、机会难得,不能有良好之家庭与教育,结果只得变为穷人或坏人。此并非全由于个人本质之不同,实多由于机会之不均等有以致之。一个社会里面,若是富者愈富,贫者愈贫,社会问题及社会病态必因之而更增多。为避免社会畸形的发展,与消除社会病态起见,故当

① Hobhouse L. T. 著有《社会公道要论》(*The Elements of Social Justice*)及《合理之善》(*The Rational Good*)等书。

举办各项社会事业，促进机会均等，以谋达社会公道。社会公道与人生应有的权利是随时代与环境而改变的，例如 18 世纪人民之参政权利，19 世纪之妇女参政权利，以及 20 世纪儿童应享之各种权利，在从前并未视为分所应有，后因有少数识见深远之先觉，加以鼓吹、宣传，终认为非如此不足以言社会公道。社会事业家鉴于社会事业之繁多与社会病态之增加，多由于社会缺乏公道，机会之不均等，故特提倡人生应有的种种权利，如教育、卫生、娱乐、住所以及犯人之合理待遇、贫民之救济等权利，以谋社会公道之伸张。

第三，社会事业能令人树立推己及人与仁民爱物的社会哲学。凡属人类都应相亲相爱，济困扶危，以达到共存共荣的目的。试观现代文明国家，不仅对于人类的爱护在法律上有各项的规定，就是对于普通动物的保护也有种种的组织。此种制度的影响，近则可以防止虐待或残杀动物的行为，远则可以养成仁民爱物的心理，以消弭人类弱肉强食之祸患。但自实际情形看来，人类社会到处充满了矛盾现象。在人类社会中最令人难于了解的，莫过于自相残杀。目前世界有若干国家正在从事战争，互相屠杀。即尚未从事战争之国家，亦莫不准备战争，直接地为军备扩充与改进，间接地为一切工业交通与粮食之设备，几莫不以战争为鹄的。凡足以摧残同类或同种、同胞之工具与技术，莫不精益求精，如战争利器中之轰炸机、坦克车、鱼雷艇、大炮、毒气、新式军舰、秘密武器等，无不巧夺天工，精良无比，而于人类幸福之安全则置之不顾。如果人类社会的文明与进化应以此为鹄的的话，则人类社会何贵乎有此“文明”？何贵乎有此“进化”？凡此种种，吾人不能否认其为一种严重的病态，如果这种病态不能设法消弭，其他许多社会病态亦将无法解救。解救之道，必先树立推己及人与仁民爱物的社会哲学。社会事业家要把社会事业办理得好，一方面，他固然要有他的经验与技术；另一方面，他也要有他的哲学。从事社会事业者对于人生、别人的生活，以及各阶级的人的生活，应常发生浓厚的兴趣。他们要能时常运用丰富的社会知识与活泼的想象能力，并能设身处地地去体会别人的生活环境和心理反应。换句话说，他们须有推己及人与仁民爱物的社会哲学，才愿不时献身为社会服务，为人类谋幸福。

第四，社会事业可以提高人民生活程度。生活程度是指吾人生活方面实际所享受的情形。现代政治家、实业家、教育家以及从事医药卫生与社会事业的人们，等等，整天在那里聚精会神图谋事业的发展，他们所采取的方式虽各有不同，但他们最后的目标无非是想把一个地方或社会人民生活的实际享受，“加以改善、提高，使之能臻于幸福安乐的境地”，人民在幸福安乐境地之下，不仅有饭吃、有衣穿、有屋住、有事做，而且能丰衣足食，住屋能合乎现代卫生的条件；不仅有事做，而且各人能乐其职业，展其才能。更进而言之，人民不仅在物质生活方面如衣食住行等能有相当的满足，而且在精神方面如教育、信仰、文化等也有相当的享受。人民的生活必要这样，才有意义，这也就是我们所追求的理想生活程度。影响此种理想生活程度的因素是很多的，而举办社会事业，以增进人民的福利，改善社会的生活，实极重要。我国一般人民的生活程度，向来就很低落，溯自抗战以来，物价继续高涨，人民的经济状况大受影响，生活的程度就一天一天地显得更低了。为谋人民生活程度的提高，有许多的事业和方法，如富源的开发、农工商业的发展、各种生产技术的改进等固当注意，而兴办各种社会事业，如社会保险、劳工福利、职业介绍、社会服务、社会救济、贫民贷款、民众娱乐，等等，大众的生活程度便能因之而提高。我国政府如不想为大众谋幸福则已，要想为大众谋幸福，各种社会事业须多多努力兴办才是。

第五，社会事业可以消弭社会乱源，培养国家元气，增加人民对于政府之信仰。社会的治乱，国家的兴衰，原因甚多，但一试(思)考历史上的变乱，有许多由于贫民众多、阶级斗争而发生。社会病态有时可为大乱之根源，“涓涓不塞，将成江河”。此类贫民与其他社会病态，若不及时予以救助，小则足以妨害地方治安，扰乱社会秩序，大则足以驱作汉奸，资人利用，是以社会事业的兴办实为我国现时及战后要政之一。从消极方面说，社会事业可以消弭社会的乱源，减少社会上之不安；从积极方面说，社会事业可以培养国家的元气，增加社会上的生产能力。再从政府之立场言之，当局者莫不望其人民为后盾，拥护政府，赞助政府，始终为政府之后盾。是则非赖人民对于政府有坚强之信仰不可。试就欧美各国现状观之，吾人认为欧美各国政府博得人民信仰之方法固多，而要以造福民众为其首要，其主要方式，则在提倡及兴办各种社会事业，以减少人民之痛苦，提高人民之生活程度。是以现代文明国家，不论是资本主义的国家也好，社会主义的国家也好，或实行其他主义的国家也好，莫不努力兴办各项社会事业以增进民众福利。盖此类事业直接地可以减少人民的痛苦，增进大众的福利，间接地可以消弭社会乱源，培养国家元气，增长人民对于政府之信仰。

第六，社会事业的举办，可使吾人对于社会问题及社会病态有更深切之认识。现代社会事业是运用较新的科学与方法来补救各种社会问题及社会病态的，且对于各种社会问题及社会病态的发生，莫不穷本溯源，细察因果，以为诊治的根据，所以对于贫穷、劳工、犯罪及疾病等问题能有较深刻的认识，这种认识是解决社会问题与补救社会病态最好的指南针与依据。

第七，社会事业的举办，可以解除个人的痛苦。天之生人虽然同具圆颅方趾，但是常因个人知识能力的不同，环境的差异，我们随时可以看到社会上的个人荣枯际遇，各有不同。在教育学上及社会学上有侧重后天的理论，于是环境支配人生的社会思想，更多一重(要)的根据。个人方面，或因个人本身的缺陷，或因社会环境的不良，以致不能适应其所处之环境而感受种种痛苦，社会方面若不设法从速解救个人的痛苦，则个人便会失意堕落，甚至流为乞丐、盗匪、娼妓，并做出许多有碍社会幸福的事情来。社会是个人的集合，救助个人即所以救助社会，减除个人的痛苦即所以维持社会上的治安，保护大众的利益。但是救助个人，非空言可以奏效，社会人士各有专职，他们终日忙于处理分内的任务，无暇亦无法顾到许多个人的痛苦，此因救助个人，并不是一件轻而易举的事情，负救助之责者，必须兴趣浓厚，对于社会病态能认识透彻，而且对于社会事业的方法或技术都要具备，方能达到真正的救助目的，减除个人的痛苦。社会事业专家终日以服务社会为其职志，无时不竭尽其心思才力，以谋解除个人的痛苦。

# 第六章　社会事业的目的及其方法

有人曾谓:“社会事业最后的目的,就是要使社会不再需要社会事业。”[①]此种说法虽然很对,然不过为一种理想而已,此种理想与现代的社会实际情形悬隔甚远。社会事业人员在推动他们工作的时候,就会感觉到当前的社会事业离我们最后的目的尚远,这是因为,一方面,在进行工作时,社会病态的发现与日俱增;另一方面,新的科学方法日在进步,新的科学知识日在增加,社会事业的标准日异而月有不同。今日之工作,拿今日之标准加以衡量似可差强人意,但取明日之标准加以衡量必将感觉不甚满足。科学之

---

① Devine E. T., Social Work, 330～331.

进步无限，人口之增加无已，加以人类品性不齐，社会环境复杂，此所以社会事业永为人类社会所需要也。

社会事业主要的目的，不外谋求个人与社会生活的改善，社会病态的消弭与社会关系的调整，但详加分析，约可分为下列诸端。①

1. 救济贫民，使其能适应环境，获得经济上的自立。为防止贫穷起见，并研究贫穷的原因。

2. 救助犯人，使个人与社会能互相适应，不致重入歧途，凡发现足以促成犯罪的原因，即当设法消除之。

3. 与医药卫生事业合作，并研究个人及社会原因所得来之疾病，以作卫生教育实施的基础。

4. 研究各种心理或精神缺陷的缘由及其状况，并设法消弭其致缺陷之因，在可能范围内加以治疗。当需要旧法救护时，社会行政机关应用新的科学方法，以求达到治疗之目的。

5. 对于孤苦儿童的扶助，残病人民的救护，社会事业机关应概用科学方法加以处理。

6. 对于个人的困难问题，就遇有复杂情形发生时，亦应采取科学的态度与方法以处理之，使个人易于适应环境，获得常态

---

① Hagerty J. E., The Training of Social Workers, 2～3.

生活。

7. 关于民众的娱乐及集团生活，例如游戏场、童子军、营火团、夏令营等活动，应运用团体工作的原理与方法以发展之。

狄万谓："社会事业狭义的目的凡二，即个人的救护与环境的改良是也。"[①]前者多为消极的救济工作，后者则多属积极的福利事业。当前的社会事业设施多偏重于前者。对于后者则不甚注意，此种情形尤以我国为普遍，察其原因，约有下列数种。

第一，因为当前的痛苦，最易令人触目惊心，引起人们的注意。救济工作多为止痛与救命的工作，而预防的工作则多属延年益寿的工作。试就我国的社会经济情形而论，目前的社会事业恐怕也只能注意到如何救命，如何止痛，虽然大家都知道，积极的预防工作是要比消极的救济工作更重要，但是因为经济情形的不许可，救命、止痛尚且来不及，更何暇以言延年益寿？值此抗战时期，一般人民所最需要的是一种救急之药或止痛之剂，痛止了，然后才可以谈到除病，病好了，然后才能讲求摄生之道或长寿之方。因此救济工作则每感需要迫切，而预防工作则常易被人忽视。

第二，因受旧日社会思想的影响及社会习惯的束缚，一般人士只知捐款用于救济工作。社会事业经费的来源，不外公款与私款

① Devine E. T., Social Work, 2～3.

两种，而私人捐助之款项莫不预先指定用途，因其受以往社会思想的影响与社会习惯的束缚，指定捐款用途的种类每多属于消极的救济工作。

第三，因现代社会事业人才的缺乏，及现有从事社会事业者的精力与时间的限制，大都只能顾到救济工作。旧有的社会事业人员每习于消极的救济工作，其所习如此，故其所从事之事业也就不能或不易看到其他较救济一类更重要的工作。现代社会事业人员，虽常感到徒然从事消极救济，殊非治本之道，社会病态的预防、积极福利的推进似较救济尤为重要，但因他们终日忙于救济工作，势难有余力与时间，从事各种积极的社会福利事业。

谈到社会事业的方法，下列几种颇为重要，兹分述于次。

1. 社会运动(Social Movoments)。社会运动之起因，每由于先知先觉对于社会上某种现状认为不满，故特别努力加以鼓吹、宣传，使少数人的见解，成为大众的知识，目的在增进人民的幸福，预防个人痛苦及社会病态于未然。例如提倡优生运动及节育运动，以防止贫穷及人口增加的过速；举办公共卫生或清洁运动，以预防疾病的发生；推行禁烟、禁赌、节约、储蓄运动，以防止浪费，培养道德；提倡正当娱乐，以防止犯罪；发起儿童福利运动以保护儿童等，皆属重要的社会运动。社会运动不仅可以改良社会风习，消灭社会问题，而且可以发扬民气，增加社会力量。社会事业的举办必须与社会运动互相配合，才能发生更大的效力。

2. 社会政策(Social Policy)。社会政策是推行社会事业时所应采取的一种方针。社会政策的意义与内容，各国学者的见解，迄今虽各有不同，惟于不必从根本上推翻现行制度，仅用渐进的、和平的手段，致力于劳动阶级的保护与资本主义弊端的减除，在这一点上已经渐趋一致。社会政策之所以特别注意于劳动阶级的保护，就是因为一国的劳动分子每占全国人口的大多数，他们是生产的重要分子，但是在资本主义社会制度之下，他们的生活往往比较艰苦。为求保护这群劳动阶级的利益，故必须有政策、有方针、有法律的力量才行，所以社会政策的执行常限于国家的机关，社会政策的实施每须借助于国家的立法，来力行各种改革。条理化的社会政策，是从事社会行政及社会事业的人所应遵循的。

3. 社会立法(Social Legislation)。社会立法是用法律的力量，来解决社会问题。在最近二十余年以来，政府对于社会事业方面所采取之行动日有增加，乃使社会立法成为社会计划的一个重要因素。对于社会事业机关的监督与指导，人民的福利与安全的保障，都不是一人或一个机关所能为力，有许多的地方是要借助于社会立法的。现代文明国家，对于社会弱者的保护莫不定有种种法规，以期社会公道的实施，例如对于劳工之保护，则有劳工立法、女工法、童工法、工厂法等；对于病人之保护，则有健康保险法；对于失业人之保护，则有失业保险法；对于遭受灾害或死亡者之保护，则有灾害及死亡赔偿法；对于儿童之保障，则有儿童保护法，其他对于犯人、老人、妇女、住宅，莫不定有各种立法或条例。社会立法与社会事业常互相为用，不可分离，所以社会行政及社会事业家必须了解社会立法之重要及内容，对于社会事业之推进才能收效。

4. 社会行政(Social Administration)。“社会行政，就是国家用政治方法与行政效能去解决社会问题，而以确立最大多数的最大幸福，以适应社会的生存与进步为原则。这种概念的发生，第一，是由于现代社会问题一天比一天复杂，一天比一天严重，政府职责所在，为求获得解决，只有从社会行政方面入手，把旧制度中不适应的和不满意的部分在一种新的修正与调整之下更新起来，改造社会经济，增进社会福利，以图实现一个健全的社会。第二，是由于政治的本身与社会生活状态有其密切的关系，而且可以说政治制度在某一点完全是决定于社会生活之一般趋势的，所以国家行政必当置其重心于社会观点之上，必须能够适应‘生存与进步’的社会法则，适应社会生活的需求，这是政治的真正任务，同时也就是社会行政的基本理论。”①由于现代社会问题的复杂及社会事业范围的扩大，欲使社会事业的实效显著，工作效率提高，社会

① 谢徵孚：《社会行政与社会建设》，载《社会事业与社会建设》第40页，复旦大学社会学系编辑。

行政机构的成立及社会行政技术的研讨，当然非常重要。社会行政系依最适当的科学方法，管理社会事业的一切行政上之工作。其目的在补救社会病态，解决社会问题，以谋大众福利的增加。

5. 社会个案工作(Social Case Work)。社会个案工作为现代社会事业中重要方法之一种，其主要目的在对个人或家庭的失调情形加以详细诊断及适当处理，以发展个人的人格，使之重新适应于社会关系。现代社会事业之所以能获得专业的地位，亦多因从事于社会个案工作之人员，不时运用各种知识及方法，分析个人的历史，研究个人的品性，调查家庭及家庭以外有关个人之事实。此种方法，近年以来日有进步，在技术上仍在精益求精。这一类的工作是以个人及家庭作服务的单位，执行社会服务者不仅要详细探悉个人的人格和现在所处之环境，并要知道个人以往的生活及其家庭的背景。把个人所有问题的症结或根本原因明白了以后，然后因人制宜来设法帮助减除他们的痛苦，或其他困难问题，所以社会个案工作记录是处理个人或救济个人不可或缺的张本。

6. 社会团体工作(Social Group Work)。社会团体工作为20世纪初叶以来从事社会事业者所常采用的一种方法。因为健全的社会生活在现代社会中仍不多见，由于此种健全社会生活机会与经验的缺乏，一般人民似常为现代各种问题所困惑，因此有些从事社会事业者每欲借助于团体工作方法，使个人能免除这类困惑，在思想上行动上有所领导与依归，以完成健全的社会生活。团体经验及集体活动的增加，能使个人的社会生活、知识与技能日益丰富。有许多人格的发展和事业的完成，是常有赖于团体工作的。总之，团体工作是富有社会及教育的意义，通常系利用闲暇时间，在团体领袖指导之下，协助个人获得知识与技能，发展个人人格与社会化态度的经验（Experience of Socialized Attitude）。此种活动之参加多系出于自愿，其主要目标在增进个人的社会适应能力，提高个人的社会发展。

7. 社区组织（Community Organization）。从事社会事业的人员，大都承认在社会事业园地的主要方法上，除掉社会个案工作与团体工作以外，尚有所谓社区组织。社区组织的含义，不是有关个人的处理，也不是仅指一个团体或机关以内关系的调整，而是属于一个地方或社区之内许多团体间相互关系的一种组织。大概地说来，社区的内容可包括福利计划（Welfare Planning）、组织（Organization）及调整（Coordination）三方面。无疑地，社会事业的推动，人民福利的增进，必须先有整个的计划，通盘的打算，以及各方面工作的配合，才能发生伟大的效力。社会调查与社会研究虽属社区组织之初步工作，亦必须与福利计划互相配合方易收分工合作之效。组织是社区福利计划与福利事业推动的重心，社区间甚至社区以外机关的联络、节目的发起以及募捐运动等，都是有赖于社区组织的。

8. 社会事业的宣传(Social Work Publicity)。社会事业的推进,一方面固须有领导人才为之提倡,与实地工作人员担负其职务,他方面,也须有社会人士的赞助与一般民众的合作,方能推行顺利。宣传是引起社会人士的注意,获得群众的同情不可少的一种方法。现代社会组织日益复杂,倘使创办社会事业的人不常将机关设立之目的、方针与事功,用有效的方法传达于大众之前,则其所欲推动的事业的价值就不易为人所了解。社会事业宣传的技术,现在欧美各国有显著的进步,这类出版的专籍现在亦有多本问世。[①] 社会事业的宣传,在我国目前尤其需要,这是因为我国教育尚未普及,民智落后,现在想要社会人士及一般人民对于社会事业加以注意,非多多运用现代社会事业宣传方法,是不易收完满的效果的。

9. 社会事业人才的训练(The Training of Social Workers)。人才的训练是推动任何事业的基本工作,社会事业当亦不在例外。社会事业在欧美各国早已视为一种专业,凡从事斯业者大都受有专门的训练。欧美各国社会事业之所以日益发达,其中原因固多,而多年以来重视人才的训练实为重要原因之一。现代社会事业人

① 参阅 Routzahm,*Publicity for Social Work* 及 Stillman,*Social Work Publicity* 书末所列关于此类之参考资料目录。

员不仅要有服务技能的准备，尤其要有服务精神的培养；不仅要有理论的基础，尤其要有实地工作的经验；不仅要注意身体的锻炼，尤其要重视人格的熏陶，而这些都是有赖于教育来培养的。所以社会事业教育，在欧美各国久已视为高等教育之一部，而且此类人才的需要亦正与日俱增。我国以往之教育政策，对于此类人才之训练未尝注意，此后如欲发展现代社会事业，则社会事业人才的训练当为我国现在一个很迫切的问题。

10. 社会调查(Social Survey)。社会事业的兴办，一切应以人民为对象，一切设施及计划不能离开事实，所以人民生活及社会实际情形的明了，各项资料及事实的搜集，对于社会事业的进行非常重要。但是人民生活的了解，事实的明了，不是一件易事，必须运用各种方法，才能达到目的。社会调查是用科学方法、客观态度，实地考察人民生活，研究社会问题方法之一种。社会调查的结果，不仅可供学理上的参考，同时可作社会事业实际上的应用，因为社会调查的目的一方面在求得事实的真相，了解群众生活，寻求各种问题的因果及其相互关系，以发现社会法则；一方面还要根据其所获得的结论，以供作改革社会的张本。现代社会事业人员，对于各种社会问题，均不时加以详细的调查，寻求事实，定其因果，以为改善社会生活，消弭社会病态的依据。

11. 社会研究(Social Research)。社会事业，一方面要有健全的理论和观点，一方面要有完备的方法或技术，这都要靠研究得来。现代文明国家的社会事业之所以发达，正因其有许多的学者在继续不断地努力研究，这种“自强不息”的研究精神，确为欧美社会事业进步的一个重要因素。社会事业固然经纬万端，但其中任何事业，研究工作都不可少。我们已经知道，人才训练对于社会事业的重要，但是人才训练的内容欲求充实，就有赖于良好的教材，而良好的教材必须从高深的研究（中）才能产生。我国今后的社会事业，必须注意于此类高深的研究，因为任何社会所发生的问题，都是这个社会里面的特殊问题，他国研究的结果只能供作我们的参考，所以自己的研究是绝对不可少的。欧美各国的社会研究或社会事业研究之所以一天一天发展，原因在此。

# 第七章　社会事业的范围及其分类

社会事业的范围颇广，种类繁多，不仅一般人对之无由肯定，就是从事社会事业的人员，对于社会事业范围的意见，亦颇多出入。所以桂应(Queen S. A.)曾说："最使人迷惑难解的，就是社会事业家，他们自己对于社会事业范围的观念，好像极其含糊。并且也不知道他们的事业是到何处为止，别人的职务是从何处开始。"[①]他又说："何谓社会事业？要来下一个定义，应与一人所操之职业相当。但是，实际地说来，社会服务的领域，包括各种不同的活动，问题极难答复。救护与安插儿童，考察被遗弃及虐待案

① Queen S. A., Social Work in the Light of History, 17.

件，监视并保护被释之犯人，解除家庭的各种困难问题，与人以经济上的扶助，代觅医药的诊疗，介绍职业，检查工厂及房屋，指导闲暇时间的活动，教劝移民，提倡公共卫生，鼓励节约与法律的遵守，通是社会事业人员所常做的工作。”①“还有些人以为社会事业就是慈善事业的别名，这就是说，为社会服务或施赠，不受物质的报酬，倘使这种观念不错，那么，社会事业就不能算为一种职业了。”②而从现代社会事业家的观点看来，社会事业确有其一定的领域。依照麦其维（Maciver R. N.）的意见：“所谓最低限度的公共福利的标准，即在破坏以后，地方社会有复兴组织的准备，而且社会事业家也有复兴的本领，应付这种没有辩论余地的失调现象，便是社会事业的正当范围。”③

上述麦氏的解说，也仅予吾人对于社会事业范围概念的一点指示，并未将社会事业的范围及其分类详细地列出，仍不能使吾人对于社会事业的范围有明确的概念。按照哈吉第（Hagerey J，E.）的意见：“大概地说来，社会事业系讨论关于贫穷、疾病及犯罪等各项社会问题，以及与该项有直接或间接关系的问题。社会事业所最注意的是在病态方面，及消弭病态发生的原因。此外，社会

① Queen S. A., Social Work in the Light of History, 17.
② Queen S. A., Social Work in the Light of History, 10.
③ Maciver R. N., The Contribution of Sociology to Social Work, Chap. I.

事业并重视劳工生活的改善，特别是关于妇女、儿童、工厂立法、工厂检查、住宅立法、卫生立法各方面。同时对于娱乐方面，无论贫富，都尽力地提倡。对于富人及穷人子弟的心理或精神的缺陷，亦甚注意。”[①]

阿格第（O'Grady J.）[②]在其所著的《社会事业概论》一书中，谓社会事业的范围，应包括下列各方面：① 家庭的社会个案工作；② 孤儿及被遗弃儿童的照顾；③ 儿童法庭；④ 犯人的救济；⑤ 卫生事业的改进；⑥ 劳工生活的改善；⑦ 贫民的救济；⑧ 教育的社会事业；⑨ 学校的社会事业；⑩ 休闲的社会事业；⑪ 社区组织。[③]

关于社会事业范围及分类的资料来源，在美国方面有下列几种：① 依照社会事业的职业团体（The Occupational Group）所定之范围，即美国社会事业人员联合会（The American Association of Social Workers）所定之范围；② 依照社会事业大会（The Conference of Social Work）所定之范围；③ 依照社会事业学校（The School of Social Work）所定之范围。[④]

美国社会事业人员联合会，为行政上便利起见，将社会事业分

① Hagerey J. E., The Training of Social Workers, 23～24.

② O'Grady，现多译为“奥格雷迪”。——编者注

③ O'Grady J., Introduction to Social Work, Chap. I.

④ Lundberg Bain, Anderson and others, Trends in American Sociology, Scope and Organization of Social Work, 316.

为社会个案工作、社会团体工作、社会改造(工作)与社会研究四大类。每一大类又分许多细目。兹胪述于次。①

1. 社会个案工作

(1) 儿童福利(Child Welfare);

(2) 教堂视察(Church Visiting);

(3) 家庭福利(Family Welfare);

(4) 医药社会工作(Medical Social Work);

(5) 职业疾病的诊治(Occupational Therapy);

(6) 犯人试释、假释及监狱工作(Probation, Parole, and Prison Work);

(7) 学校视察(School Visiting);

(8) 食品视察(Visiting Dietition);

(9) 职业指导(Vocational Guidance)。

2. 社会团体工作

(1) 美国化(Americanization);

(2) 社区组织(Community Organization);

(3) 协进会(Community Center);

(4) 俱乐部工作(Club Work);

① Lundberg Bain, Anderson and others, Trends in American Sociology, Scope and Organization of Social Work, 319～326.

(5) 游戏场(Playground)之组织与管理;

(6) 娱乐(Recreation)工作;

(7) 邻保事业(Social Settlement)。

3. 社会改造工作

(1) 公民事业(Civil Work);

(2) 住宅(Housing)改良;

(3) 立法(Legislation);

(4) 宣传及筹款工作(Publicity and Financial Work)。

4. 社会研究

(1) 考察工作(Investigational Work);

(2) 研究(Research);

(3) 调查及展览(Survey and Exhibit)工作;

(4) 统计工作(Statistical Work)。

美国社会事业大会每次开会时均分组讨论各种问题,1929 年之社会事业大会曾分为 12 组讨论,其分组之情形如下:[①]

第一组　家庭或成人(Family of Adult Individuals)

第二组　儿童(Children)

第三组　残废(Handicapped)

① Social Work Year Book of 1929, U. S. A.

第四组　杂类如移民、农村社会事业、黑人及老年人等(Miscellaneous Classes，such as immigration rural social work，Negroes，the aged，etc.)

第五组　心理卫生(Mental Hygiene)

第六组　卫生(Health)

第七组　劳工(Industry)(系指由工业所发生之各种劳工生活改善问题)

第八组　犯罪与刑罚状况(Crime and Penal Conditions)

第九组　娱乐及其有关之活动(Recreation and Elated Activities)

第十组　社区组织(Community Organization)

第十一组　教会的社会事业(Church Social Work)

第十二组　杂题(Miscellaneous Topics)

1933 年社会事业大会的分组，与 1929 年之分组情形，略有变更，其变更情形如下：①

第一组　同 1929 年分组

第二组　同 1929 年分组

第三组　同 1929 年分组

① Social Work Year Book of 1933，U. S. A.

第四组　同 1929 年分组　但农村社会事业除外

第五组　同 1929 年分组

第六组　同 1929 年分组

第七组　同 1929 年分组

第八组　同 1929 年分组

第九组　更名为闲暇时间之活动(Leisure-time activities)

第十组　社会计划及其有关之活动(Social planning and related activities)

第十一组　研究及职业问题(Research and professional problems)

第十二组　受有特定赞助的社会事业,包括教会的社会事业(Social work under specified auspices including church work)

第十三组　与其他团体有关之社会事业,例如教育、法律、图书馆、医药及社会学(Social work in relation to other groups; such as education, law, libraries and sociology)

1937 年出版之《美国社会事业年鉴的分类》,有如下述:[①]

第一类　社会计划及社会事业经费的接济

第二类　儿童福利及家庭服务事业

---

① Kurtz Russell L.,(Editor) Social Work Year Book of 1937, Russell Sage Foundation, New York, 1937.

第三类　社会安全(Social Security)(属于联邦政府的节目)

第四类　社会救济

第五类　残废[1]、种族及外人团体

第六类　渎职与犯罪

第七类　卫生及心理卫生

第八类　劳工与实业

第九类　闲时及团体活动

第十类　特种机关或特殊区域的社会事业

第十一类　人事方面

1940年美国全国社会事业大会分为下列五组讨论。[2]

第一组　社会个案工作

第二组　社会团体工作

第三组　社区组织

第四组　社会服务活动

第五组　公共福利行政

1941年美国出版之"社会事业年鉴"(Social Work Year Book of 1941)内容系照英文字母次序排列，其中所载虽非尽属社会事业

① 此处指残疾人。——编者注

② Close, K, Conference of Social Work Year Book of 1941,134.

的范围,然亦可见社会事业之大概情形。兹照录于次:①

一 社会机关行政(Administration of social agencies)

二 成人教育(Adult education)

三 成人犯(Adult offenders)

四 依赖儿童的救助(Aid to dependent children)

五 行为问题(Behavior problems)

六 生育节制(Birth control)

七 失明及目光的保存(Blindness and conservation of sight)

八 男童及女童工作的组织(Boy's and girl's work organizations)

九 天主教的社会事业(Catholic social work)

十 儿童福利(Child welfare)

十一 公民及同志会的组织(Civic and fraternal organizations)

十二 公民自主会(Civic liberties)

十三 联合募捐(Community chests)

十四 社会事业方面的社区组织(Community organization

① Kurty, Russell H., (Editor) Social Work Year Book, Russell Sage Foundation, New York, 1941.

for social work)

十五　社会事业大会(Conference of social work)

十六　消费者的事业(Consumer interest)

十七　社会事业会议(Councils in social work)

十八　跛足儿童(Crippled children)

十九　聋子[①]问题(The deaf and hard of hearing)

二十　灾害救济(Disaster relief)

二十一　社会事业教育(Education for social work)

二十二　职业服务(Employment service)

二十三　家庭(The family)

二十四　家庭社会工作(Family social work)

二十五　联邦政府的社会事业机关(Federal agencies in social work)

二十六　私人社会事业经费的筹措(Financing private social work)

二十七　公共社会事业经费的筹措(Financing public social work)

二十八　基金社及社区托事部(Foundations and community

① 此处指有听力障碍者。——编者注

chests)

二十九　救济院(Home and almshouse)

三十　房屋及都市设计(Housing and city planning)

三十一　孤苦者之居住问题(Housing for unattached persons)

三十二　移民(Immigrants)

三十三　印第安人(Indians)的救济事业

三十四　国际社会事业(International social work)

三十五　犹太人的社会事业(Jewish social work)

三十六　少年及与家庭有关之法庭(Juvenile and domestic relations courts)

三十七　劳工立法及行政(Labor legislation and administration)

三十八　劳工关系(Labor relations)

三十九　法律救助(Legal aid)

四十　母亲及儿童卫生(Mother and child health)

四十一　医药照顾(Medical care)

四十二　医药社会工作(Medical social work)

四十三　男子军事服务(Men in military service)

四十四　心理卫生(Mental hygiene)

四十五　移民及旅客服务(Migrants and travelers service)

四十六　全国社会事业协会(National association of social work)

四十七　黑人(Negroes)

四十八　老年人(Old age)

四十九　老年及养老保险(Old age and survivors insurance)

五十　老年救助(Old age assistance)

五十一　公共福利的人事管理(Personnel practices in public welfare)

五十二　基督新教徒的社会事业(Protestant social work)

五十三　精神病社会工作(Psychiatric social work)

五十四　公共救助(Public assistance)

五十五　公共卫生(Public health)

五十六　公共卫生护士(Public health nursing)

五十七　公共福利(Public welfare)

五十八　社会事业的宣传与解释(Publicity and interpretation in social work)

五十九　铁道工作人员保险(Railroad worker's insurance)

六十　娱乐(Recreation)

六十一　社会事业的研究与统计(Research and statistics in

social work)

六十二　农村社会节目(Rural social programs)

六十三　邻保事业(Settlements)

六十四　社会行动(Social action)

六十五　学校的社会及卫生工作(Social and health work in schools)

六十六　社会个案工作(Social case work)

六十七　社会团体工作(Social group work)

六十八　社会卫生(Social hygiene)

六十九　社会保险(Social insurance)

七十　社会服务交换(Social service exchange)

七十一　社会事业的专业(Social work as a profession)问题

七十二　社会事业人员组织(Social workers organization)

七十三　社会事业的商务联合组织(Trade unionism social in work)

七十四　肺痨(Tuberculosis)预防

七十五　失业赔偿(Unemployment compensation)

七十六　退伍军人(Veterans)

七十七　职业指导(Vocational guidance)

七十八　复职(Vocational rehabilitation)或职业再造

七十九　志愿从事社会事业之人员(Volunteers in social work)

八十　白宫会议(White House conference)

八十一　救济工作(Work relief)

八十二　劳工赔偿(Workmen compensation)

八十三　青年节目(Youth programs)

美国社会事业为学校所定之社会事业范围,则以课程之开设为准,而全国各种社会事业学校或学系之课程,除掉几种基本课程而外,是不一致的。

日人生江孝之曾将社会事业分为下列各项:[①]

一、救贫事业

二、医疗及保护事业

三、经济的保护事业(包括失业人的救济、住宅供给、公质事业)

四、社会救化事业(包括邻保事业、禁酒事业、娼妓救济事业等)

五、儿童保护事业

六、社会事业机关的联络

① 生江孝之:《社会事业纲要》。

德国的社会事业曾分卫生事业、住宅事业、福利事业三部，其详细纲目如下：[①]

**第一部　卫生事业**

一、传染病及国民病的扑灭

二、母亲及儿童的保护

三、国民营养

四、虚弱者、疾病者及精神病者的保护

五、施药所

六、一般的国民卫生

七、卫生教育

八、卫生法及医药统计

九、人口政策

**第二部　住宅事业**

一、房客的保护

二、住宅的建造

三、土地的获得、通路及小庭园的修建

四、住宅法及取缔

五、住宅监督及住宅保护

① 李剑华：《社会事业》，第16～19页。

第三部 福利事业

一、儿童福利

二、一般的福利

三、失业者的保护

四、社会保险

五、公私社会事业机关及其设施

六、募捐及奖券

七、职业

英国的社会事业，据亚尔登(Alden P.)[①]的意见，可分作下列四类：[②]

一、贫穷的救济与预防

二、疾病的治疗与预防

三、犯罪的补救与改革

四、一般实业及经济生活的改善

近年以来，就工作的中心来说，社会事业可分为下列二种：① 注重个案工作，② 注重民众团体工作。[③]

1934 年，我国国民政府行政院第 148 次会议曾通过社会救济

① Alden，现多译为“艾登”。——编者注

②③ Klein, P. General Discussion of Social Work, The Encyclopaedia of Social Sciences, Vol. 14, 165.

事业进行办法大纲草案[①]，其所定社会事业之范围如下。

1. 社会事业行政：凡社会事业法规之厘订、审核，社会事业教育及人才之训练，社会事业之调查研究等项均属之。

2. 国际社会事业：凡关于国际性质社会事业之指导、参加、联络、研究等均属之。

3. 儿童保护事业：凡乳儿、产妇、幼儿、残废儿及少年之保护教化等事业均属之。

4. 经济保障事业：凡贫民及一般人民衣食住之改善与补助，资金之通融及社会保险等事业均属之。

5. 礼俗教化事业：凡社会礼制及宗教、风化之改善等事业均属之。

6. 社会保健事业：凡国民健康之保护、疾病之防止等事业均属之。

7. 灾害救护事业：凡紧急灾难之救援保护等事业均属之。

8. 战事救济事业：凡战时紧急危害之救济事业均属之。

9. 一般救济事业：凡一般救灾恤贫等事业均属之。

美人狄万(Devine E. T.)曾按照社会事业的性质，加以不同

---

① 该草案于1934年2月14日通过。——整理者注

的分类。其分类如下。[①]

1. 按照所举办的机关的性质而分类者:① 公家所举办之社会事业;② 私人或私人团体所举办之社会事业;③ 公私合办之社会事业。

2. 按照工作的方法而分类者:① 个案工作;② 机关的组织与行政;③ 教育的、娱乐的及有社会性质或目的之小团体的指导与组织;④ 社会教育;⑤ 社会事业机关之联络与合作。

3. 按照工作的地点而分类者:① 院内的社会事业;② 院外的社会事业。

4. 按照社会问题而分类者:① 贫穷的救济;② 病人及残废等的救济;③ 犯人的救济;④ 生活及工作状况的改善。

狄万对于社会事业的范围与类别虽如上述,但狄氏又说:“社会事业的内容是常常变更的。需要被救济者之人数与需要救济之种类,社会机关之特殊任务,以及社会现状之性质各有不同。简言之,社会问题之形态、概况及其数量,各国不同,各地不同,即同在一地亦复因时而不同。此外,公众对于社会问题之兴趣,社会事业领袖之品性与能力,经费的来源,以及其他种种情形,无不足以影响社会事业的本身及其范围。……是以社会事业,时常发现新的

① Devine E. T., Social Work, 62～70.

需要及新的方法，对于社会生活及工作状况的努力，常须有重要之变更。"[①]今本狄氏之观点综合上述各种不同的意见，就我国目前情形立论，我们以为我国当前社会事业的范围与分类，似应包括下列各项：

一、一般社会救济事业（如一般贫民之救济，难民之赈恤，乞丐之救济等）

二、劳工福利事业

三、儿童保育事业

四、职业指导与介绍（包括失业人救济事业）

五、犯人救济及感化事业（包括监狱假释及法庭试释等工作）

六、妇女工作及妇女救济事业（包括婢女与娼妓救济事业）

七、社会保健事业（包括社会卫生、工厂卫生、医药或医院的社会工作、职业疾病的治疗、肺痨预防等）

八、家庭福利事业

九、精神病人服务事业

十、老年人救济事业

十一、残废人服务及救济事业（包括一般残废人如聋哑、失明人等，及荣誉军人服务事业）

---

① Devine E. T., Social Work, 28.

十二、民众娱乐事业

十三、平民住宅

十四、平民贷款

十五、社会保险

十六、民众教育

十七、农村社会事业

十八、各项社会运动(如合作、新生活、禁赌、节约、储蓄等)

十九、其他一切生活的改善(如一般人民衣食住的改善工作、社会服务、旅客服务、婚姻指导等)

# 第八章　社会事业在我国的需要

社会为一共同生活与有相互关系人群之集合，此共同生活与有相互关系之人群如能各尽所能，各取所需，各得其所，则不仅人人有饭吃、有衣穿、有屋住，而且衣食住各方面都很满足，合乎现代卫生的条件。不仅有事做，而且各人能展其才能，乐其职业。此外，家庭生活亦能美满，公共娱乐及卫生医药设备亦甚完善，儿童可以及时就学，社会秩序安定，而且一家之收入不仅可以维持一家相当的生活程度，且能稍有储蓄，以备不时之需。更进而言之，人人不仅在物质生活上如衣食住行等各方面能有相当的满足，即在精神或文化生活上如宗教艺术及教育等类也能有相当的享受。果能如此，则所谓“社会事业”实嫌“多此一举”，所以有人曾谓：“各种社会组织如家庭、学校、实业团体、政府机关等组织若皆健全，则社会事业根本无需乎存在。”①倘使上述的观念不错，则吾人更易明了社会事业在我国今日的需要了。

倘使家庭的组织完善，家庭中各个分子都充满了社会意识，富于自立、亲爱、互助等精神：遗传与环境两无缺陷；尊卑有序，老幼咸乐，经济状况良好，子女教育问题得以解决，则家庭社会事业之需要当然很少。然就吾人所知，能如上述之家庭，在我国社会里尚不多见。一家之中，父母的智能即令有平均的发展，而其子女的智能，亦有降落到平均以下的可能。假使一家的父母，其中有一人心智欠全，则其子女即有成为变态儿童的趋势。这是仅就遗传方面的影响而言。遗传以外，家庭环境对于人生的影响极大。饮食营养是否充足，起居状况是否合乎卫生，家庭的收入能否继续不断，凡此种种，无不足以影响家庭人口的幸福。儿童设有不幸，父或母死亡，或父母双亡，或父母因故离异，在这类家庭之中，社会事业随时有其需要。一家之中，纵令父母无故而子女众多，生活困难，在现今社会经济教育等状况之下，贫弱愚昧等病态势所难免，家庭社会事业的重要于此可见。

试就我国目前家庭之状况言之，在贫穷线以下度日者要占多

① Hagerty J. E., The Training of Social Workers, Chap. III, The Need of Social Work, 31～38.

数。近年以来,因为物价上涨,一般公务人员及文化界人的收入,有许多不足以活命养家,而薪资能否按时发给,服务机关有无变更,位置能否长久,也是常有的问题。一般家庭的父母大都缺乏教育,愚昧无知,迷信观念浓厚,卫生知识缺乏,所谓现代家庭的娱乐生活与亲职教育(Parent Education)更是无从谈起。这于社会幸福及民族前途的关系是很大的。

倘使学校的组织健全,教育制度完备,学校生活能与社会生活打成一片。所有学龄儿童、青年以及成人皆有就学的机会,全无失学之虞。学校的师资合格,训育周到,指导有方,科目设置适当,教学方法完善,教材充实,设备齐全,则受教者之德育、智育、体育、群育皆能有充分的发展,教育方面问题自少,但是,我国的学校能如上述者有几? 我国人口众多,学校的数量太少,而且设备不全的居多,以致不能尽量地收容学生。教育制度既不完善,学生毕业后,对于服务的专门技能与普通常识,仍然感觉缺乏,致不能供给国家所需要的人才与应付复杂的社会环境,结果,教育自教育,社会自社会,所谓学校生活与社会生活打成一片的理想亦难实现。

近年以来,我国的学校教育,经教育当局努力从事改革,在许多方面,较之往昔已大见进步,但因格于环境,不易整顿之处仍是很多。师资缺乏,经费不足,设备不全,为一般学校之普遍现象,至于学校与家庭之缺少联络,学校卫生之不大讲求,课目设置之不甚适当，莫非学校组织不健全的表现。这些缺陷当然还要多赖教育家负责来补救、改造，但有许多的地方是与社会事业有关联的。

倘使实业团体组织健全，劳资协调，工人待遇优厚，工资与工作时间公允。各种实业皆能顺时发展，工人不致失业。工人的服务技能亦能合乎现代实业的条件。工厂检查得以进行无阻。劳工教育卫生与娱乐设备完全。工人抚恤休假与储蓄制度皆有规定。劳工立法周到，女工与童工能有相当的限制。诚能如此，则劳动阶级对于社会事业的需要将减少至最低限度，不过，这种情形迄今为止也仅属理想而已。不仅实业团体组织落后的我国未能达到上述的理想，即实业团体组织较健全的欧美诸邦亦多未能尽如人意，劳资纠纷时有所闻，女工与童工日多一日，工人的生活程度常有降落的趋势。

我国的实业组织与劳工状况，离上述之理想境地更远。抗战以来，原有的实业组织已摧毁过半，而现有许多的实业组织基础不固，积习太深，或拘于人事，或困于财力，或限于环境，或由于管理经营之不得其法，彼此联络缺乏，以致现代实业之效能无由发展。实业组织之本身如此，其倚赖实业为生的工人之命运不问可知。一般人以为我国现在的农工阶级的生活，反较战前优裕，其中有一部分的人因特殊环境关系确是如此，但是大多数劳工阶级仍是很困苦的。各种社会事业的兴办，直接可以增加工人的福利，间接可以消弭劳资的冲突，例如工厂检查、社会保险、劳工教育、卫生与娱乐等设施，其在我国今日的需要几可不言而喻。

倘使政府组织健全，制度完备，政治修明，政府人员各能尽其职责，实心任事，行政效率良好，无贪污之官吏，一切事业皆有轨道可循。政府工作不止于消极地维持现状，并能积极地为民兴利除弊，发挥政治效能，外交应付有方，军事财政交通等均能处置得宜。一国的政府如此，则一国的社会事业当亦随之减少，无如政府每不能运用其权力，以达到上述之理想，现代社会问题之有增无已，政府实不能全辞其责。在以往，各国政府每忙于普通行政事务之应付，无暇顾及社会福利事业之推行，直到近代，有些国家才把社会事业当作国家要政之一。

关于我国政府组织，时人颇多评述。我国以往之政府积弊甚多，机关庞大重复，权责不明，冗员之多，用人之滥，久为世诟病，日言行政效率，而效率并未见增加，日倡考绩制度，而考绩制度之效果不彰，行政系统固欠明了，行政手续尤多烦琐。近年以来，中枢对于刷新政治期望甚殷，有若干方面实已较前进步很多，不过，有若干方面行政效率实在还没有达到理想的程度，因此，也就难免还有未能充分发挥国力之处。对于此点，我们是应该坦率承认的。

社会事业，老实说，在这次抗战以前，我国政府是素不重视的。我国从来谈国家建设的，很少有人把社会事业与社会行政看作社会建设或国家建设的一个重要部门，但由于多年抗战的经验，现在已深深感到它的需要，因之近年来对于社会行政机构的成立，各种社会事业的兴办，社会事业人才的培养，已渐由言论而到具体化了。自1940年11月社会部改隶行政院以来，我国之社会事业似已进入一个新的阶段。社会部成立以后，对于各种社会事业如劳工福利、儿童保育、社会救济、社会保险、社会运动以及其他社会行政与社会立法等或正在努力推动，或正在策划之中。现除中央设有社会部外，各省尚有社会处，在行政院直辖之市有社会局，各县有社会科，负推动社会事业之责。此外尚有振济[①]委员会、战时儿童保育会、中国红十字会、中华慈幼协会、基督教负伤将士服务协会等从事这类工作，凡此皆足表现政府及社会对于社会事业之重视。

不过，社会事业千头万绪，加以我国的区域广大，人口众多，人民的生活程度向来就很低下，社会的情形又极复杂，要使今后的社会事业发展更大的效力，需要努力的地方当然还有很多。今后的社会事业，不仅要注意到数量的增加，尤须注意到实质的改进，社会事业的成败，要看人民所能受到的实惠多少为转移。凡一事之兴革，事先必须有周密的计划与深切的考虑，人才应如何培养与甄拔，方法应怎样改善，研究宣传与联络等工作之应如何进行，机关组织之应如何调整，以及经费的筹募与保管等问题，仍须努力改

① 现多用“赈济”，此后不再赘述。——编者注

进，方足以应时代之需要。更有进者，理想与实际如何使之融会贯通，学校与机关怎样取得密切联络，如何使事得其人，人尽其才，这都是我国今日社会事业方面很重要的问题而有待于加倍努力与从速推进的。所以我国今后所需要的社会事业，不是“煦煦为仁，孑孑为义”的社会服务，也不是“头痛医头，脚痛医脚”的临时救济，而必须有通盘的计划、严密的组织、科学的方法、现代的技术，运用国家及社会的力量，以完成我们所需要的现代社会事业。

以上所述，当不尽属于社会事业之范围，国家一切兴革莫不有赖于各项专家之努力，社会事业人员并非万能，亦不能且不愿越俎代庖。不过，社会乃一有机关系之组织，联络相通，互为连锁，社会事业的推动需要他种事业相辅相成之处甚多，而他种事业的兴办常可消弭社会病态于无形，以达到社会事业最后的理想目的。且当社会机关举办社会事业之时，需要他种事业通力合作之处，亦复正多。

总之，由上所述，社会事业在我国的需要，是浅而易见的事实。实在地说来，社会事业之在我国今日，不仅穷人与犯人等有其需要，即富人与好人亦有其需要。我国一般所谓“富人”与“好人”大都不知何为正当娱乐，何为健康生活，大多数的家庭不论贫富，对于儿童没有适宜的教养，个人卫生既不知讲求，公共卫生尤多忽视，社会事业的范围，若是将一般人民的生活改进包括在内，则对于我国之所谓“富人”与“好人”社会事业也是很需要的。

# 第九章 社会事业所受的责难及吾人的解答

社会事业的功用及其在我国的需要已略如前述，但是，社会里面仍有许多人是不尽以此为然的。不仅不以此为然，且从各种立场对于社会事业加以责难，他们不是嫌社会事业乃“多此一举”，就是说，社会事业救济弱者，助长惰民，为害社会。对于这种看法，似有解答的必要。

第一种责难社会事业的人，就是个人主义派。这一派人的意见，以为个人堕落，个人应自负其咎。个人若能发奋自强，成功之道甚广，自己不能成功，一定由于自己不去努力。换句话说，个人的成败应全由个人负责。因其将人生的成败完全归到个人的身上，所以对于一切社会事业的推进，常嫌“多此一举”，“多一事反不如少一事”之为愈。

侧重个人主义的人虽说不无一部分的理由，有些失败及堕落分子，确是要归到个人的原因上面，但是，他们不知道了解事物，不能全用毁誉的眼光。骂犯人不应该犯罪，不能了解犯罪的原因，更解决不了犯罪问题。人生在世，不像运动家穿着一样重的衣服来赛跑，有人的负担较重，有人的负担较轻，比赛的条件就根本不同。社会事业人员要来解救个人的痛苦及失调问题，如同医生诊治病人的疾病一样，不是一个抽象的道德家所能做到的。关于这一点，若是拿医生执行解剖或施行手术时的情形来作一个比方，更易明白。医生之执行解剖或施行手术时，他决不会追究这人是好人或是坏人，医生所注意的是一人身上的病状及其诊治方法。同样，一个社会事业人员对于个人及社会病态所应取的态度，也当和医生一样，不要有善恶的标准，也不当有国界及种族的区别，而为风俗习惯所束缚。假使一个医生不去治病，而一味责难病人得病的原因（如花柳、白浊之类），试问医药界将成何种现象。

第二种责难社会事业的人，就是进化论者。进化论者常谓优胜劣败乃天演之公例，适者生存，不适者死亡，此皆“事有必至，理有固然”。他们每谓社会事业，足以妨碍物竞天择作用。救济弱者足以贻害社会，不赞成社会救济事业。他们以为贫民之数量与救济事业之发展，常成正比例，其所持理由，有谓官厅救济，成为贫人的一种权利，如古代之罗马给养制度，非特不能减少贫民，反足以增加贫民之数量。此种制度，就他们的看法，不独加重社会病态的严重性，而且违反物竞天择之宗旨。

以上所述，骤闻之，亦似觉有理，但细加研讨，殊为不然。进化论者不大明白社会之所以成为社会，即以人力胜天行，此即所谓“人定胜天”是也。文物制度固然不能完全没有缺陷，只有用人力来补救，天然解决不了人类的本身问题。以上对于罗马给养制度之批评，骤闻之似乎不无理由，殊不知罗马给养制度之不良，乃古代罗马慈善事业所采用之方法不妥，非给养制度本身之不善。现在人类渐能运用科学方法，战胜自然与改良人为制度。现代社会事业常在研究如何应用科学方法与知识，以解除人类痛苦，增进社会福利。现代文明国家莫不视社会事业为国家要政之一，救济贫弱为国家社会应尽之责，应用科学的社会事业作广大之救济运动，消除人类痛苦，正为改造社会过程中不可少的工作，岂可责难而使之无由发展。

第三种责难社会事业的人就是优生学者。优生学者的一贯主张，就是奖励社会优秀分子的生育，减少不良种子的传布。他们大都以为社会上的不幸或不良分子，多属不良种子。这类不良种子既任其自生，亦当使之自灭，而不应为社会事业所保护。他们所根据的事实，常以意国之裘克(Juke)及英国之爱德华(Edwards)家族为例。裘克生于1702年，放荡一生而子孙众多，150年后约计有子孙1 200人，其中有7人是凶罪犯，30人是刑事犯，310人是始终贫苦，410人的身体均有缺陷，更有过半数的女人流为娼妓，活到1915年的有600名有精神病。与裘克家族相反的有英之爱德华家族，该族为英之世家，至1900年时已有子孙1 394人，其中295人皆由大学毕业，13人是著名的大学校长，65人是大学教授，60人是医生，100余人是教主、牧师，75人是海陆军官，60人是有名著作家，100余人是律师，30人是法官；80人服官，其中1人为美国副总统，3人是美国国会议员，好几人是州长、州议员等；此外有许多银行、保险、公司及大企业等由其子孙经营。换句话说，他们是极端重视遗传，遗传好像可以决定一切。

我们也得承认，遗传对于人类特质不无影响，但遗传仅是一种可能性，除在具体环境之下是不会存在的。遗传与环境，不是因果关系。18世纪裘克家族与20世纪裘克家族，除在名目上可考外，在遗传学上，试问有何根据还能算是一个家族呢？其间因婚姻的关系，不知道加上了多少外来的血统。即令人类的特质，遗传可以完全决定，而遗传均已内定，吾人现亦无能为力，惟有人力才可改造环境，凡是人力可以改造环境的地方，人应该尽力。

第四种责难社会事业的人就是经济定命论者。这一派的人以为社会事业是替统治阶级粉饰太平，来转移被统治者阶级斗争的视线。自经济学派兴起，多谓施与之慈善，不过助长惰民，为害社会，是以亚丹·斯密(Adam Smith)①曾痛诋英国寺区救贫制度之弊害；马尔萨斯(Malthus)亦谓救贫法律不仅不能达到救贫目的，终恐酿成人心颓败之祸，不赞成慈善之行为。

但是，经济定命论者，他们不全了解，安于现状是一件事，在现状之下来帮助个人解决失调问题，另是一件事；事例虽可相混，而问题则可分开。彻底改造制度，固然是一种事业，而解救燃眉之急，在分工上也是值得做的一种事业，因为实际有人得到好处，自己也有了贡献。而且个人的失调，不仅全属经济的原因，丰衣足食的人也有他们的失调问题。经济的条件尽管有圆满的解决，社会事业仍然是需要的。这种需要如同医药一样，都是人类永远需要的。卫生事业无论进化到什么程度，医药事业总有其需要；社会经济生活无论怎样改善，社会事业也是不可少的。但其中社会事业与卫生事业有一部分相同，还有一部分不相同。相同之点就是：① 都是由治疗走到预防，② 都是专能事业。其不同之点为：① 生理的健康，容易认识，社会的健康，不易被人默认；② 医药服务大都是被病人自动所请求，社会服务常在公共福利名义之下插进腿

① Adam Smith，现多译为“亚当·斯密”。——编者注

来,所以不易被人领会。所以社会事业的需要,还要多多地加以宣传,方易于获得舆论的同情及人民的赞助。

## 本编参考书目[①]

1. Bruno, Frank J., The Theory of Social Work, D. C. Health and Company, New York, 1936.

2. Devine, Edward T., Social Work, third edition. The Macmillan Company, New York, 1931.

3. Hewes, Amy, The Contribution of Economics to Social Work, Columbia University Press, New York, 1930.

4. Karpf, Maurice J., The Scientific Basis of Social Work, Columbia University Press, New York. 1931.

5. Kurtz, Russell H. (editor), Social Work Year Book, Russell Sage Foundation, New York, 1937. 1939. 1941.

6. Lundberg, Bain, Anderson and others, Trends in American Sociology, Harper and Brothers, New York, 1929.

7. Maciver R. M., The Contribution of Sociology to Social Work, Columbia University Press, 1931.

8. O'grady, John, Introduction to Social Work, The Century Co., New York, 1931.

9. Warner, Queen, American Charities and Social Work, Thomas Y. Crowell Co., New York, 1930.

10. 李剑华:《社会事业》,(世界) 1931 年 4 月。

11. 复旦大学社会学系主编:《社会事业与社会建设》,独立出版社印行。

① 为方便读者查阅,本书按原版复制参考书目。

# 第二编

中国社会工作史料汇编（第一辑）

# 各国社会事业概况

社会事业的起源及其发展过程在各国的历史上虽不尽相同，但其中有一共同之点，即各国的社会事业大都系渊源于慈善事业或救贫事业，此实因古今中外皆有贫民，既有贫民则不得不设法以救济之、处理之，此各国之慈善事业或救贫行政之所由兴起也。现代社会事业的意义与特质，虽与以往之慈善事业或救贫行政有许多不同之点，但论及社会事业的历史，如果不从慈善事业的历史因素加以注意，而于现代社会事业的由来、性质、概念与哲学等，殊难有深切的了解。且各国以往救济贫民之方法及所推行之各种制度，其中存废消长与夫利弊得失，足资参考之处亦颇不少。至于近代各国社会事业的发展，良法美制，可作比较与借镜者亦复甚多。以往之慈善事业固多偏重于消极的救济方面，即现今之社会事业，虽曰积极的福利事业较之消极的救济事业更为重要，而对于一般贫民的消极救济，仍属国家要政之一。兹本“温故知新”之旨，将各国社会事业的起源及其发展概况分述于次。

# 第一章　英国社会事业的起源及其发展概况

英国的救济事业如同其他各国的救济事业一样，最初由于私人的施舍，继与宗教团体发生关系，后来则为政府机关所注意。英国自立国以来，直至改革时代(Period of Reformation)，救贫事业几全归教堂执行，政府未负任何责任，修道院与天主堂成为推行慈善事业之重要机关。直接负救济之责者为各教区之牧师。惟当时救济制度，既无详细之调查，复少严密之组织，各区教徒又常好自由施助，牧师亦不免滥施。往日天主教徒之施舍动机在于补偿罪过，自由施舍之风颇盛，结果，贫民人数反而日见增加。自寺院救济制度渐形衰落以后(约在 14 世纪)，国家救济制度又未确立，封建地权制度盛行，农民阶级每受地主阶级所剥削，物价高涨，生活穷困，贫民的救济遂成为当时极严重之问题。当亨利第七（Henry Ⅶ）之朝，国家政治经济颇为紊乱，农民生活颇感不安。降及亨利第八（Henry Ⅷ）时代且有排贫之举，对于贫民之科罚甚为严厉，结果引起贫民之反抗，贫民结队游行，势极猖獗。社会秩序大为扰乱，刑罚命令亦失其效用。当时亨利第八曾下令地方团体，对于不能工作之贫民加以救济，对于有工作能力之贫民而无工作者则代谋工作。凡有工作能力者令其居留原地，该地方团体即有直接代谋工作之责，但是时无工作能力亟待赈济之贫民人数过多，仅赖人民自由捐助，仍如杯水车薪，无济于事，于是政府乃有救贫税之征收，英国之有救贫税乃始于此时。当爱德华第四（Edward Ⅳ）执政时，贫民于安息日得自由乞食，并予僧徒以征费之权，而滥施之弊渐以增多。及至伊利萨伯女王（Queen Elizabeth）①时代，救贫事业渐成为国家要政之一。英国救济法之最有效而最完备者，莫如1601年伊利萨伯女王所定之救贫法案（*Poor Law Act*），该法不仅为英国之救济法之渊源，即美国与其他各国亦莫不奉为模范。该法既立，救贫事业遂规定为教区之义务。同时，向地主征收救贫税，盖认地主有救助贫民之责任。该法又建议开始成立全国统一救贫机关。救贫法案中有若干原则足资取法，如扶助贫民视为国

① Elizabeth，现多译为“伊丽莎白”。——编者注

家应尽之义务，每一教区设有若干监察员（overseers）掌理救贫行政，对于无可依靠之儿童负有教养及代谋职业之责，成人之有工作能力者必须予以相当工作，确系无工作能力之贫民则设立救济院以收容之，所有救贫经费概由救贫税中支付。有人曾谓该法在救贫行政史上，如有莎士比亚（Shakespeare）在戏曲中之地位一般，其重要可知。兹将该法之要点胪列于次。

1. 监察员每年由政府指派，按照教区之大小，除教会委员外，每一教区并有2个至4个主管人。监察员之职务如下。

(1) 凡父母无力抚养之儿童，如有需要，经两评判员之同意，可为儿童代谋工作。

(2) 凡无法生活之成人，令其从事工作，借以获得生活费用。

(3) 每周向每个居民及有产业者征收赋税，将所收得之总额作下列必需之用途：① 收买大宗便宜苎麻、羊毛及其他必需用品，以作发给贫穷工人之用；② 救济一般跛足、无能者、盲人以及其他不能工作之人；③ 安插贫儿，如充当学徒之类；④ 监察员每月至少须集会一次，并须于年终作一办理经过之报告。

2. 该法之第二部，在一教区之内，若无法负担救济本教区贫民之费用时，评判员有权向其他教区课收赋税，评判员如遇有不履行纳税之义务者，得将其拘禁于郡属之监狱中。

3. 该法之第三部，系关于学徒制之立约事宜，学徒期限，男子至 24 岁、女子至 21 岁或结婚时为止。

4. 该法之第四部，系关于工作所之设立。

5. 该法之第五部，系关于法庭诉讼及反抗征收赋税事宜。

6. 该法之第六部，规定抚养父母及子孙的法律上的责任。[①]

当时政府不仅订立此法，而且督促此法之实行。政府若发现工人放弃其职务者即强迫令其工作。监察官员时出巡查，如发现有经济不能自立者，即为之救济或惩罚。该法一经推行，影响及于全国，政府对于救贫事业之应尽职责，至此已按法执行，贫民扶助非复如往日之随个人施舍及宗教影响为转移了。自 1601 年直至 1834 年，英国救贫法案之内容无多变更，至查理士第一（Charles Ⅰ）[②]时代对于该法之执行，更属认真，1630 年设置委员从事调查，各种施助必须先加详细考察，病者使入医院，儿童使习工艺，失业者代为介绍职业，史载当时五六万解甲之兵士，均渐次加入工商事业，由此可见伊利萨伯救贫法案不仅有益于当时，且有功于后世。查理士第二（Charles Ⅱ）公布救贫籍法，即依籍贯以救助贫民，凡教区无救助义务之贫民，准许放逐于其所管辖之外。此种制度，乃对一般劳动分子加以拘束，不啻对于无罪之人施以监禁，当时 40

① Aschrott and Preston Thomas, The English Poor Law System, London, 1902, p. 7.

② Charles，现多译为“查尔斯”。——编者注

岁以上之贫民多为此法所困，亚丹·斯密士曾谓如此规定足以侵犯人民之自由。降至乔治第一(George Ⅰ)犹强制寺院设立劳役所以收容身体健康之贫民。1662年乔治第二(Ceorge Ⅱ)曾创立居住法(*Settlement Act*)，规定本乡之地方团体有扶助贫民之责任，此外亦有所谓工作所者，凡有能力工作者概须入所工作，且禁止行乞，亦不得接收他种补助。1723年曾下令，凡有能力而不愿入工作所工作之人，不得请求任何救济，此令至18世纪中叶始行取消。是时复规定一法，即数教区可联合设立救济院(Poor House)，于贫民之救济收效颇大。乔治第三(George Ⅲ)于1872年公布贫民救助及职业之改正法，此法规定，除疾病、衰老、残废(今作“残疾”)而不能生活之贫民外，不许收容于劳役所，能工作者令其自由就业，若所获不足以供生活之用，可请政府补以公费或赁以金钱。此种制度之缘始，用意并非不善，但积久弊生，养成人民倚赖习惯；增长官吏贿赂之风，实非初料所及也。

至18世纪时，维廉第四(William Ⅳ)[①]对于救贫行政始锐意革新，首先下令议会组织救贫调查会，调查生活费用，以期发现个人或一家之最低生活费用，以作决定工资之参考。如一家之人口过多，工资太低，收入不足以养家，可向政府请求救济费用。

① William，现多译为“威廉”。——编者注

此种救济经费由年费数 10 万镑增至 700 万镑之多,受助者有 1 200 万人。因此一般人民视领救济费为当然,对于个人之将来毫不知有所准备,独立自助之观念因此减少。当经马尔萨斯指出此种救济方法之不当,因而产生 1834 年之特别救济法,以期纠正以往之缺点。1834 年该调查会之报告,再举行强制劳役制,将前定之救贫籍法加以修改与补充,于伊利萨伯救贫法案亦有相当之修正,于是劳动者得以自由迁徙,所堪注意者,是时中央仅设救贫委员会,监督防止滥施,厉行救贫行政之统一,地方行政机关之官员仍负重大责任,地方之董事会纯由各地方推选。

英国之救贫事业,自 1601 年以后,其重要原则虽仍多墨守伊利萨伯救贫法之精神,但为因时因地因人制宜与推行便利计,亦曾颁布各种不同之零星法规与条例。自 1601 年后,在英国之社会事业史上较占重要之法令,则有:① 1782 年之《吉尔勃条例》(*Cilberts Act*),② 1834 年之《皇家委员会报告书》(*Report of Royal Commission*),③ 1834 年之《修正救贫法条例》(*Poor Law Amendment Act*),④ 1927 年之《救贫法条例》(*Poor Law Act*),⑤ 1929 年之《地方政府条例》(*Local Government Act*),⑥ 1930 年之《救贫法条例》(*Poor Law Act*),以上所述系属于英格兰与威尔士[①]部分者。至于苏格兰对于救贫上之法律根据，亦有 1579 年之《苏格兰救贫法》(*Scottish Poor Law*)，1845 年之新救贫法令。苏格兰之政府当局，在 1921 年以前，绝对无权可以救济有工作能力之人，此与英格兰及威尔士部分所规定者根本不同，不过，1921 年，亦订有暂行法规定苏格兰政府亦可救济有工作能力之人，但依照法律规定，受救济者必须为当局所认为之不幸分子如残废人、衰老人、孤儿或流浪儿等。如系有能力工作之人，必须证明其确实不能工作之原因，依赖此种有能力工作之人而生活者，如其妻子、儿女或老年父母等，亦可请求救济。如有资格请求救济，而被救贫行政机关拒绝者，得向法院提出控告。[②]

在行政组织方面，英国之救贫事业 300 余年以来，其权均操在地方政府特殊机构之手，直至 1930 年之救贫法条例的新规定，乃改由县政府或乡政府(The Local County or Borough Council)实际负责，而中央政府则仍保留监督之权，并给予地方补助经费。中央政府负监督责任之机关则为卫生部。[③]

在英格兰与威尔士区之地方政府，通常设有公共救助委员会(Public Assistance Committee)，此种委员会或为地方政府所组

① 威尔士，现全称“威尔士公国”，“大不列颠及北爱尔兰联合王国”即英国的政治属地之一。——整理者注

② 陈凌云：《现代各国社会救济》，第 184～185 页。

③ Simery T. S.，Principles of Social Administration，Chap. II.

织,或为政府中其他委员兼任。按照救贫法中第四条之规定,县政府关于救贫事业之执行,除在特殊紧急情形以外,必须将全盘救济方案事先通知公共救助委员会。在区域较大之县乡并可组织公共救助委员会分会,借以增加行政效率。分会委员人数由 12 人至 36 人,其组成分子为:① 曾任县政府职员者,② 曾被选为选举代表者,③ 由县政府委任者。分会委员之职权为:① 对于请求救济者之审核,② 决定应予救济之性质及金额,③ 监察领取救济金者之用途,④ 视察各种社会救济机关。但分会无权委任或辞退救济机关之职员。①

在英国从事社会服务行政者,他们自己并不以为是一个专门的社会事业人员,他们认为自己是一个“公仆”,不过适逢被派为社会服务人员而已。在英国向来有一种传统观念,就是私立机关之志愿服务者的地位比受有酬劳者的地位较高。此种观念对于专业的意识与专业的标准,殊有妨碍。但医院社会服务人员,犯人试释官吏及精神病人服务人员,均已被认为是专门职业。不过,在英国没有专门社会事业人员之协会,也没有社会事业年会之成立与举行。虽有全国社会服务会议(National Council of Social Service)及社会服务院(The British Institute of Social Service)之设立可归

① 陈凌云:《现代各国社会救济》,第 177～178 页。

在社会事业范围之内，但是他们的工作仅限于联络、提倡与研究，并无专业协会与交换经验以及讨论问题之全国性的组织[①]。现在所有社会事业人员，大都给以较优之薪俸，按月由地方政府发给，但中央卫生部对所有从事社会事业之人员负有下列监督之责：① 规定社会事业人员之资格，② 确定社会事业人员之责任，③ 考核社会事业人员之免职，④ 保障社会事业人员之任务，⑤ 决定社会事业人员之薪俸。

英国中央政府管理救济事业之机关为卫生部。前已言之，卫生部之职权为：① 统制各级地方社会事业人员之委任、撤职、薪津及职位保障等；② 可用训令方式指示地方政府关于救贫事业的应兴应革事项，且可直接训令社会事业人员，但不能干涉任何个人之救济案件；如地方政府对卫生部有所不满，得向最高法院提出控告；③ 卫生部可委派督察员赴各地视察救济情形，并得直接赴各种社会事业机关调查，出席各县公共救助委员会及其分会参加讨论、表决，但不能干涉任何个人救济案件；督察员每年应作一总报告，呈送部长公布；④ 卫生部对于各县政府救贫事业之经费及会计方面，亦得监督与指导。

英国对于失业救济，在 1934 年以前，一部分工作归失业保险

① Bruno，Frank，Social Work in Certain Countries，Social Work Year Book of 1937，172～173.

部办理，一部分归地方救济官员办理。自 1934 年失业条例(*Unemployment Act*)公布、失业救济部成立以后，则全划归伦敦之中央行政机关管理，关于救贫事业的各种新的组织，除了失业救济部曾有人加以批评外，尚无其他特殊反应。该部之所以受人批评，为权力过于集中，致地方行政受极严格之限制。当时对于解决失业问题"方法上的试验"常有激烈之辩论，即有工作之儿童对其失业父母生活的维持究应相助多少，亦为讨论问题之中心。据说，英国政府对于失业者的救济设有 1 500 处以上之职业社(Occupational Centers)，职业训练组织尚不在内。[①] 失业法规之厘订、失业救济行政机构之树立、失业保险之实施等，不仅在英国社会事业史上为一种新的设施，即在各国社会事业史上亦占重要之一页。在 1934 年以前，英国对于失业者之救助，虽亦屡有规定，如 1601 年之《救贫法》、1905 年之《失业妇女救济法》、1927 年之《失业保险法》、1930 年之《救贫法条例》及 1929 年之《地方政府条例》等，然均不若 1934 年失业条例之完备。1934 年之失业条例，计分三部，即：① 失业保险法之修正，② 失业救济法，③ 补充条款——如规定委任日期之定义等。

失业救济机关之组织，在中央有失业救济部，下分津贴、考核、

① Kurtz, Russell, (Editor) Social Work Year Book of 1937, 173.

训练组织、总务、财政、法律各司，在各司之上设有秘书长1人，佐理部长及副部长掌理全部一切事务。在地方有县事务局(District Office)及区事务局(Area Office)二种，为地方下级行政机构之主干。县事务局之地位较区事务局为高。地方下级行政机构之组织，通常有津贴科、考核科，上设主任1人，副主任1人。所有各地方下级行政机关之职员，概由失业救济部任命。局中经费亦归失业部核付，因实际上乃全归中央统制也。

失业保险在英国亦极重视，关于失业保险之法规颁布甚多。在1931年即有国民经济失业保险特别法令第一种及第二种(Unemployment Insurance "National Economy" Orders No. 1 and No. 2)，在1934年以前，英国之保险法规，乃根据1920年至1933年之《失业保险条例》(*Unemployment Insurance Act*)(施行)。1933年复通过《失业法案》(*Unemployment Bill*)，次年正式公布施行，其中包括许多规则及法令。规则中有关失业保险年限、失业保险经费、失业保险赔偿、失业保险教育经费及强迫受课、禁止雇用童工、失业保险控诉、失业保险赔偿规则补充条款、扶助依赖人民、失业保险协会团体等；法令中则有失业保险银行业特别法令及其补充特别法令、失业保险施行于保险业特别法、失业保险移动法令等。

英国办理失业保险之行政机关有劳工部之失业保险司、劳工交换所、地方教育局、工会、银行保险业管理局等。

英国的失业救济设施，除上述各项外，社会中心（Social Centers）组织、改良区（Settlement）、成人教育协会（The Adult Educational Association）、友谊社（The Society of Friends）及全国社会服务会议（National Council of Social Service）。指导失业者对于闲暇时间利用的实验及其计划，大约在十余年以前即已开始，至1932年时已粗具规模。其中每一社区所定之节目，大都随领导者之才能及失业者之兴趣而各有不同。有些节目系集中于地方工作的计划，有些节目与娱乐及艺术有关，有些节目则涉及教育方面。这一类的组织，在失业人数众多及不景气之区域分布较为普遍，但在较为繁华与富裕的地方，若有人加入此类中心组织，则认为是一种羞辱。

英国的社会事业行政与计划虽不若美国之发展，然大都有适当之配合。社会保险方面对于疾病、残废、老年与伤害之人，亦有适当之安排。若是有人间或没有资格获得上述任何一种之恩惠，亦可向地方的社会救济机关请求救济，一般人民亦认此为他们应有之权利，此种权利亦可运用舆论促成，这(是)在其他各国都不能如此坚持的。人民的失业保险利益纵因不良行为而被取消，地方的社会行政当局或亦不能拒绝他们的请求。

英国的贫民救济方法有院内救济（Indoor Relief）与院外救济

(Outdoor Relief)两种。当18世纪末叶，院外救济即逐渐发达，此种救济方式渊源于1795年之司兵汉南制度(Speenhamland System[①]，该制因在司兵汉南城创始，故名)。[②] 院外救济之方法为：① 县政府应使所有人民，无论曾否结婚皆能获得工作，以维持生活；至少须以小本经营或每日短期工作等方法，使能维持生活；② 县政府对于老年人及残废不能工作者应予以救济；被救济者之姓名、履历、家庭情形与生活状况应有详细之记载；救济之方法或为金钱，或为物品，均系每星期给予一次，但在友谊社每周领有津贴5先令以上，及领有卫生保险赔偿金每周7先令6便士以上者，县政府可不予以救济；如受救济者对于县政府所发给之救济费，认为尚不足以维持生活时，得再向县政府请求借款；其他未受救济者，如因工作所得不足以维持生活时，亦得借款；但此种借款必须归还或在工资内按月扣除，或由其亲友代为清偿；③ 县政府并应派医生、护士等亲赴要求医药救济之家庭予以协助。[③]

院内救济为：① 设立工作所，收容所有能工作而未能获得职业之人在内工作，以其所得，供其所用；② 对于老年残废人[④]与儿童等，分别收容于救济院、医院及儿童家庭。

---

① Speenhamland System，现多译为“斯宾汉姆兰体系”。——编者注

② Dexter R. C., Social Adjustment, 53.

③ 陈凌云：《现代各国社会救济》，第182～183页。

④ 此处指残疾人。——编者注

英国救贫行政之趋势，大致言之，以往之放任政策渐成过去，各种设施，政府多有规定。各种事业注意普遍推行，不分畛域。有些社会事业如失业保险等，多带有强迫性质①。

① Dexter R. C., Social Adjustment, 54.

# 第二章　美国社会事业的起源及其发展概况

美国之社会救济制度，在立国的初期多系取法于英国，此因美国初期的政治、宗教等情形与其祖国相似之点颇多，是以伊利萨伯救贫法之精神亦随而传至美国。美国初期救贫行政之历史与英国颇为相似，但有一显著不同之点，即美国之救贫事业大都由政府或国家主持办理，救济事业多以州（State）为单位，而英国则每以市邑（Borough）或教区（Parish）为单位。在美国各州尤其是西南诸州，当时之救贫工作，多归政府办理，州政府大都负救贫行政之责。美国各州对于救贫事业之推行最早与最力者为麻色朱塞州（Massachustts State）[①]，该州于1936年订立一法，令政

① Massachustts State，现多译为“马萨诸塞州”。——编者注

府官吏对于独身人民之贫苦无依者妥为安置与救济，嗣后将救济的范围扩大，对于贫穷之家庭亦加以顾及。1660 年波斯登(Boston)[1]首创济贫院(Almshouse)，规模颇大。1854 年因自爱尔兰移来麻色朱塞州之人民日多，贫民人数亦随之增加，乃建筑州立济贫院(The State Almshouse)，所以收容之。当其开始收容贫民时，行政上之困难甚多。1858 年为增加行政效率并节省经费起见，曾组有委员会，选派委员多人考察公立慈善机关之制度，以期有所改进。根据该委员会的报告，州政府用于慈善事业之经费，在 1839 年为 82 000 金元，至 1859 年增至 30 万金元。1863 年，麻色朱塞州复创设美国州立公共慈善部(American State Board of Public Charities)以监督各地慈善机关之行政，此为美国救贫行政史上颇堪注意之一点。1877 年以前，巴发乐设立慈善事务协会(Buffalo Society of Charity Organization)[2]，此为美国各城市慈善运动(Charity Movement)之起源。因此时汉堡及欧尔伯福制度(Hamburg and Elberfeld System)[3]盛行于伦敦及欧洲大陆各处，巴发乐城市当局遂亦根据上述两种制度稍加变更，付诸施行。该协会之目的在减少贫民乞丐，调查贫穷的真

① Boston，现多译为“波士顿”。——编者注
② Buffalo，现多译为“布法罗”。——编者注
③ Hamburg and Elberfeld System，现多译为“汉堡和爱尔伯福制度”。——编者注

实原因，避免重复滥施之弊端，研究预防贫穷之方法，并注意于各慈善机关的互相联络，以收分工合作的效果。同时，晓谕社会视救济贫民为应尽之责，慈善事业为一种高尚职业。在积极方面，提高家庭生活，养成卫生习惯，防止儿童不至堕落到贫穷的地步。①

前已言及，美国的救济事业，大都由政府主持，尤其是院外救济(Out-door Relief)，多归政府办理。美国的救贫行政计划，是根据以前各市镇原有救济制度改造而成的。美国著名的印第安纳制度(Indiana System)就是一个很好的例子。印第安纳州在1895年时，救济事业极为腐败，各地的救济工作几无人加以指导与监督，全由各城之救济董事会(Township Trustees)主办。该州于一年度内曾开支63 016 878金元，而于被救济之家庭状况及贫民之生活情形毫无记录，后由国家慈善局建议，用法律规定所有慈善事业须彻底加以改革。该州政府遂于是年通过一新法令，令各城振济事业董事负责，详细调查被救济之家庭状况及个人情形，并将其调查报告副本送呈国家慈善局(The Board of State Charities)。各郡区委员及国家团体亦皆有监督管理之责。其后二年，州政府复颁布一个新法令，各城救济费用应由各城市民负担，于是虚糜公款

① 马明达译：《社会病理学》，第108页。

之事因而减少。又其后二年，用法律规定，凡救济事宜应施于贫民之家中，除非特殊情形，凡施赈时事先应有调查，并应将调查结果向州慈善局及郡救济委员会(Board of Charity Commission)报告备案。各城救济会董事，当先在可能范围之内，征求各贫民之亲友救助，使公家之负担得以减少。除因年老或受伤残废，以及证明不能在他处获助者外，一概不予救济，如出外旅行，不得给以交通费用。各城市之救济会董事，应尽力联络各城所有办理救济事业之机关或团体，除死亡、疾病外，凡普通之救济在 15 元以上者，应商得郡委员之同意。此种制度并未彻底革新，因直接救济行政之权仍属于各城救济董事会，仅将直接监督之权移转于郡委员而已，其所完成者，仅有三事：① 使各城救济会董事，关于各该城救济经费之动用，对各该城市民负责；② 在施助贫民及继续施助贫民之前，须加以调查；③ 须将调查报告送至州救济会，使州方得一机会训告各城之救济会董事各尽其责。[①] 在印第安纳州，所有监狱、贫民院、市立医院及育婴所等，均由政府管理。郡救济委员在各州负有管理各郡(County)设立之慈善机关之责。1899 年，立法部更规定 6 人为巡回法官(Circuit Count Judge)，办理各郡之慈善事业。巡回法官得请代理人，由郡内 15 个有声誉之公民呈请任命，但须接

① Glin J. L., Poverty & Dependency, 179～181.

受郡内民众之请求，考察郡内各社会事业机关，并将考察结果每季至少须向郡委员会呈报一次，每年向巡回法官呈报一次。呈报格式由国家慈善局制备，须将报告副本呈交该局，并登报发表。贫民院之给养与管理，悉由国家慈善局处理。州立贫民院之内容设备亦称完善，老人、贫民及病人俱使之各得其所。印第安纳制度施行之效果，有许多事实可作证明。在 1897 年时，印第安纳州居民领受公家救济者，31 人中有 1 人，其后 10 年领受公家赈济者，71 人中有 1 人，每人所给赈款数目，多则不过 5 元 1 角 3 分，少则仅 4 元 7 角 2 分。且是年州内 38 郡中，居民领受津贴者，31 人中仅有 1 人，其他各郡竟无一人领受津贴。其后 10 年，更无一郡有如许居民需要公家补助津贴矣。公家赈济款项，因而大为减少。1897 年时，尚须 38 834 767 金元，至 1907 年减至[①] 72 976 731 金元。[②]在 1915 年市监察员（Township Overseers）曾用救济金 43 万 5 千 4 百 89 元 8 角 8 分，被救济之人数为 97 292 人，1919 年曾用 38 万 7 千 8 百 34 元 6 角 2 分，被救济之人数为 477 098 人。[③]

印第安纳救济制度之施行及其效果已略如上述，但美国政府为联邦制，各州法令不一，救济制度亦复各有差异。大体言之，救

---

① 此处可能指相对意义上的减少。——编者注

② 参阅国家慈善局 1910 年出版之《印第安纳 1792—1910 年之慈善惩戒事业之发展》一书，第 28 ～172 页。

③ Indiana Bulletin of Charities & Correction，Sept. 1915. 284，June 1920. 148.

贫行政之方策与组织，大都是根据以往各市镇之原有制度加以改革而成。其执行之方式，有各州不同之州立董事会（The State Board of Trustees），以司其事。

近世以来，美国的社会事业日见发达，此因美国国家财力雄厚，人民亦多富裕，科学进步，所有救贫与其他社会事业，莫不根据科学方法与知识以作实施之基础与标准。尤堪重视者，即对于从事社会事业之人员，特别注意加以训练是也。[①] 此盖因一切社会事业的推动，固有赖于财力充裕，而经营得法尤为重要，但如何才能使之经营得法，其中人选一项实占主要成分。倘办理社会事业者，对于社会事业的认识不足，甚或假公济私，只徒中饱，则充裕之经费，适足以促成贪污者营私自利之图谋，阻碍社会事业前途之发展，如此必无成绩可言。

美国办理社会事业的经费，一部分由政府负担，一部分系由联合捐募而来。每届冬令，大约在耶稣圣诞以前，必有一次社会救济库募捐运动（Community Chest Campaign，或称联合募捐运动），由社会救济总会（Association of Community Chest & Council）主持办理。该会前总干事司屈理梯（Street Ellwood）[②]曾以多年办理该会及教授社会事业行政一科所得之经验，著有《社会事业行政》

① 参阅《社会事业人才之训练》一章。

② Street，现多译为“斯特里特”。——编者注

(*Social Work Administration*)及《公共福利行政》(*The Public Welfare Administration*)二书,[①]足为从事社会事业者之良好借镜。此项募捐运动之起源始于青年会,美国青年会为吸收会员,并建设各处会所,遂有此类募捐运动之举行,因其成绩甚佳,社会救济总会乃仿效举行。自 1918 年后,美国即有此项募捐运动,每年举行一次。在 1923 年,有 49 个城市有此项募捐运动,并曾募得 23 656 000 金元。至 1932 年则有 363 个城市有此项募捐运动,曾募得 101 181 949 金元。1933 年,因联邦政府多负救济责任之故,曾减至约 75 000 000 金元。但至 1936 年,美国及加拿大已有 419 个城市举行此项募捐运动。现在美国在 1 万人至 5 万人之城市,大都有此项运动,大约在五六人中即有一人捐助,每人捐助之数目,通常为 2 元至 3 元之间。在 10 万人口之城市中,大约即有 500 人参加此项工作。[②] 此项运动之所以有如此优良成绩,一则专为救助社会贫苦人民而设,二则可集中社会力量为救济事业而筹款,可省社会人士之麻烦,三则因为以前所募得之款,皆曾作实际事业之用途,款无虚糜,财政公开,账目清楚,从未有舞弊情事发生,社会对之亦殊信赖,所以此种募捐方法日益发展。关于此项募捐运

① Street Ellwood, Social Work Administration, Harper & Brothers, New York & London, 1931. The Public Welfare Administration, Megraw Hill Book Co., New York, 1940.

② Atwtaer P., Community Chest Social Work Year Book 1937, 90.

动之大原则，计有下列三项。[1]

1. 参加此项募捐者，除总会处所聘请之人员带有职业性质外，其余皆系公民中自愿表示义务担任者。此类公民之来源，或由私人之推荐，或由社会、宗教、文化或种族团体所遣派，而必须在社会上具有相当资格与地位者。

2. 此项募捐，在原则上每年举行一次，遇有特殊情形亦可举行二次，但实际举行二次者尚无先例。

3. 举行募捐时，须注意：① 使拥有巨资之个人及事关机关，各以其巨额捐款贡献于社会；② 使大部分之商业或其他职业团体中人，各以其最多之捐款贡献于社会；③ 使其余社会个人亦能捐助小额之款，聚少成多。

联合募捐运动之组织方式，约有下列二种。

1. 住所的募捐运动式（The Residential Type of Campaign），其主要方式为分区组织及按户募捐。新新纳第（Cincinnati）[2]及阿海阿（Ohio）[3]州之募捐，即依此（方）式进行。例如新新纳第州即按照自然地理环境，分为 30 区，但各区之分界，亦依事实而加以变更。每一区内遴选有资望者一人，充当主席。主席之外，设有副主

① 陈凌云：《现代各国社会救济》，第 222～223 页。
② Cincinnati，现多译为“辛辛那提”。——编者注
③ Ohio，现多译为“俄亥俄”。——编者注

席及部长等,各区之秘书及办事员概由主席任命。各副主席则从各小队之领袖中选出。各小队之区分,亦依照地域而分配,凡在该区内负责募捐者,均归其指挥。以小队中之首领为队长,分担募捐之人员为队员。队员由队长就区内之有能力的公民选聘充任,或由总会推荐。小队长须将此项人员报告区主席,区主席亦须呈报总会。此种组织之优点,在以邻里关系,请求大家协助,彼此互相认识,颇易收效,故多数城市采用此式,惟工商业较发达之大都市则颇不适用,故另有所谓"商业式"募捐运动之组织。

2. 商业式募捐运动(The Business Type of Campaign)。此种方式亦常被采用,其优点在不时举行聚会,请担任募捐之人参加,分别报告其所获得之结果,使募捐人员互相竞赛,工作进行之程度常用图表标明,成绩之优劣一望可知。此项募捐运动之期间,通常为一星期,但其筹备时期,必须在一个月以前开始。

联合募捐之步骤,可分为宣传、正式募捐、结束、整理(包括会计及审核工作)等项。在举行募捐之时或以前,利用文字、口头、图表等,使大众了然于此次募捐之意义及目的,并使大众对于募捐人员加以信任,明了此种社会救济事业之举办为人人应尽之责,且能实际参加此项运动。演讲人员须先期加以训练,嗣后随时利用各种集会对众宣传,凡可以增长公众之兴趣者,如电影、广告等工具,当尽量利用,以增加宣传之效力。宣传之时,无论其为文字或口头演讲，切忌冗长，取材务求简明扼要，使听众或观众一见或一闻即能深入脑海，不致遗忘。关于募捐之记录，会中备有卡片多种，此种卡片用不同颜色分类，如红色为个人捐户、黄色为工业捐户等。

联合募捐之结束，有一定期限。正式募捐时期通常为一星期，在此一星期之中，各方努力奔走，乐捐之人亦在此很短时期中各尽其责，至规定时日如期结束，如此，募捐人与捐款人双方都觉经济。若拖延过长，双方必感麻烦与厌恶，增加物质上及精神上之损失，此亦募捐时不可不注意之点也。

募捐结束以后之整理工作，其首要者，当推会计与审核工作。美国联合募捐之会计、审核及监督工作至为周密，因此项募捐工作遍及全国，规模甚大，机关众多，使无完备之会计、审核与监督，则款项之收支必致纷乱异常，毫无头绪，不仅整理为难，审核亦非易事。联合募捐会计制度之要点，在以最敏捷之方法，将全部捐款集中于总会，总会中设有会计部，其主持者及其办事人员俱系富有经验之人。各项会计之程序，均有一定手续，责任分明。他如捐款之分配与款项之分布，均受严密监督，此项募捐方法之能得社会人士协助与信赖，盖非偶然。

从机关行政的性质方面来看，美国现今之社会事业，可分为：联邦政府机关所举办之社会事业、州政府及地方政府机关所举办之社会事业、私人及团体所举办之社会事业。今依次分述于下。

## 一、联邦政府机关所举办之社会事业(Federal Agencies in Social Work)

联邦政府机关的活动有许多是与社会事业有关的。这些活动有些是属于临时的性质,因紧急的需要而成立者,有些则设有永久的机关担任这类工作。最近有很多最有意义、最有兴趣的社会事业,是由于联邦政府的提倡或发动(而兴办的)。联邦政府历年来所创设之社会事业机关,亦常在变动之中,其中有些机关已与他种机关合并。此种变更,对于有永久性之机关当亦不无影响。联邦政府的活动,与社会事业有关者甚多,严格的分类亦颇不易,因一种社会事业与他种事业常有关联也。联邦政府所举办的社会事业,约可分述如次。①

1. 属于普通救济、紧急工作及保安事业(Relief Emergency Works and Security)方面的机关

(1) 建设事业行政局(Work Progress Administration)。该机关成立于 1935 年 5 月 6 日,其目的在使各种建设事业与紧急救济工作取得密切联络与合作。建设事业行政之计划与范围,包括道路、街衢、公园及娱乐场所之修建,水患之控制与资源之保存,阴沟

① Geddes, Anne E., Federal Agencies in Social Work, Social Work Year Book of 1937,152～159.

及其他公用事业之兴建，军港及其他交通的设备，教育职业等各方面的计划，物品生产事业之提倡，卫生事业的设计，剩余货品的分配等。以往之联邦紧急救济行政工作，今则多归联邦建设行政机关办理。行政项目中，最堪注意之点即是凡请求代谋工作者，除少数较高职位以外，必须有人证明，切合个人之需要方为合格。凡经证明合格之人，由美国业务局指定前往职业介绍所登记，再与整个行政计划配合。该机关之社会研究及统计组，关于失业及救济等问题曾印有大宗印刷品，并聘有社会事业人员与业务股互相联系。

(2) 全国青年行政处(National Youth Administration)。该机关于 1935 年 6 月 22 日创设，其主要服务对象为 16 岁至 25 岁之青年。除在私人实业方面代其谋得相当职业外，并予以职业上之训练，或对大学生谋得部分工作，或以小额现金贷与中学生，使其获得教育，并避免与劳工市场竞争。

(3) 农村复兴工作行政处(Resettlement Administration)机关。该机关创立于 1935 年 4 月 30 日，其目的在救济农民与谋农村之复兴。此种行政工作无论在理论上或实施上，皆有关于农村救济、土地利用及住宅供给诸问题。[1] 凡关于土地的获得、农工的雇用、农村复兴计划及农贷分配等，俱在筹划之中。对于旱灾之防

① Amidon B.，Resettlement，Social Work Year Book of 1937，426.

治，亦拟有特殊之救济计划。

(4) 公共事业行政处(The Public Works Administration)机关。此种机关与公共事业节目计划连成一气，凡关于学校、公共建筑、阴沟、军港、娱乐以及其他公共设备的兴修，大都属于此类行政设计之内。

(5) 公共事业行政中之房屋部(The Housing Division of the Public Works Administration)。该部成立于 1933 年 8 月 19 日，其目的在提倡廉价房屋及陋巷(Slum)的清除。在房屋拥挤之商业中心区域，为收入较低之团体建筑合乎卫生设备与租金低廉之房屋，以作示范计划。

(6) 紧急储存事业处(Emergency Conservation Work)。此种事业创于 1933 年 4 月 5 日，原由平民储存队(The Civilian Conservation Corps)代为执行。其目的在使曾受救济的家庭中 17 岁至 28 岁之未婚青年男子，每月以其所得数目中之 30 元，给送其家庭。请求登记者，由劳工部加以遴选，再由军部送入营中。需要救济之老年士兵等亦有资格，请求入营，且不须受年龄、婚姻状况及工资摊派之限制。其他储存工作计划，如重植树木、山林火灾之防免、水灾及虫灾之控制、植物疾病之防治均可在登记范围以内。

(7) 联邦剩余物资供应社(Federal Surplus Commodities Corporation)。该社于 1935 年 11 月 18 日继续 1933 年 10 月 4 日

组成之联邦剩余物资救济供应社(The Federal Surplus Relief Corporation),协助农业方面剩余廉价农产(品)之分配与购销行政。在该社指导之下,曾经分派各种剩余物资如食品、衣服及燃料于各州及地方之紧急救济机关,再分给需要救济之人。联邦剩余物资供应社系隶属于农业部。

(8) 联邦紧急救济行政处(Federal Emergency Relief Administration)。此机关成立于1933年5月12日,曾由各州及地方机关执行项目广泛之救济工作。该机关定于1937年6月30日为结束之期,自1935年7月间起,即积极从事于清理工作。

(9) 社会保安部(Social Security Board)。该部成立于1935年8月14日,为执行社会保安条例(Social Security Act)之一永久性质的机关。社会保险条例,包括联邦政府对于老年救济制度所批准之州设失业保险计划,以及各州制定对于老年人、盲人与依赖儿童之各种社会救济的补助。此外,尚设有消息传递服务及研究局,搜集社会统计资料,并印刷与该部各种有密切关系之刊物。

(10) 退伍军人管理处(Veterans Administration)。该机关系对于退伍军人及其依赖者予以救济,并执行关于赔偿、抚恤、保险、退休、酬劳、医药、保护及住宅供给之各种法律。

(11) 美国雇员赔偿委员会(The United State Employees Commission)。该会系为联邦政府机关之从业雇员所受损伤来执行各种利益的一种组织。

(12) 铁道退休人员管理部(Railroad Retirement Board)。该部系为年达 65 岁或完成 30 年服务之所有铁道管理人员执行退休制度及支付年金的一种组织。

2. 属于教育、卫生及福利事业(Education Health & Welfare)方面的机关

(1) 内政部之教育局(Office of Education of the Department of the Interior)。该机关指导教育调查,收集与分发教育资料,并依照社会保安条例之规定,拨款对于无工作能力之人,提倡职业教育与复职工作(Vocational Rehabilitation),且将后者推行及于各州。该机关与各州各郡及地方教育团体,都是通力合作的。

(2) 劳工部之儿童局(Children's Bureau of the Departments of Labor)。该局系成立于 1912 年,处理儿童方面之各项问题,如与联邦政府各州及地方机关合作,用通信方法收集与分发关于儿童方面之各种资料,运用刊物发表各项研究报告。近年以来所研究之题目,大都有关死亡及疾病、产妇死亡率、学校儿童的健康情形、小儿软骨病、印第安纳的儿童身体、犯罪儿童的处理、儿童收养及童工等。近年所收集之统计资料,包括职业证书统计及儿童法庭统计。该局计分三部,执行社会保安条例中所规定关于母亲及儿童福利方面的各种事业,如母亲与儿童的卫生,包括公共卫生护

士服务跛足儿童及儿童福利部分。

(3) 劳工部之妇女局(Women's Bureau of the Department of Labor)。该局之目的在考察与报告劳工妇女福利方面之各种情形,并设法予以改善。有许多研究工作是由该局独立主持,但有时亦与联邦政府、各州及地方机关互相合作。该局对于妇女最低工资之提高,消弭男女最低工资上之差异,缩短工作时间,禁止过度工作,以及其他各种标准的改进,如机器设备的安全,适宜的卫生环境与工作的便利等颇为注意。

(4) 财政部之公共卫生服务处(Public Health Service of the Department of the Treasury)。该机关的主要目的在注意于疾病的预防。对于外来的人民,与各州及地方当局合作,予以身体检查,同时,预防州与州间疾病的传布及传染病的防止。该局之工作,包括儿童卫生、成人卫生、食品、公共卫生教育、心理卫生、花柳病、海军医院及救济站,以及各种疾病原因与治疗的研究等。并执行关于毒品之制造与售卖,毒素与血清之生产的各项法律规定。对于农村服务,亦予以提倡与扩展。

(5) 农业部之家政局(Bureau of Home Economies of the Department of Agriculture)。该局所定各种节目之目的,在于鼓励更有效的消费与生活水准的提高。凡关于食品、食品价值及其营养滋(今作"资")料、运用的方法、衣服的缝织、家具的设备及房屋问题，均在该局研究范围之内。凡涉及廉价食品，罐头之购销与缝纫中心之组织，该局常与各社会救济机关互相合作。

（6）农业部之推广服务社（Extension Service of the Department of Agriculture）。此种推广服务工作活动，通常称为“合作农业推广服务社”（Cooperation Agricultural Extensive Service），其中大部分工作系在农村区域以内举行。其与家政及农业有关之教育工作人员所执行的组织，名为郡设机关或家庭示范机关（County Agents or Home Demonstration Agents）。

3. 属于劳工及职业（Labor and Employment）方面的机关

（1）全国劳工关系部（The National Labor Relation Board）。此为一永久性之独立机关，创立于 1935 年 7 月 5 日，执行《全国劳工关系条例》（*National Labor Relation Act*）。该条例中认为雇员有自由组织、集体订约与选择代表之权。凡关于劳资争论之各项问题、执行及活动，该部有权加以考察，有时并得举行秘密投票，以停止劳工代表之职权，并禁止任何人参加有碍商务之特殊不公平的劳工行为。

（2）美国劳工部之职业介绍服务所（United States Employment Service of the Department of Labor）。由于这个机关的组织，各州之全国职业介绍所制度，遂以确立。

（3）全国职业介绍服务所（National Reemployment Service）。

此为一种临时的紧急组织，1933 年 6 月 6 日创设于上述的美国职业介绍服务所内。

(4) 劳工部之劳工标准组(Division of Labor Standards of the Department of Labor)。该组成立之意义为执行关于残废工人[①]及留家工人之各项章则，拟定安全法律，举行区域会议，讨论州定之劳工立法，并对于州定之劳工立法节目，予以相当之协助。

(5) 劳工部之劳工统计局(Bureau of Labor Statistics of the Department of Labor)。此乃一研究机关，负责收集并分发关于劳工方面之各项消息，并刊印与收集关于劳工之工资、工时、职业介绍所、零售及批发物价、劳资争议及生活费用方面的资料。同时，对于各种不同的劳工、工业及社会福利方面的题材，亦加以研究。

(6) 文官服务委员会(The Civil Service Commission)。此为对于联邦人事制度之一补充机关，在许多政府机关之下，代为执行考试社会事业人员之职位。

(7) 实业分析委员会(The Committe of Industrial Analysis)。该会系于 1936 年 4 月 1 日创设于商务部之内，继续完成 1936 年 4 月 1 日结束之国家复兴行政之商业合作与评论组之研究节目。该研究节目中亦涉及工资与工时的分析、劳工关系，以及其他与工人

① 此处指身有残疾的工人。——编者注

卫生及福利有关之各项问题。

(8) 国家仲裁会(National Mediation Board)。从速处理由劳资双方所引起的各种争论为该会组织之主要目的。

(9) 美国劳工部之调解服务(The United State Conciliation Service)组织。其任务在用调解方式,处理劳资争议事件。国家钢铁劳工关系部及纺织劳工关系部(The National Steel Labor Relations Board & The Textile Labor Relation Board)为该组织中之一部分。

4. 属于森林及公园(Forests and Parks)方面之机关

(1) 农业部之森林服务处(Forest Service of the Department of Agriculture)组织。管理国家森林,提倡森林耗费在娱乐与卫生方面之各项用途,并设法保存森林资源,使依赖森林资源之家庭及地方得有经济上之稳定。

(2) 内政部国家公园服务处(The National Park Service of the Department of the Interior)组织。管理全国公园,并为全国公园制度指导教育节目。

5. 属于监狱(Prisons)方面之机关

(1) 司法部之监狱局(Bureau of the Department of Justice)。政府因监狱局之成立,联邦政府之监狱遂亦归其管理,并为联邦政府之犯人设立监禁制度与执行联邦政府之试释法律(Probation

Law)。

(2) 司法部之假释局(Board of Parole of the Department of Justice)。该局之作用为执行联邦假释法律,准许或撤销联邦政府之犯人。

(3) 联邦政府监狱的作业社(Federal Prison Industries,inc)。该社在美国刑事及惩戒机关之内创立工业社。其所出产依照当时之市价,售与政府机关。

(4) 监狱作业改组行政处(Prison Industries Reorganization Administration)组织。此种行政组织与各州及地方合作,考察并研究刑事及惩戒机关之各种实业活动,拟具方案,以作改组监狱作业制度之复兴计划。

6. 属于信用服务(Credit Service)之机关

(1) 农民信用行政处(The Farm Credit Administration)组织。该组织成立于1933年5月27日,为农民信用放款之机关。

(2) 联邦政府的住宅行政处(Federal Housing Administration)组织。该组织有二种功用:① 使现代化的住宅设计得以具体表现,② 保险房屋抵押借款。

(3) 联邦住宅借款银行局(Federal Home Loan Bank Board)。该局管理联邦政府住宅借款银行制度,同时指挥管辖及监督自有住宅借款会社、联邦储蓄局及借款保险会社,其目的在改善家庭经济情形。

(4) 用电家庭与农村官厅(Electric Home and Farm Authority)组织。该组织创立于1935年8月1日,其任务在协助人民财力购买各种电力用具,如电冰箱及电力农具等。

7. 属于通信及统计服务(Information and Statistical Service)的机关

(1) 国家紧急会议(The National Emergency Council)。该会议原于1933年11月17日创始,1935年6月15日正式成立,为对总统负责供给资料的一种组织。设有会长及各组主任以司其事,并刊印政府各种资料。且曾成立一美国通信服务(United State Information Service)社,关于各政府机关的单位及其活动情形,均有翔实的报告。

(2) 国会图书馆(The Library of the Congress)。此为社会事业方面的重要通信组织,因为该馆所编之书目,及二年一度出版之法律资料索引及丛编,对于社会事业方面的贡献甚大。此外该馆并购买书籍分发与成年之盲人。

(3) 商务部之国情普查局(Bureau of the Census of the Department of Commerce)。该机关每10年举行与刊布全国国情普查一次,其普查范围包括人口、农业、工业、矿业、财富分配及失业状况等。对于教堂及机关,每隔10年亦作特别普查一次。该局并连续编制生育死亡统计，州与市政府之财政统计，最近各种出产统计以及与社会实业有关之各项资料。

(4) 中央统计局(Central Statistical Board)。该局成立于1933年8月9日，其任务在提倡与发展联邦政府之统计事业与其他统计工作互相调整与配合，避免工作重复与经济浪费，提高工作效率。凡联邦政府各机关初次收集材料所用之表格，均须经该局之评判并贡献意见，因此，对于所收集各项资料之内容与实质有重大之影响。

8. 属于未分类(Unclassified)之机关

(1) 坦利西流域之官厅(Tennesse[①] Valley Authority)。该机关之任务在推动坦利西流域之社会福利与经济福利的各种事业，如森林之发展、害虫之预防、农业与工业之平衡发展、矿属资源之充分利用、失业男女对于新的与生产较多的职业的适应等。此种实验，甚为社会事业家所留意。该区之当局对于该区人民的房屋设计、地方发展计划以及闲时活动等，亦常与社会事业家互相商讨。

(2) 全国资源委员会(National Resources Committee)。该会于1935年6月7日继全国资源局(National Resources Board)而成立。对于国家资源之保存及发展与其他资源有关之地方、各州、

① Tennesse，现多译为“田纳西”。——编者注

各市私人机关密切合作。凡关于区域计划、土地状况、矿源研究、水利设计、实业调查、人口问题与都市化的研究的各种活动，皆加以注意。

(3) 劳工部之移民及归化服务局(The Immigration and Naturation Service of the Department of Labor)。为管理对于自外移入人民之拒绝、放逐及入籍事项的机关。

(4) 内政部之印第安人事务局(Office of the Indian Affairs of the Department of the Interior)。该局对于印第安人之经济发展、教育与卫生的改善，加以负责。为提高印第安人出产货物之标准起见，曾组有印第安美术与工艺出品部。

(5) 内政部之矿业局(Bureau of Mines of the Department of the Interior)。该局之主要目的为研究矿业方面的工人卫生及安全问题之机关。

## 二、美国州政府及地方政府机关所举办之社会事业

凡乡郡城市、市镇及州政府所推行之社会事业，皆属于此类。州政府推动社会事业之机关，通常称为公共福利部(Department of Public Welfare)，不过旧的名称如“慈善与惩戒部”(Department of Charities and Corrections)、“管辖局”(Board of Control)等，在有些区域依然沿用。有数州之社会福利事业的组织是颇分歧复杂

的。即在各地方机关之中，名称的差异与工作的纷乱，亦间有类似的情形。在经济恐慌未发生以前，各地方单位公共福利事业的发展，大都是没有计划的。自失业问题发生以来，地方机关对于失业救济之欠妥，更为显著。结果，有许多郡与都市遂成立紧急救济单位，其他政府单位亦进行改组，加强不健全之公共福利机关，以配合其所增加的责任。最近数年以来，已有许多新的机关成立，旧的机关改组，职责时有变更，这些迅速的发展几令人难于获得各种最近的消息。不过美国政府已渐认定，人类福利之增进，为政府应尽之责任，此种运动与教育一样实具有深切的意义。本节的目的，在说明各地方机关的演进情形、某种立法的趋势及行政的发展等。

1. 各州政府及地方政府社会事业实施的范围及其功能的成全(Scope and Integration of Functions)

在美国各州都有法定的社会福利机关，大多数的州份，对于地方机关亦有法制的规定。这些机关的内容性质及其相互间的关系，亦颇复杂。但近来则有一州之总机关管理与监督一州所有社会机关的趋向。兹将州政府或其他地方机关，管理与监督之各种活动，略述于次。

(1) 所有关于社会救济之各种活动，包括普通家庭、退伍军人救济、依赖儿童的救助、老年人的救助、盲人的救助以及慈善机关的补助等。

(2) 所有关于儿童福利之各种活动，包括地方公私设立的儿童福利机关及制度之监督与管理，依赖儿童身心不健全与被忽视的儿童，以及家庭与机关收养的犯罪儿童之照顾。州立儿童机关之推动、儿童的承继、安插与犯罪儿童试释的监督等。

(3) 各地方之服务事业，包括各郡各区为加强执行福利功能之组织，统计资料之编纂，研究工作之指导，及协助推动上述各项功能之教育活动。

(4) 所有心理卫生工作，包括所有照拂精神病人，及州立机关以及机关以外对于这类人之照顾。

(5) 所有惩戒事业活动，包括州立之刑事及惩戒机关，假释制度，试释服务的监督，以及地方监狱的检查。

此种州立之公共福利部，在法令上有权执行联邦政府的工作，凡联邦政府为福利目的补助州设之机关经费，地方公共福利部可视为联邦政府执行之代表机关。因有此种联系，州立公共福利部之地位，可使各机关的与非机关的各种福利活动有划一的发展，并使每一机关的功能成为总节目功能之一部。其他如一郡一区福利活动功能，亦莫不本此原则推动，虽然只有少数州份与此目标相近，而此种趋向则因联邦政府之社会保安立法而益加速。对于依赖、残废及犯罪相互关系之各种问题，由一总部负责处理，收效之大，已为众所公认，且有事实上之证明矣。

2. 地方公共福利机关之组织方式

州立机关之组织方式名称颇多,但这些名称很少能指明组织的方式。按照行政权力的分配,此类组织方式可分下列三类。

(1) 由州长任命之单一行政官员制。加州(California)、伊利诺爱(Illinois)①、满州(Maine)②、麻色朱州(Massachutts)、阿海阿州(Ohio)、白细维尼亚州(Pennsylvania)③、维京利亚州(Virginia)④及其他少数州份,均属此类。其行政权力操于州长任命之主管人员,该员亦即州长内阁中之一分子。在过去二十余年中,有若干州份重新组织州政府,使其成为若干小而复杂并有连带关系之部分,各部主任全归州长任命,有如联邦政府之内阁组织一般。在内阁制度之下,由州长任命主管人员,此类组织优劣互见。优点在有专人负责,权力集中,效率可望增高,而其危险及所受之批评或责难则在不能脱离政治影响,人事方面每不能不随政局的变迁而有更换。有些州份颇受政治上的不良影响,但有些州份亦有因此制度而加强其组织者。

① Illinois,现多译为"伊利诺伊"(州)。——编者注
② Maine,现多译为"缅因"(州)。——编者注
③ Pennsylvania,现多译为"宾夕法尼亚"(州)。——编者注
④ Virginia,现多译为"弗吉尼亚"(州)。——编者注

(2) 任命一非专业的董事会(Lay Board),由该董事会再任命行政官员。此类组织所赋予董事会之权力,在各机关中及各种活动中殊不一致。在过去数年之间,新设之州立机关此类组织,如阿纳班马(Alabama)①、夫罗吾利达(Florida)②及印第安纳(Indiana)各州之法令中,均有明显而新的条例规定。牛者西(New Jersey)③州设之机关,为此种组织中最健全者之一例。此类组织中之优点,一则可以避免卷入政治旋涡,二则可以采纳民意,促进大众兴趣,成为民意之代表机关。

(3) 多种的行政人员,通常称为管理董事会(Board of Control),管理董事会为有俸给制,普通由3人至5人组成,其行政职责由董事会员自行分配。在美国中部及西部各州如爱沃瓦(Lowa)④、坎色司(Kansas)⑤、米列梭塔(Minnesota)⑥、列不纳司卡(Nebraska)⑦、北达可他(North Dakota)⑧、泰客色司(Texas)⑨、西维京利亚(West Virginia)⑩、维司康辛(Wisconsin)⑪的机关行

① Alabama,现多译为"亚拉巴马"(州)。——整理者注
② Florida,现多译为"佛罗里达"(州)。——整理者注
③ New Jersey,现多译为"新泽西"(州)。——整理者注
④ Lowa,现多译为"洛瓦"(州)。——整理者注
⑤ Kansas,现多译为"堪萨斯"(州)。——整理者注
⑥ Minnesota,现多译为"明尼苏达"(州)。——整理者注
⑦ Nebraska,现多译为"内布拉斯加"(州)。——整理者注
⑧ North Dakota,现多译为"北达科他"(州)。——整理者注
⑨ Texas,现多译为"得克萨斯"(州)。——整理者注
⑩ West Virginia,现多译为"西弗吉尼亚"(州)。——整理者注
⑪ Wisconsin,现多译为"威斯康星"(州)。——整理者注

政组织，均属此类。从行政的观点来看，此类组织既不能划一管理，又不能避免政治影响。以往之政府分权制度，与现代制度之行政效率实难以并存。此类组织近来未有增加。[①]

3. 地方公共福利机关之行政组织

从行政机关组织之内部情形看来，无论是州设或地方机关，即可发现董事会、行政官及职员为行政机关组织之主要分子，虽然有些机关也没有董事会的组织。

（1）董事会：董事会或为行政机构，或仅为顾问性质，如麻色朱、白细维尼亚、维京利亚诸州即属于后者。

（2）行政官：为对福利部负责之主要官员，担负各项行政责任，必须与州长、立法人员、其他各部主任、联邦政府机关、董事会、所属职员以及其他公私机关，保持满意的关系与密切联络。行政官之日常职务，包括部内行政及执行性质上的各种活动，任用部内人员，公布规章，呈核每年报告及预算。此种职位需要有训练及经验与高尚人格之人出来肩负。公共福利行政须有真实能力者来主持，现已日益证明矣。美国各州公共福利行政，在新定的法律方面，行政官之职责各州亦互有不同。有些行政官归董事会任命，董

---

① Willard D. W., State System of Public Welfare, Journal of Social Forces, Sept., Nov. 1924.
Stevenson M., Public Welfare, State and Local Agencies, Social Work Year Book of 1930, 393～403.

事会且有权力规定其薪额，此种薪额因受限制之故，数目过低，很难吸引有行政能力之人为之服务。各郡及各市之行政人员与上述情形之相类似者亦颇多。

(3) 职员：公共福利行政人员之任用标准，各处不同。仅有少数州份及地方政府之福利行政人员，须经文官服务考试，或他种证明。他如文官考试、口试及经验的估计，亦常有为许多州立机关遴选职员之方法，考绩制度之推行与职位之保障及提高，当亦甚为重要。

阿纳班马(Alabama)州之公共福利部曾经规定郡(County)公共福利行政主任之资格如下：① 曾毕业于有声誉之大学者；② 在监督之下有从事社会事业 1 年之经验，并有服务 3 年以上之经验者(最好是从事于社会事业或教育)；③ 须在有声誉之社会事业学校，至少受有 3 个月之训练者。

4. 州立及地方公共福利行政机关之任务

州立公共福利行政机关之任务，约可分为下列五类：[①] ① 州立机关之监督行政，② 公共救助及其他直接与救助事业有关之活动，③ 地方公共机关的发展与监督，④ 私立机关之监督，⑤ 研究及教育方面节目之推动。

---

① 详情可参阅 Functions of State and Local Agencies, Social Work Year Book of 1937,398～400.

5. 地方福利行政机关之紧急救济

紧急救济工作，因属临时性质，各州大都有特设之组织为之处理，通常称为紧急救济行政。自经济恐慌发生以后，各州之紧急救济行政有不少的变更与发展。①

总之，美国各地方公共福利行政组织颇为复杂分歧，但在某几方面亦令人失望，但近年以来，州立机关对于福利事业已能作有效之推动成为政府职责之一，收获甚多。州定之立法，使各地方之机关行政更臻健全与完备。有若干州份，近来对于基层工作更为加强，但仍需要进一步的计划，新的立法，更充实的经费，与更合格之人员。在今后数年中，若能从上述各方面加以注意，则现在的复杂与分歧可以消弭。

① 详情可参阅 Function of State and Local Agencies, Social Work Year Book of 1937, 400～401.

# 第三章　德国社会事业的起源及其发展概况

从纵的方面来看，欧洲的社会救济事业除英国有许多足资取法之处以外，恐怕就要算德国了。德国的救贫行政，在中世纪日耳曼帝国时，与英国往日之救贫事业相仿佛，亦以教区为单位，救贫事务全归寺院办理，与地方团体无若何关系。后于 Nürnbery 市由市议会设救贫委员会，掌理救贫事务，分该市为四贫民区，每区设有监视员，调查贫民实况，禁止乞丐行乞，为有工作能力者代谋工作，此为德国地方社会救济事业之嚆矢。迄至查理曼(Charlemagne)[①]大帝时，曾颁布一救贫制，其制系令寺院与地方

① Charlemange，现多译为“沙勒迈恩”。——编者注

之10人成立一组织，主持救贫事业;并规定物价与救贫税，以扶助贫民，凡能工作而不愿就业者，不许救济。此制一行，于当时之社会情形深有裨益，所惜人亡政息，自查理曼大帝逝世以后，其制遂废。中世纪以后，欧洲各国多施慈惠政策，养成人民依赖习性，结果，乞食游惰者大有增加，当时德国亦受其影响，后仿英国先例，执行排贫政策，颁布乞丐禁止法。凡行乞者处以笞刑，或终身监禁，甚或处以死刑。同时严禁自由施舍，违者罚金40 Thaier（德国古币名，每单位约值3马克)，从此地方救贫事业，渐由都府管辖，市厅掌理救贫行政，财团分配谷物，救贫行政人员概由政府任命。降及16世纪，德国之社会救济事业渐倾向组织之一途。当时有言，“使乞丐之徒，绝迹于德国者，实为基督教国目前之急务”。此外，并尊重劳役及财产之宣言，谓舍财产于寺院，不如投之于博爱事业，故当时严禁私人不适当之施助，并设有公共机关以统制之，即在地方亦有救贫条例制度之规定，要亦不外预防滥施之弊端而已。1772年至1773年之间，饥馑频仍，贫民忽增，于是各市组织公爱协会，与地方团体共同从事于救济事业，如确定地方救济义务、筹募救济款项、设立强迫工作所以收容乞丐，等等，不一而足，然均未奏大效，不是用人不当，就是办理不得其法。直至1765年，讨论救济贫民的人，始发现一个新的制度，即所谓汉堡制度(Hamburg System)是也。与欧尔伯福制度

(Elberfeld System)[①]先后并称，同为后世救贫制度之模范，今分述于次。

1. 汉堡制度

汉堡乃德国之一富庶都市，工商发达，人口众多，居民往来无定，市民生活亦极悬殊，其中获有工作者固多，而失业者亦复不少，因之乞丐与贫民人数亦日多一日，甚至列队游行街市，沿门乞食乃成为汉堡城一最严重之问题。汉堡市民欲对此严重问题求一适当之解决，遂于1765年组织一团体，其主要目的在改良市政管理制度，其中有一部分计划系有关救贫行政方案。草拟此种救贫新计划者为布舒教授(Professor Büsch)。该计划方案之要点，分全市为若干区(District)，每区设监察员(Overseer)一人，并设中央办事局(A Central Bureau)综管全市所有救贫行政事务。其所订救贫宗旨，在设法帮助贫民自力更生，对于失业者为之介绍工作，贫乏者予以救济，沿门乞食者不准任意施舍，遇有贫苦儿童则送往工艺学校学习职业与文字，遇有患病者则送往医院诊治；一切设施因人因地制宜，对症下药，并联络各种机关，尤其是社会救济机关，在分工合作原则之下，以收整齐划一之效。此种制度施行之主要用意在消弭一班寄养之人或依赖他人为生之贫民。无业者使之获得相

① Elberfeld System，现多译为“爱尔伯福制度”。——编者注

当工作，而渐能自立，以期该市之贫民及寄养者，逐渐减少。该制行之十有三年，据云收效甚大，汉堡情形为之一变。后因市民数量日增，救贫行政人员之人数无多变更，加以都市人口骤增，社会情形复杂，此制一度因而趋于衰微①。但未久，欧尔伯福制度复继汉堡制度而兴起。

2. 欧尔伯福制度

欧尔伯福为德国一个小市镇，该镇于1852年时，曾采用汉堡市之救贫制度，稍加改革，行之数年，成效卓著。兹将该制度与组织之内容申述于次。

(1) 该制度推行的方法，是把欧尔伯福全市分为564段(Section)，每段境内约有居民300人，但无论何段，其间贫民最多不得超过4人。

(2) 每一段设办事员1人，称为赈济员(Almaner)，掌理全段救济事业。凡贫民之请求，救助者必须与赈济员接洽。赈济员亦须视察求助者之家庭环境与生活状况，视察以后，得按其需要酌予补助，总希望他们自己能够自立自助。赈济员至少须于每两星期作一次秘密调查。发放赈款，必须依照法律规定之最少限度的标准发给；若遇贫民一有收入，应从赈款内如数扣除，总要使他们家

① 汉堡制度衰微之原因，可参阅 Henderson's Modern Methods of Charity，9～12.

庭所得的赈款，恰恰合乎他们生活上必需的供给，而不令他们有一点投机取巧的机会，这样才易使他们日趋于自立自助之途。赈济员不仅管理该段之救贫行政，对于该段内景况不佳、有堕入贫穷可能的人民，亦负有劝告与监察的责任。此外，并对于失业者介绍工作，疾病者予以医药上的便利，懒惰而不事生产者则予以忠告；倘仍有执迷不悟、顽梗难化、不易匡正者，则鸣官追究之。赈济员之委派三年一任，为强迫义务性质，但亦得继续连任。担任此类职务者，大都为社会上公正良善之市民。社会人士亦以能获此职为荣，且亦可借此从事政治上之活动，故人亦多乐为之，社会上亦以为亟须此种良善而有经验的人主持，方能得力。因连任关系，600 名赈济员中，任职最长达 49 年者有 1 人，任职在 30 年以上者有 19 人，20 年以上者有 81 人，10 年以上者有 268 人。

(3) 全市分为 564 段，每 14 段为一区(District)，每一区设有监察员(Overseer)1 人，其职务在领导区内各段赈济员，每二周开会一次，报告工作状况。

(4) 中央委员会(Central Committee)共有 9 人，为全市之总赈济机关，其会议期间亦为每周开会一次，开会时期恰为各区会议之翌日晚上。各项院内院外救济事项，全归中央委员会支配管理。

综观以上所述，欧尔伯福制度与组织之内容，足资吾人取法处，计有数端：① 每一赈济人员所管理之区域不大，贫民人数不多，照顾能周到，不致有疏忽之弊；② 行政权力集中，监督严密，因之，效率可望增高；③ 担任工作之人，可以继续连任，因之得收经验丰富，驾轻就熟之效；④ 主持救济事业之人员，不时开会讨论各项问题，可收互相切磋、截长补短之效。

这种救济制度，后为德国许多城市所采用。市民无论男女，对于救贫事业都很热心，各以其聪明才智贡献于社会，不仅是对于救贫事业富有经验的人是如此，就是新近从事这类工作的人也是一样。他们大都愿意接近贫民，调查贫民的生活实况及其贫穷的原因，以便针对病源，从事拯救。如此，不仅可以救济这些已经堕落在贫穷线以下过生活的人，并且还可以运用这种制度，使用赈济人员预防贫穷的产生。赈济员的责任颇大，对于幼失怙恃的孤儿要予以扶助，顽梗愚钝之人予以劝告或训练，失业者介绍工作，可谓民之父母，迷路羔羊的救星。一个社会若是没有富于生产能力的人增加，社会就成了一个无生机的抽象名词，对于穷人若是毫无救济，这个无生机的社会，问题必更复杂与严重，所以要有一种好的救济制度，以弥补这些缺陷。赈济人员就是那时二者中间的一个主要连锁关键。

欧尔伯福制度施行结果的成绩，有些可以用数字表达出来。事实上，欧尔伯福一城的人口，在 1852 年仅有 5 万人，到 1904 年时，就增加到 16 万 2 千人，受有赈济的人，临时的与永久的通包括在内，仅仅从 4 000 人增加到 7 689 人，减少数目的百分比，就从 8%减少到 4.7%。赈济的费，以人口来计算，在 1852 年时，每人担负 8 角 9 分；在 1904 年时，每人担负 8 角 8 分，连各地善堂孤儿院以及其他救济事业供给的费用，都包括在内。用费不多而收效宏大，由此可见该制施行以后的成绩了。

这个制度虽然在欧洲有好些城市采用，但是办理不得其法的也有很多。有些赈济人员没有受过训练，也没有什么办事的经验，所以在作调查视察的时候，不能如曾经受过训练的人做事那样谨慎周到。但这并不是制度的本身不好，而是推行不得其人，据阿尔默君(Mr. Almy)[①]的意见，制度以外所有人为的缺陷是可以设法矫正的。

欧尔伯福是德国那时人口不甚众多的一个小市镇，欧尔伯福制度在人口不多之小市镇推行甚为适合，但在较大的都市，人口的数目众多，人口的流动性又大，该制是否亦能适用，仍有问题。后来因为汉堡等市人口继续增加，以往之汉堡制度及欧尔伯福制度，均渐不能适用，加以上述两种制度的本身，亦不免有些缺点，如一个赈济员处理案件数目太多，各项报告及记录材料不全都是促成新汉堡制度(New Hamburg System)产生的主要原因。

---

① Almy，现多译为“阿尔米”。——编者注

3. 新汉堡制度

新汉堡制度系成立于1892年,为了改组原有制度聘请了一些专家,研究其可以改进之处,研究的结果,遂决定设置视察员(Visitors),中央机关比以往更能独立地行使职权。关于救济事项,每区不仅可以独立自主,并且还给他们一种权力,可以推举各区管理员与新助理员(Superintendent and New Helpers)及表决赈款的权力。在汉堡的居民,因为迁徙无定,有些区内没有贫民,有些区内贫民甚多,因之,又将汉堡及欧尔伯福制度内之分段制度废除。新汉堡制不仅废除了欧尔伯福的分段制,而且废除了委任赈济官的制度。一区就是一个管理员作主[①],管理员按照这一区的情形,来选定助理人员的数目;他接收这些穷人需要津贴的请求,指派职员工作,看谁对于这个案件能够胜任,就把这项工作分派给谁。某一案件如经调查之后,发现有不能胜任者,就另换适当之人接替。这个制度计划的目的,就是要全体人员分配工作,劳逸平均。这个制度与欧尔伯福制度还有些不同之点,就是此制发给赈款是长期的,而欧尔伯福制度仅有两星期。新汉堡制度又把这些需要救济的人们加以分类,以便处理。例如将年老的人和患病的人分开,其他情形不同或景况不好的人,亦分别加以救济。救济

① 现多用“做主”,此后不再赘述。——编者注

时期，有的只许他们得 6 个月的津贴，其余通常不得超过 1 个月，如须继续领取津贴，须待下次会议决定。此外，新制尚有一特点，即各区管理员合组一个团体，叫作巡查团(Kreis)，或环巡团(Circuit)。这些巡查又组织一个控诉局(An Appeal Board)，审讯各区所控诉的案件或办理各区所要求的事项，凡关于各区巡查事件以及慈善事业，应当设法救济之事项，皆归控诉局办理。环巡团举行会议时由中央委员会之职员担任主席。中央委员会之任务，与欧尔伯福制度之中央委员会相同，同为一市救贫行政之最高机关，凡关于指挥考察市内一切贫穷发生之事项，制定各项救贫法令、条例或规程，决定慈善事业种类及普通救济政策，均归此最高机关办理。此外，又设有书记办公处，办理一切职业管理事项。各项救济或津贴请求须经中央委员会通过，而后执行。[①]

降及 19 世纪之初，德国各地下级团体为欲减轻其负担，非其住民则拒绝救助，住民须在一地继续居住若干年后，方得向当地请求救济，何人应受救济，救济至何程度，另有住址法规定之。且对于无责任心居民之结婚亦设法防止，盖承积年战事之余，民生凋敝，以致人民博爱与互助之理想亦渐薄弱。后因社会经济情形改变，贫富日益悬殊，救贫事业复引起社会国家之注意，对于救贫事

① 参阅 Henderson's Modern Methods of Charity 及 Blackmar and Gillin, Outlines of Sociology, Part on Social Pathology, Chap. Ⅲ或马明达译之《社会病学》第三章。

业之一切设施，已不再抱宗教主义，并依社会政治之原则，以谋人民之福利，地方团体对于国家均负救贫之责任。

现德国社会救济事业中最为人所注意者为“义务劳动”，因其非仅消极地救济一般民众，且积极地锻炼青年体格，灌输军事国防知识，固非普通国家之社会救济事业所可比拟也。德国义务劳动之起源虽开始于20年以前，但正式由国家颁布法令推行此举则自1931年始。是年8月31日曾规定志愿工作法，1932年7月16日又颁布志愿义务劳动法，党员及青年参加者至1932年末约有40万人。自1933年希特勒执政以后，视此种运动为国内政治上之重要节目，故在其四年计划中，不仅重申义务劳动之重要，且阐扬其尽力推行之决心。1933年以后，青年参加者更日多一日，义务劳动遂成为德国国社党掌政以后政治方面的伟大成绩之一。德国今日之所以能称霸欧洲，敢与民主国家抗衡者，义务劳动实亦与有力焉。

义务劳动组织之最高机关为总督办事处，所有全国义务劳动事业之设计与实施，全归其指挥与管理。处内除有总督一人外，并设有管理、教育、体育、勤务、人事、设计、医务7科。在此7科之中，最堪注意者为教育、体育、医务各科，因义务劳动云者，非仅如一般之强迫劳动而已，并利用此种服务灌输青年以军事政治之知识，磨炼青年之身体，使此辈人才，他日国家一旦有事，能为国尽忠效劳。医务一科，似多偏重于消极的治疗，而于维护青年之生命，实有足多者。义务劳动之工作组织，除上述 7 科外，又设督察 4 人，专司全国各省区义务劳动事业之稽查、报告等事项；另设有宣传处，专司一切宣传工作。

各省在交通便利与行政机关接近之处设有一义务劳动指挥部，此种指挥部全德国计有 20 处，每处有省指挥官 1 人，参谋长 1 人，此外，亦设管理、教育、勤务、人事、体育、总务各科，各科主任概由省指挥官任免。并有政治体育与技术教官，担任训练之责。

省指挥部之下，有义务劳动区，设区长一人主持其事，并有助理员佐理区长推行一切工作。区内组织着重实际工作，亦有政治、体育教官与音乐员等负训练之责。区长之下，设有医务、财务、司法、事务、文书、驾驶员等。区以下又有分区，乃义务劳动之基层组织。分区有分区长 1 人，下设 3 组，每组有组长，组长以下又分设 12 小组，各有组长 1 人，每小组则统率义务劳动工人 12 名，每组计有工人 12 名，每组计有工人 129 名。[①] 并设有管理员、文书员、医务员、驾驶员、缝纫员及鞋匠。

义务劳动之工作种类及计划，由总监处规定，经国社党中央方

---

① 原文如此，疑应是每小组计有工人 12 名，加上组长 13 名，12 个小组则应为 12×13=156 名，即每组 156 名。——整理者注

面批准施行。大概言之，义务劳动之工作多着重于乡村方面的各种建设事业，如兴办水利、开垦荒地、修建道路，以及修筑各种防灾工程等。

参加义务劳动工作者，国家除给以伙食、服装等费外，并有零用费。工作饮食起居俱有定时，每逢星期六、日，可请假返家，探视亲友，平日则留营中。当工人告退时，除得 50 马克外，并有证书一纸。学生欲入大学一年级者，必须有此证书。原已在大学肄业时均视有此证书为荣，故青年自动参加者殊为踊跃。国社党政府每年用于此项事业的经费约有 1 万万马克，不可谓不多矣。

何以德国政府愿费此巨款，从事这类工作，实有其社会经济政治与军事诸种意义存焉。自社会之立场言之，可以救济大批失业工人，安定社会秩序，消弭犯罪问题。自经济之立场言之，可以利用土地增加生产，于国计民生大有裨益。自政治与军事之立场言之，可以巩固国防基础，团结人民意志。参加此项工作者，每日须受军事训练，组织内容一如军队，平时则为义务劳动之工人，战时则为保卫国家之战士。当时德国当局虽亦否认义务劳动有军事与国防上之作用，然事实昭彰，实难以否认也。

近代德国的社会事业，在积极方面有义务劳动、社会保险、儿童保护、母性保护等事业之推动，在消极方面亦有公共救助、残废协助与夫军人遗族寡妇之救恤等事业之实施。德国的社会保险事业，在毕士麦[①]时代即树有良好的根基，人民生活尚属安定，迨至上次欧战结束，人民死伤过多，国家元气大受影响，加以战债浩繁，世界经济恐慌加重，德国一般人民生活实有不堪支持之苦。自国社党执政以来，一面驱逐犹太人，使握有经济之特殊阶级不复存在于德国，一面举行冬令救济，以博得人民之好感。

自上次欧战后，德国因通货膨胀，所有各项投资除土地而外，均化为乌有，各项慈善经费及基金实际上已全消灭，此时筹款不易。德国之社会事业，遭遇空前之困难。

德国对于人口生育，向采奖励政策，儿童福利与奖励生育并行不悖。独身之人须纳独身税；每一对结婚夫妇，可向政府贷 1 000 马克，分 10 年还清，每生一小孩，即可取消 25%的贷款。此外，于 1935 年定有一个条例，凡有 3 子以外，每生一小孩可获有 8 金元一月之特别补助费，且所得税亦可因小孩数量之多寡而依次递减，例如一人获有 50 元一月之收入，约须付 8 元一月之所得税，假若他已结婚并生有两个小孩，其所得税可减少 60%。假若他有 6 个或 6 个以上之小孩，则其所得税，可以完全豁免。[②]

德国的青年运动与他国不同，青年 1 至 25 岁，即不能自由从事于有酬劳的工作。出校甚至在校时即须受军事训练，加入以上

① 现多称“俾斯麦”。——编者注
② Kurtz, R. H., Social Work Year Book of 1937, 176.

所述之义务劳动营,从事于各种公共建设事业,协助农业收割或学习飞机驾驶等。女子亦不许学习有报酬之工作,但甚注重家政学科训练使其成为贤妻良母。

主持冬季救济之机关为冬季救济总处,与人民福利总处同受国社党中央党部之管辖,二者均为德国社会事业之重要机关。冬季救济之款项,大都由人民劝募而来。关于经费之监督,会计之审核,皆有专设之制度为之处理。

德国公共救助之目的,在对于残废军人及其遗族,需要保护之母亲,以及一般人民生活之感觉困苦者如儿童、青年妇女等,施以救济。关于上述各种救济,大都订有法规,如 1922 年 7 月 9 日颁布之儿童保护法,1923 年 1 月 12 日颁布之残废救助法,1924 年 2 月 13 日颁布之公共救助法,1924 年 12 月 4 日颁布之公共救助法施行细则及命令等皆是。

德国公共救助之行政机构,全由各邦所组织。各邦有公共协助之联盟组织,所有关于普通救济事项概归此机构负责处理。惟关于特殊儿童,如低能、聋哑、盲人,则尚有特设之机关。但仍与公共救助联盟组织采取密切之联络。关于青年人之救济与保护则尚有各地之青年团负责执行。

公共救助实施的方针与步骤,在设法保护一般在生活上特别需要救济之人。凡收入不足、衣食住等方面有欠缺者则视其需要以补助之，病者医之，贫苦者救助之，对于青年及残废人施以普通教育或职业教育；对于一般儿童与母亲则予以适当之保护。同时，对于青年之犯罪问题、职业介绍及职业指导等亦予以深切之注意。

自上次欧战以后，德国的经济情形甚感困难，而社会事业的举办益感需要迫切，诚以德国在上次欧战结束时，军民伤亡与残废者甚多，军官之休退、士兵之抚恤以及军人遗族之救济，等等，莫不为当时之严重问题。德国之军事善后救济事业，在往昔虽已注意，而至 1871 年普法之战以后，始有比较划一之制度，其中"海陆军人养老及遗族救济法案"即为当时一种特殊救济军人制度。1906 年，政府以为上述法案有修改之必要，复订有军官养老法与士兵抚恤法，1907 年又新订有遗族救济法。以上各法对于战后社会事业贡献虽亦不少，然仅及于临时的消极救济，对于伤病者之医药治疗、社会保险、职业介绍等均未顾及。不过，是时需要救济之人数不多，自上次欧战发生后，军官死伤增加，旧有制度已不适宜于当时，乃于 1915 年又订一新法，特别重视士兵及其遗族之抚恤与救济，并注重于医药治疗与其他救济方法。1920 年后，德政府因财政困难，采取紧缩政策，救济事业当亦受影响不小。

自国社党执政以后，对于残废军人之福利倍极注意，因之又有

1934年6月3日之新订法案，称为改良救济受伤军人及遗族法案，其重要内容如次：[1] ① 凡因战事而受伤者，每年另发60马克，名为“战钱费”(Frontzulage)；② 受伤军人在治疗时，毋须购买“治疗证”，一切假手、假腿等物均得免费享受；③ 军人遗族之寡妇抚恤金，一概不分等级，均按照最高额发给；④ 额外金钱补助，亦有相当补充，新法案较以前者更为优待；⑤ 对于因战事而失明及脑筋受伤者，待遇特别优厚；⑥ 扩充职业介绍及工作保障，并创设残废军人之特殊职业；⑦ 特别努力为受伤之军人建筑居住房屋及新村田园等；⑧ 另行制定法律以增加残废军人之金钱补助并涉及纳税问题；⑨ 对于军官之残废者，另行规定一种特殊优待办法；⑩ 设法减少受伤残废军人对于社会之义务及负担。

综观以上各项，德政府对于救济军人之重视，由此可见，其所列各种办法足资我国取法之处甚多。此次世界大战结果如何，吾人固难预卜，但残废军人之救济必为各国社会事业中一个最重要之问题，当无疑义也。

① 陈凌云：《欧美军事善后救济政策》，第37～40页。

# 第四章　法国社会事业的起源及其发展概况

法国之社会救济事业，自立国的初期以至纪元 1789 年，大都为私人所举办，因往昔法国素主自由扶助政策，同时，救济事业受宗教之影响亦大，教会为旧日慈善行政之重要机关，救贫工作多委之寺院办理。自立国至 1789 年，历代帝王大都信守基督教之博爱主义，以保护贫民为仁政，然此均系帝王个人之态度与行为，并非政府既定之政策，因之，当时的社会救济事业，如医院、孤儿院、养老院、旅客公共宿舍，皆系私人创办。自寺院分任制创立以后，救贫事业全归僧侣掌理。至 1300 年，政府对于寺院之救贫工作渐表示不满，于是将救贫院管理之权移归官厅，自此，许多贫民徘徊于都市或沿门乞食，社会治安大受影响，因而有 1350 年乞丐禁止法之产生。至佛郎西士第一(Francis Ⅰ)[1]时代,政府仍本以往之乞丐禁止法,取缔贫民乞食。但另外定有居住救助法,其意即谓贫民应否接受救济,以有无当地之扶助居住证为断,该法规定在当地生长或于21岁后至少须居留该地一年以上者,方能取得被救助之权利。1539年复创立地方分权主义之救贫制度,并将巴黎惠病院之管理权移归中央救贫局,且予该局以征收救贫税之权。降及亨利(Henry)之朝,仍继承乃父佛郎西士第一之事业,并于1550年制定救贫税则。路易十三(Louis XIII)依照1612年所定之条例,设立劳役所,收容巴黎无住食之贫民,此与英国之院内救济制度相似。劳役所内计分男子、妇女、儿童与老年四部,对于健康之男子与妇女,予以相当之劳役。遇有疾者则送入施疗院,于是,巴黎之贫民得以镇压。路易十四(Louis XIV)锐意图治,于1656年邀集专家在巴黎开救贫事业大会,创立新的救济制度,审议结果,高等贫民准受院外救济,余则收容于劳役所,厉行强制劳役,并设高等警察局,劳役所即归其管辖,盖欲借警察的力量以镇压贫民,维持治安,此即1656年所定条例之本意也。不意此条例实施以后,社会上之流浪分子,不仅没有减少,反而日见增加。至路易十六(Louis XVI)时代又于各地增设劳役所,并设矫正院,以收容乞丐流浪之群。

① Francis,现多译为“弗朗西斯”。——编者注

1740年更设立救助局于各寺区，许多征收贫民税。迨至革命发生，旧有之救贫制度多被推翻，而同时关于救贫事业的积极设施亦颇为不少。1793年《人权宣言》中有云，“救贫者，神圣之义务也。”当时并集合若干慈善家经济家会议，研究结果，决定无职业者给以扶助金，有工作能力者则给以职业。自此救贫责任遂移归国家负担，此种原则即在宪法中亦有规定。是时国家为此项支出达5 150万佛郎①。从此，救贫行政渐趋向于中央集权制度，各慈善机关亦多移归政府统治。1793年设公共救济委员会，为实行中央集权制度之一重要组织。后以政府屡经更迭，实效亦少。

革命势力告终以后，旧政渐以恢复，救济事业复被注意。当时拿破仑(Napoleon)以400万佛郎为救贫补助费，并恢复地方救济局，施行居住救助，更为救贫事业予地方以附加课税之权。1808年，敕令各州设立劳役所，以收容乞丐。

法国中央之救贫行政，在维持国立之救济机关，其主要任务为保护残废老弱及精神病人等，并监督指导所有地方之救贫行政。依1816年之敕令，将内务部之救贫行政统一于救贫局，至1888年将该局分为4部，次年与农商部之工场卫生事务合并，别置一大局以管理之，且组织高等评议会，讨论各种救济事业，1894年重行改

① 现多称“法郎”。——编者注

组,并定每年开会 3 次。

法国之地方救贫制度大概分为随意与义务二种。市邑救济大都采取随意方式,州之救济即带有义务性质。在 1893 年全国市邑所公设之救济事务局计有 15 227 所。经费由市邑负担。其局长即为市邑之长。救助方式,多采院外救济。赈济贫民,大都给以物品,不给现金。原则上认为救助为国家对于社会之慈惠,而非谓贫民有求救助之权利。国家对于地方团体,亦无强制救助之义务,故于私人之救贫事业机关仍取放任主义。1905 年,复颁布所谓义务救助法,规定受救助者限于 70 岁以上之老、衰、残废或无资力之贫民。救助之团体为被救助者居住之市町村,其居住不定者由府县救助之;不定居于某一府县者,由国家救助之。救助之法,以直接救助为原则,每月给予一定之金额,其最低额为 5 佛郎,最高额为 20 佛郎,若超过此数,须得内务大臣之许可。其所需救助费用,每年以预算定之。市町村对于此项费用有决议之权。

1914 年第一次欧洲大战发生时,法国之社会顿呈剧烈之变化,女工与童工需要甚多。此种情形,可使若干妇女及儿童获得工作之机会,同时,有许多制造工业之男工,因战事影响而失业者亦不少。政府为减轻这类困难,特设一种国家补助金,用为下列三种救济:① 补助经常失业救济费之非常支出;② 补助各省市之失业救济基金;③ 回乡工人旅费之补助,即战时回乡工人经地方协会之承认，并经劳工部与协会相互同意者，由公共工程部发给乘车减费证，铁路公司凭证发售半价票，应付现款四分之一由国家支付，四分之一由其本人或地方协会支付。

法国政府于 1915 年 12 月 29 日及 1916 年 3 月 8 日通令各省市设立劳工介绍所。1916 年之春末，各省正式成立介绍所者有 55 处，同年 7 月，要求介绍工作者计有 32 280 人，经介绍而得职业者 13 839 人。1914 年，法国全国失业工人约有 40%，至 1915 年减至 20%，至 1916 年愈形减少，几至于绝迹，后因全国动员之故，工业界反觉工人之缺乏。

妇孺救济当为战时之一重要问题，当时法国政府对此亦极重视。1914 年 8 月 5 日曾颁布一法，凡被征入伍之海陆军人，对其家属不能尽其应尽之义务者，得向政府申请家属扶助费，每日规定为 1 佛郎 25 生丁，如有 12 岁以下之儿童，则每一儿童得加领 50 生丁。至 1917 年 1 月 23 日又颁布一法令，规定所有享有 1914 年 8 月 9 日法律规定之扶助费的妇女，在其生产期之前后，若无工资工作，亦得申请每日之扶助费。同时，规定所有法籍之妇女，由沦陷区域出境，获有内政部之难民救济金者，亦得享有扶助费之利益。1917 年 12 月 2 日又颁布一法，规定所有法国籍之妇女及有收入之贫妇，在其产期前后之休养期内，得享有每日之扶助费。但领有此项扶助费时，不得兼领 1904 年 6 月 24 日法律所规定之临产补助金。

关于军人之因战事死亡或残废者，除另有抚恤之规定以外，海军部及陆军部于 1916 年 2 月 15 日部令规定对于死亡军人之遗族，应属于紧急救济。对于普通人民因战事而受伤害，以致不能工作者，其本人及其家属均得享有 1914 年 8 月 5 日法律所规定之扶助费。后于 1916 年 9 月 27 日复成立战时人民伤害救济最高委员会，由国务院、最高法院、内政部、财政部、军政部各派代表一人及内政部指派官医一人陆军部指派军医一人，会同组织之。对于难民救济则有北方难民委员会之组织。普通救护工作，则归红十字会办理。此外尚有法美救济会，系美人举办之慈善团体，与法政府无关。

在第二次欧战以前，法国政府之行政组织系统与社会事业有关者，在中央方面则有劳工部掌理劳工福利事业，公共卫生部掌理医药卫生事业，内政部管理视察工作，社会事业经费之处理则属之财政部。以上各部对于社会救济机关之创立、社会事业人员之信用、各项社会立法之厘订与执行等，均有监视之权。中央方面举办不少社会事业机关，如盲人院、聋哑院、疯人院、疗养院、养老院、孤儿院等之类，属于国立者颇多。

在省府方面，对于社会事业之提倡与兴办，亦极注意。按照法律规定，法国各省政府必须以其省库收入之一部分，作为社会事业之用途。此项经费可由省政府用以设立各种社会事业机关，或由省政府用以补助各种公立或私立社会事业具有下列各项权力：① 有准许设立病院、养老院及不治病院等之权，② 有批准给予津贴补助之权，③ 有决定设立省会救济机关及其他社会协助之权等。

县属社会行政之主要组织为慈善局(Bureau de Bienfaisance)，关于老年残废、产妇以及不治病人之救济费用，大都由县政府负担。对于“夜宿馆”及育婴所等社会事业机关，亦须酌予补助。县长对于各重要社会卫生机关，随时有监督之责。本县各种社会机关办事细则之主要原则由县议会(Conseil Munieipa)规定。

巴黎社会行政组织的总主管机关为巴黎公共救助总办事处(L' Administration generale de L'assiatance Publique de Paris)。凡于家庭救济、医院之补助、儿童保育，以及其他社会事业，均归其管辖。该总办事处隶属于内政部，及散纳省长(Prefet de la Seine)[①]之下，内设处长一人，处长由散纳省长提请内政部任命。凡处内一切行政，经费之预算与收支分配，医院之监督，家庭之救济，儿童保护事业之推进，均为该处之职权。此外，尚设有评议会，其职权为核定该处预算，处分各公共社会事业机关之财产，派人视

① Seine，现多译为“塞纳”。——编者注

导各社会事业机关,接受民众对于控诉总办事处之案件,讨论社会事业的法律问题,及监督公共卫生事业等。评议会之组成分子为省长,社会救济事业视察员,公共卫生视察员,学校视察员,当地师范学校校长,户口调查处主任,劳动视察员,公共慈善团体代表 1 人,县议会代表 3 人,及由省长任命之委员 9 人。评议会内复设有常务执行委员执行日常事务,其组成之分子,大都系由上述之组成分子互推之。

法国近年以来除了北部之荒废区域社会中心组织有相当的发展以外,社会事业大部集中于都会。在农村区域及较小之市镇,教堂的施助,以往之互助制度,以及社会保险等,对于人民社会生活的调适已甚相宜。法国的社会事业机关包括医院在内,大都是在宗教机关赞助之下而成立的,亦有少数机关系由政府所补助。例如在 1932 年受补助经费之医院,其经费的总数为 150 000 000 金元,其中 44%系出自政府,由病人代付者占 34%,由私人捐助者占 22%。[①] 院外救济既非公家担任,亦非私人担任,而大都由天主教堂及其附属机关负责。法国自 1940 年有一种公共救助制度,此种制度相当于母亲津贴。1933 年之支出总数约为 20 000 000 金元,受惠之儿童约有 175 000 人。[②]

①② Kurtz R. H., Social Work Year Book of 1937,175.

法国之人口数量，因妇人多不愿生育，自然增加率原不甚高，自上次欧洲大战以后，法国人口更形减少。政府为鼓励人口增加起见，对于人口较多之家庭，尤其是对于一般贫苦之大家庭，予以经济上之补助。据说，用此种经济补助方法扶养大家庭制，法国是首先推行的一个国家。此种扶助制度与社会救助事业的关系颇为密切，特申述于次。

在 1913 年 7 月 14 日，曾经通过一个条例，凡生育小孩在 3 个以上者，政府即予以补助。1926 年 4 月 29 日之财政条例及 1931 年 3 月 31 日所定之条例，乃根据 1913 年条例之原则加以修正执行。其补助方法，凡有 3 个小孩以上之家庭，如赡养困难，可向政府请求津贴，但领取津贴之小孩，以未满 13 岁者为限。如家庭中仅有父亲而无母亲时，自第 3 个小孩起，每个子女可向政府领取津贴。如家庭中只有母亲而无父亲时，则自第 2 个小孩起每个子女亦可向政府领取津贴。如有愿意收容被遗弃之小孩，或父母双亡之儿童，则其人即可认为该小孩父亲或母亲，得自第 1 个小孩起，每个子女亦可领取津贴。以上所述领取津贴之小孩，均以未满 13 岁为限。此项经费全由国家负担，中央政府列入正式预算之内，其分配方法如次：① 家庭中父母均在者，第 3 个小孩每月 84 佛郎，第 4 个小孩每月 300 佛郎，第 5 个小孩每月 480 佛郎；② 家庭中仅有母亲者，第 2 个小孩每月 300 佛郎，第 3 个小孩每月 480 佛郎；③ 家庭中父母双亡者,第1个小孩每月300佛郎,第2个小孩每月480佛郎。

据1933年之统计,受补助之数为681 262人,政府支出之经费为332 021 000佛郎。管理此项大家庭补助之机关,在中央为中央政府,在省为省政府,在县为县政府。如该家庭在某县内居住一年以上者,由当地之县政府加以补助。如该家庭不能取得此项一年以上之县居住资格,则由省政府加以补助。如以上两种资格均无法取得,则由中央政府加以补助。

"天灾流行,无国无之",而尤以农业国家为甚。法国之工商业,年来虽亦发达,而农业仍占重要之地位。天灾之多寡,固以人力改造程度为转移,而其最大原因尚在天时之变化,倘天时变化莫测,洪水泛滥,或天气亢旱,即以欧美科学与工程知识发达之国家,遭遇较大之天灾,亦无从施其人力,因此,天灾之救济问题亦为现代国家之要政。法国对于农事天灾之救济素极注意,至20世纪初叶,国家年拨巨款作为农事天灾损失之赔款。1921年国家曾推行农事灾害合作保险,1927年国会议决以2 500万佛郎由内政部管理作为救济天灾之用。关于农事天灾紧急救济之申报手续、调查程序以及损失赔偿方法,财政部在1928年及1932年公布之法规中,曾有详细之规定。[①]

① 详情可参考陈凌云著《现代各国社会救济》,第148～174页。

上次欧洲大战法国士兵之死亡者在 300 万人以上，受伤残废者尚不在其内，因之，军人遗族及负伤残废者之救济成为一个迫切问题。1919 年 3 月 31 日，法政府对于受伤将士曾订有救济法案，该法案除承认因直接受兵役影响而受伤或废疾之人民应得救济外，即间接因军事而受伤或残废者，亦得请求救济。同时将残废之标准分为二大类：① 职业上的残废，乃指将士受伤以后，失去其职业上的技能而言；② 生理上的残废，乃指将士受伤以后，失去寻常能力而言。关于残废军人之救济标准，或以退职抚恤金作为救济标准，或以职业上的残废程度作为救济标准，或以生活程度之平均额作为救济标准。以退职抚恤金作为救济标准之办法，即对残废军人应给之赔偿额以退职抚恤金为标准，将士所得各按其阶级而不同。同时就受伤与残废之程度分为若干类别，予以不同之赔偿额。以职业的残废程度作为救济标准之意，即其应给之赔偿额，应以其在职业上谋生方面所定之损失程度为标准而言，损失程度较重者应给之赔偿额大，否则按照受伤之程度，将其所得之赔偿额酌予减少。以生活程度之平均额作为救济标准，原来规定，每年 1 500 佛郎，嗣改为 1 600 佛郎，后又增至每年 2 400 佛郎。1920 年 7 月 31 日及 8 月 5 日对于残废军人之子女补助金，亦有明确之规定，对于受伤较重之残废军人另给固定之津贴金。即残废程度至 85％者，每年津贴 500 佛郎，其子女每人每年补助 170 佛郎。残废至 90％者，每年津贴 600 佛郎，其子女每人每年补助 180 佛郎。残废至 95％者，每年津贴 800 佛郎，其子女每人每年补助 190 佛郎。残废至 100％者，每年津贴 1 000 佛郎，其子女每人每年补助 200 佛郎。残废军人之不能行动或丧失谋生上之主要功能，或因伤势加重，以致成为全身残废者，除应给以全部赔偿金外，另给以特种津贴，计全部合为 6 000 佛郎。残废军人之失明者，亦为每年 6 000 佛郎。以上各项津贴，均不分原在军队之阶级。

# 第五章　苏联社会事业的起源及其发展概况

苏俄在未革命以前，是没有救贫法律或条例的规定的。那时慈善事业的兴办，集中于希腊教会或皇家善举，这些情形全被革命势力一扫而空。[①] 在大革命以后，苏俄政府对于所有有能力工作之人，一概予以工作，仅有少数身体或心智有欠缺者则需要救助。苏维埃共和国曾于 1917 年首次通过一个普通社会救助法。该法规定中央政府与地方政府共同担负社会救助经费，但实际上并未严格地执行，至于曾经执行至何程度，现今亦无统计资料可供参考。

① Bruno F. J.，Social Work in Certain Countries，Social Work Year Book of 1937，176～177.

受政府补助及有标准之儿童福利节目，在苏俄是普遍地推行，各种儿童福利组织几乎散布于全国。各项现代化的服务如医药卫生、精神疾病治疗及社会救助，莫不具备。

在1937年间，儿童福利机关的创设多至5 000所以上，并且在机关以外受助之依赖儿童约与在机关以内受助之儿童数目相等，维持儿童费用之责任全在父母，无论父母已否结婚，但对于没有工作之父母的儿童，育婴及公立学校之费用政府亦予以补助。政府并且普遍提倡带有娱乐及教育意义的团体活动。苏联的军事训练，除在青年活动中稍加监督外，远不若德意二国之盛行。

苏联所有社会福利活动，全归人民军需处之社会救助部（The People's Commissariat of Social Assistance）管理。这个组织的职权，有如德意二国，从莫斯科以至各地方委员会与其他重要政党是平行的。该项组织并且监督各种残废人民之互助计划。

苏联近年以来社会经济的发展不外两途，一为经济建设，一为社会建设。前者系指著名的五年计划，即有计划的经济工作，亦可称为经济计划（Economic Planning）；后者系指一切社会福利事业，即有计划的社会事业，亦可称为社会计划（Social Planning）。两者的发展与成就，关系殊为密切，没有大规模的经济计划、经济建设，社会建设就没有基础，没有大规模的社会计划与社会建设，经济建设就根本没有意义，所以我们可以说，经济建设不过是一种手段而已，而社会建设才是社会革命的最后目的。苏联的经济建设不在本篇讨论范围之内，兹不赘述。今将苏联社会建设中的社会事业分别叙述于次。

## 一、劳工福利事业

苏联对于劳工福利甚为注意。在工厂管理方面，工人有相当之行政权立法与司法权。在劳工立法方面，对于工人大都采优待主义，在苏联无论何种职业之人民，不工作者不得食，作工而又加入工会后，则处处可受优待。上自政府官员，下至一般民众，同属劳动阶级，同为国家工作，惟有劳动方克享受社会上之一切权利，因之苏联之劳工立法实与全国人民之福利有关，不仅限于工人阶级而已。苏联劳工立法之根据为《劳工法典》(*Code of Labor Laws of U. S. S. R.*)，其中大部分系依照苏联共和国之法典演绎而成，经1922年10月30日中央执行委员会第四届全体会议通过后，乃正式公布。该法典之主要原则，认工会为代表工人谋福利的一种重要组织；对于有关劳工福利方面的各项条件，如工时、工资、集体协定、社会保险等，亦有严密之规定。这类规定不仅适用于劳力之工厂工人，即政府机关之公务员、军事机关之将官士兵以及其他一切企业之职员，一概适用。斯丹林宪法中更规定了苏联公民皆有劳动的权利，即是每个人有依照其工作的质与量而获得适当工作与相当报酬的权利。

关于劳动者之工作时间，在十月革命时，苏维埃政府曾颁布成年工人 8 小时工作和青年工人 6 小时工作的制度。至 1927 年政府又颁布一道命令，不减少工资，由 8 小时工作向 7 小时渐次递减。在若干较有危险性之工业，如化学工业、冶金工业、矿业等，有减至 6 小时、5 小时甚至 4 小时一日者。苏联的青年工人从 16 岁到 18 岁在同意工作之下规定 6 小时工作。工作周在苏联是 6 日或 5 日休息一日。许多重要部分的工人，大约五分之一为 5 日工作周，即是作 4 日工作休息一天。工人在 6 日周工作者每年有 60 个休息日，在 5 日周工作者每年有 72 个休息日，苏联全国工人为纪念革命节，一律休假一天。苏联的劳动者，关于每年给薪告假休养，均有规定。每人在所服务机关一年之中，准许继续告假至 12 工作周之久。青年工人规定每年可有一月之休假。科学劳动者和教师有两月给薪休假期之规定。妇女工人在妊娠和分娩后有满 4 个月休假之期。

关于劳动者之工资，年来亦在继续增加。即以 1931 年之实际工资而论，其中包括社会保险及工厂余利分配于工人福利基金之数目在内，较之第一次欧战以前约增加 67%。全部国民经济中工人与职员之工资基金，1924 年至 1925 年为 38 万万卢布，1931 年增至 210 万万卢布，1932 年增至 268 万万卢布，1936 年增至 716

万万卢布。大致地说来，工人之技术愈精熟，则工资之数目愈高。机械制造业工人之工资，在 1931 年 1 月平均每人为 84 卢布，而 1936 年 12 月则增至 299 卢布；煤炭工人由 102 卢布增至 328 卢布；纺织工人由 70 卢布增至 228 卢布。青年工人之工资，在 5 年中增高了 3.3 倍。

苏联工人生活程度之提高，不仅在实际工资之增加，他如文化生活方面的设施、公共食堂与消费合作社之开设，以及工人的家属之参加生产，影响工人之生活程度亦不少。此外，政府并用有效的统制方法降低物价，如面包、糖、牛油一类的必需品，在 1935 年中曾减低 50 万万卢布的价格，1936 年减低 50 万万卢布以上的价格。这些设施，即等于增加工人的实际工资。

自 1929 年经济恐慌席卷全球以后，世界各国莫不感受失业问题之严重，独苏联一国不仅没有人失业，且尚有工人不敷分配的情形。若就这方面看来，苏联似无失业问题之可言，更无所谓失业救济。何以苏联没有失业问题，则不能不归功于五年经济计划之效果，例如在实行第一次五年计划之四年零三个月中，苏联工人人数自 1 159 万人增至 2 280 万人。苏联工人之所以能如此大量地增加，实与计划经济之推行有关。苏联虽已无失业之人，但有若干工人只有部分时间之工作，休息时间多，工作时间少，甚至一种工作日换数人，以求工作分配之平均，而工作效能因而大减，此种美中不足之事实亦毋庸讳言也。

## 二、儿童保育与妇女工作

儿童福利与妇女工作在苏联被认为是社会事业中最基本的工作。妇女乃今日国民之母亲，儿童为他日肩负实际责任之公民，一个国家欲求美满的将来，自不得不重视今日之母亲与儿童。按照苏联的社会立法，女工之有孕者，在产前产后得休息若干星期，在休息期间工资照给。生产以后在一定期限以内，并有相当津贴，作抚育初生婴儿之费用。各大工厂内，大都有妇女休息室、婴儿保育室及游戏场之设备。有些公共花园内，如莫斯科的"文化游息花园"(Park of Culture and Rest)有特设之部分，专供儿童娱乐之用，凡成年人之未携带小孩者不准入内。该园内之儿童部分，设有儿童图书馆、儿童游戏场、儿童戏院、婴儿保育所等。较大之工业区域，设有妇婴保护院(Institution for the Protection of Mother and Child)，院内有妇科、小儿科等，对于妇婴之保护与卫生，倍极注意。此种妇婴保护院设立之主要目的，在灌输较新的育儿知识，传布节育方法，诊治妇婴各种疾病，使工作过劳及身体较弱之妇女得有休养之所。

苏联在1937年，有500万从2岁到3岁的儿童在各地儿童保育所内，有100万从3岁到7岁半的儿童时常到23 500个儿童公园中去游玩。革命以前的俄国农村里没有儿童公园，现在苏联的农村里已有 8 000 个儿童公园。在夏季，除了经常的儿童公园以外，还有露天游戏场，据说在 1936 年的夏季，此类游戏场就有 86 200 多处。

苏联对于一般儿童的福利，略如上述，而对于流浪儿童的救济亦极注意。因为多年对外战争及内乱的结果，有若干儿童流离失所，无家可归。例如 1915 年 8 月在列宁格勒①，就约有 15 万儿童为各项社会事业机关所救济。1915 年，在明斯克一处有 1 100 多个孩子受救助。1922 年，在苏联 24 个区域中，有 44 300 多个流浪儿童。政府对于这些流浪儿童问题，直接的解决方法是收容、救济，并用工作来改变他们的生活；间接的就是改良整个社会和经济环境，并竭力从事于社会教育。儿童收容所在各大小都市都有，儿童公社也是各地一种常有的组织。

## 三、社会保险

社会保险是苏联一件很重要的社会事业，其影响及于 2 000 万以上的劳动者生活。在苏联社会保险制度中曾经规定有一部分款项专为赔偿失业工人之损失，自失业者渐次消除以后，此种款项遂移作他用，如创办劳工教育、增进工人福利等是。此项赔偿金额，自 1929 年至 1930 年时，共计支付 357 600 000 卢布，又对于残

① 现多称作“彼得格勒”。——编者注

废工人之赔偿，计共支付 305 100 000 卢布。为保护工人子女而创办之各种设施，共支付 57 200 000 卢布。1930 年至 1931 年更增加 33％左右。兹就社会事业之全部状况，将历年保险人数及支付金额，列表于下（见表 2－1）[①]：

**表 2－1　苏联社会事业所涉之保险人数及支付金额**

| 年　份 | 保险人数 | 支付金额（卢布） |
|---|---|---|
| 1927～1928 | 9 700 000 | 1 050 100 000 |
| 1928～1929 | 10 600 000 | 1 258 200 000 |
| 1929～1930 | 12 600 000 | 1 657 100 000 |
| 1931～ | 17 150 000 | 2 573 700 000 |
| 1931 | 21 000 000 | 3 490 000 000 |

社会保险管理的权力握在职工会的代表手里，负责处理社会保险的职工会会员代表，称为“保险代表”，该项代表要负责访问得病的工人，注意工人确否受到他们的保险费与有无其他流弊。政府在 1917 年曾经颁布一道命令，社会保险的经费全由雇主捐助，工人不另付保险费。

## 四、合作事业

苏联之合作事业，渊源于 1864 年。当时工人在乌拉山之基诺

① 见陈凌云著《现代各国社会救济》，第 87～88 页。

佛斯克(Kynovsk)[①]地方,共同组织一合作社,此为苏联合作事业之起始,其后合作运动逐渐普遍,无论都市乡村各地皆有合作社之组织,惟在开始时期,组织未臻完善,不能与私人经营之企业互相竞争,因而失败者居多。迄至1905年后,合作事业始有顺利之发展。上次欧洲大战之初期,全国已有10 555所合作社,会员人数在1 300万以上。在革命以前,合作社纯为一种经济活动之组织,并无政治与社会意义,自1917年苏联革命以后,合作运动始有剧烈之变动。苏联政府认为合作运动在党治之任务上与社会的意义上有同样之重要。苏联各地所设之消费合作社及生产合作社种类颇多,其中以消费合作社之种类为最多,范围亦最广。在1934年时,苏联消费合作社的社员约有7 300万人。在1926年至1929年间,政府对于私人经营的商业征收重税,私人商业几全消灭,而为消费合作社所代替了。在1931年时,苏联已不复有私营的商业。消费合作社,现在苏联乡村亦极发达,据说现在乡村里约共有4万个合作社商店。此外,关于住宅,政府亦曾鼓励人民组织合作社,这是由人民自动组织起来的一种团体,人民如欲得到较好的住宅,可拿出一部分的收入,加入这类住宅合作社。现在苏联各大都市里,大部分的住宅是利用这种合作方式建筑而成。他如消费合作

① Kynovsk,现多译为“基诺夫斯克”。——编者注

社所经营之公共厨房及餐厅亦颇不少,目的在节省一般主妇之时间,用作其他活动。在 1931 年,用以创办此类公共厨房及餐厅之经费,共达 250 000 000 万卢布。

## 五、公共娱乐

苏联对于公共娱乐,亦甚重视。在革命以前,农民与工人每日工作常在十四五小时,革命以后,工作时间大为减少,此点在劳工福利一节已略提及。苏联没有礼拜,但平均每日有劳动人口五分之一休假。此外,每人每年尚有劳假期一月,是以每月有十二分之一的劳动人口休假。全国人口既增加这样多的闲暇时间,闲暇时间之应如何利用,当为一种极普遍的社会问题。苏联对于公共娱乐之设备及人民的消遣问题,有通盘之筹划。政府对于娱乐方面的筹划与设备,计有下列诸端。

1. 在都市方面有工人俱乐部,部内设有公共浴室、戏院、图书馆、运动场、展览会、补习学校、婴儿保养室等。工人夫妇在部中看戏时,可将婴儿置于保养室若干小时,室中请有护士或保姆代为照顾。

2. 在农村方面,各村及各市镇均设农民俱乐部,其组织内容大致与都市之工人俱乐部同,但设备较简,以期适合农村环境及农民的需要。

3. 在大都市方面设有文化游息公园，园内有运动场、戏院、图书馆、艺术院、五年计划展览会等。人民一入其中，不仅观察花草树木，欣赏自然之美丽，且可使人民增长文化教育的知识。

4. 由政府赠送人民免费旅行票，俾劳动人口在休假期中，能携眷属免费乘车或乘船游览各地，以休养身心，增加见识。

5. 由政府赠送人民各种免费娱乐入场券。

6. 开放旧有之俄皇宫殿及贵族宫室，以供民众观赏。

7. 体育团体的组织聘有专家指导，并利用各项新式设备，以增进爱好运动者的便利与兴趣。

8. 其他博物院与动物园以及美术馆的开设。

## 六、社会病态的治疗与防免

苏联的经济建设解决了许多人民的失业与贫穷问题，失业与贫穷两问题有了补救以后，其他社会病态也将无形地减少，不过，人类品性不齐，良莠不一，社会经济制度无论怎样健全，有些社会病态仍不能冀其完全绝迹，其中最值得注意的莫过于犯罪问题及娼妓问题了。

苏联为减少犯罪人数，对于监狱之设施及出狱人之保护颇为重视。苏联的社会事业家，认(为)监狱之目的不是惩罚，而在感化，一人犯罪，社会所负的责任应较个人所负的责任为多，对于犯人应多用感化的方式，以恢复他们的常态生活。苏联的监狱有新式与旧式两种。即旧式监狱中亦有图书室、讲演室、游戏场、无线电以及教育与体育等种种设备。有些监狱四周并无围墙，犯人可以自由出入，一切生活管理属于犯人自治会。监中并刊行报章，以供犯人阅读。犯人可发表意见，投刊于该报。监狱官与犯人谈话，以及探询犯人，并无严格之限制。检察官常巡视监狱，留心犯人之意见。犯人亦常受医生之检查，如发现病状即立加以治疗。犯人期满出狱时，由监狱发给证明书，证明其所习技能与品格。出狱以后之犯人，监狱官虽不必再行加以监督，然常与之接近，不时勉励他们努力向上，使之不致重入歧途。

新式监狱中，最能引人注意者为“犯人工作村”，监内有工程师若干人，予犯人以各种职业上的训练，名为监狱，实则不啻为一职业学校，不出数年，若干犯人均将一变而为专门技艺的工程师。

苏联在革命以前，盛行公娼制度，在各都市及市镇，均有注册之娼妓，革命以后此类娼妓已大为减少。为改良娼妓制度，各地皆设有济良所。济良所是一个专为教育与训练妓女的一种组织。普通济良所(Prophylactariun)内工作分为三部：① 医药部，负医治性病之责；② 教育部，负教导之责；③ 职业部，负职业训练之责。每一妓女须在所内居留一年至三年始行出院。济良所内大都附设有工场，与职业部取得联系。此外，尚有俱乐部与体育班之设立，以改善其生活与环境。在莫斯科就有一所400架床的济良所,也有些地方的济良所,因无妓女居住而先后关闭的。

## 七、社会教育与其他

苏联之民众学校极为普遍,在各大都市及村落皆有民众学校之设立。政府曾用最大力量提倡平民教育,务使人人有读书机会,全国文盲减至零点。在各博物院、展览会、图书馆内,到处陈列有宣传民众教育之模型、统计、图表与各次五年计划的成绩。

在资本主义的国家,大都认(为)医药及法律顾问属于私人之事,而苏联则视为社会事业。医药及法律顾问既系社会事业,则应使之社会化。现苏联人民之有疾病者可随时往公立医院诊治;欲请法律顾问者可往政府法律顾问所探询一切,不取费用。

苏联人民在婚姻方面比较自由,夫妇结离较易,已结婚者可以自由离婚,但一有子女,为父者即须尽抚养之责,否则须受法律上之处罚。苏联之离婚率甚高。据说,莫斯科某区有婚姻事务所,自1931年1月1日起至同年8月26日止结婚人数为2 100余人,离婚者竟有1 700人之多。

生育节制,在苏联并不禁止。全国各处设有节育指导所,指导已婚男女各种节育方法。又打胎在各国法律上大都禁止,而在苏联的法律上是认可的。在禁止打胎的国家,有许多女子出于不得已暗地打胎而受伤害者，不知凡几，苏联有见及此，视打胎为合法的节育。有人曾估计，自苏联在法律上准许打胎以后，每年有 3 万以上的母亲因此得救。

苏联之公共卫生，无论在都市或农村都很注意。在名胜区域，政府设有各种休养所（Rest Resort）及疗养院。据调查所得，1933 年有 305 所休养所，94 所疗养院；1937 年休养所增至 621 所，疗养院增至 216 所。

# 第六章　日本社会事业的起源及其发展概况

## 第一节　绪　　论

### 一、现代社会事业的渊源及其发展

日本之社会事业在往昔原无行政体系之可言，因为日本也同中国一样，家族观念颇深，以往有许多贫民生活多赖家族团体加以维持。直至明治七年[①]始有救贫条例之制定，明治七年所颁布之救恤规则，其主旨仍侧重人民之任意救助，非若欧美各国以救助贫民为国家及地方团体应尽之义务。明治二十四年始提出

① 其与公元纪年的对照见附录一，后类推。——整理者注

救贫法案，即凡残废疾病、老弱及因灾害而无自活能力者，不问其年龄几何，是否独身，一概予以救助，其救助之义务属市町村者，则由市町村负担之。但有1年以上之住居，而不属于市町村者，则由府县负救助之责。至明治三十年议会复提出救贫法，内容大致与二十四年之救贫法案相同，根据此法，设立救贫税，称为名誉税，课人民以所得税及银行纯益金之几分，国库亦每年加以补助，并设集团基金，一户约收24钱，每年将其分配于各市町村。惟此案仅基于博爱主义之理想，不深究事实，故终为议会否决。

1. 明治末年及大正初年的慈善救济事业

明治维新以后，政府对于少数的贫民、弃儿始施行救助，又有如因为浓尾震灾，东北三陆之海啸，东北的歉收等而施行的孤儿保育、罹灾救助等，其后更开始设施少数盲哑教育、感化教育，但是这个时代仍是个人的慈善时代，而非正式的慈善救济事业时代。自明治中叶以后，国民经济的繁荣，人口的增加，产业与都市的发达，结果，贫富对立之现象日益显著，国民生活亦随之而增加困难，亟须慈善救济事业之设施。于是明治三十年代乃有罹灾救助基金法、行旅病人及行旅死亡人取缔法、感化法等有关社会事业之法制的制定，不过为数甚少。至明治四十年代，内务省努力奖励，其效乃次第增加。

在上次世界大战中，社会事业非常发展。自大正六年起，内务省地方局设置救护课以主管社会事业，翌年，设救济事业调查会。当时各地米价空前地暴涨，人民生活均感不安。大正七年八月上旬，富山等地发生抢米风潮，于是皇室乃拨赐日金300万日元，政府米价调节资金1 000万日元及各地村镇之大额公费支出，以及各地豪富捐输巨额之救济费，共计总额达2 500万余日元。此种资金用为至各地施米，或设立廉售所以济眉急。各大都市救济金之有剩余者则设立公共市场、公共食堂、免费寄宿舍、公共浴室等，此乃社会事业之肇端。

2. 世界大战后之社会经济变动与新社会事业之发生

第一次世界大战结束后，产业经济愈形膨胀，贫富的对立更甚，各种社会问题丛生，于是生活之安定、劳动者之保护、住宅困难之解决、失业之防止等种种设施尤属必要。以往私人的慈善救济组织不适于民间，因之新式的社会事业乃随之而异常发达，如社会事业协会、视导委员制度、儿童保护、贫困者救济、医疗救济、邻保事业、职业介绍、住宅供给、公当等。社会事业之行政机关亦随之而兴，且更着手于社会事业之立法。前者如自大正七年大阪市政府设立救护课始，各地方政府及市政府相继设立社会局或社会部、社会课等。大正九年内务省又设置社会局。后者如大正六年之军事救护法、大正八年之结核预防法，以及1919年以来因受国际劳工会议之影响，而设施之劳动保护、失业防止等。大正十年公布职业介绍法，大正十一年制定健康保险法。

大正十二年九月一日，关东大地震，惨象空前，遂设立临时救护事务局，公私之社会事业对于罹灾之救济、社会状况之恢复备至努力，对于罹灾者则又有若干新社会事业之设施及扩张。昭和二年公布不良住宅地区改良法及公当法，社会事业渐益发展。

日本社会事业数量逐年增加，据昭和三年年底之统计，公私社会事业总人数为 3 390 人，经费每年平均 39 812 800 余日元，社会事业团体之资产总额共计 141 548 000 余日元。

3. 现代社会事业之趋势

以上略述日本现代社会事业之历史，兹就其现代社会事业之趋向再略述如后：以往的慈善事业与现代社会事业之发展，其根本之思想、方法等均大起变化。现代社会事业之慈善的观念则以社会连带、相互扶助为立足点。社会事业的方法则由单从事后的个人救济进而至于环境之预防，及社会状况之积极的改善。以往对于社会事业之设施大都是任意的，并不注意于是否达到目的，而现在则以职业介绍、住宅设施等立法为依据，作普遍的实施，是社会政策的社会事业。此乃日本现代社会事业之大概的趋势。

另一方面，社会事业之指导精神亦有长足之进步。现在的社会事业是以同类的爱与信仰为基本原动力，现在的公共福利是以义务为立足点。劳动立法、社会保险，与社会福利政策的完备，都是希望社会问题得以解决，积极地建设新社会。

## 二、皇室与社会事业

日本古代的社会事业都是基于皇室的赈恤法，历代皇室对于人民之安危均极轸念，遇有天灾或逢大典大葬时每施行赈恤慈惠，其例不胜枚举。明治以降，对于社会事业团体每多赐赏，而皇族之亲身从事于社会事业者颇不乏人，皇室对于社会事业之奖助，经费之补充尤多。

明治四十年，明治天皇颁赐医药救济费 150 万日元，并设立财团济生会，当时民间将捐赠金 2 425 万日元加入，为全国医疗救济之始。大正十年起每年纪元节，宫内省对于全国优良之社会事业，则由御令加以嘉奖。大正十三年一月二十六日，皇太子结婚，亦颁赐 100 万日元以供社会事业之用，并设立财团庆福会，又颁赐 100 万日元以奖励就学儿童。大正十四年大正天皇结婚满 25 年，又以 75 万日元作为奖励男女青年团体事务之用。大正十三年宫内省医务所于帝都内外设立若干临时诊疗所。昭和二年有东京府医疗救济事业团体之联合，至十二月止，东京市计共设立诊疗所 21 所，并由皇后补助 5 000 日元。昭和三年三月八日久宫内亲王死时，又颁发 5 万日元作为儿童保护资金之用。

## 第二节　社会事业之统制及经费

### 一、社会事业行政机关

1. 中央机关

明治初年以来，社会事业行政之中央事务系由内务省地方局所管。内务省自明治四十一年以后，对于各种私设社会事业均补助奖励金，并主办社会事业讲习会。

欧洲大战中，大正六年八月，始于内务省地方局设置救护课以管理社会事业，八年十一月救护课改称社会课，翌年五月设置救济事业调查会，主持社会事业机关之调查，创社会事业之新纪元，政府更认为各机关所属之劳动行政事务及社会事业行政事务有合并统一之必要，乃于大正十一年十一月一日在内务省设置社会局，为社会政策行政之中央机关。其后社会局之组织及所管辖之事务，业经数度之改变。现在社会局共设劳动、保险、社会三部，以社会部掌管社会事业。

2. 地方机关

日本之社会事业自明治维新以来，民间之热心社会事业者即于各府县设立感化院，而公立机关仅在东京市设有养育院及其他职业介绍所等。关于府县之社会事业从来则由各府县之地方课主管。大阪府于大正七年六月特设救济课，后改称社会课。翌年兵库、神奈川及东京各府县亦相继设置社会课。东京市亦设社会局，而各府亦设置社会课。昭和二年七月设有此等局课者计 6 大都市及 27 市。

大正十一年内务省改变地方官制，先设一道三府六县之社会事业主任理事官，其后渐次增加。大正十四年十二月十四日公布地方社会事业职员制。

3. 社会事业调查会

为求达到社会事业之调查、研究、协议等目的，乃有社会事业调查会及道府县学务部部长会议、社会课长会议、感化院长会议等之组织，兹略述社会事业调查会概况如下。

大正七年六月由政府设置救济事业调查会，该会属内务大臣之监督，以供咨询，主管有关救济事业调查审议及陈具意见事项。以内务次官任会长，其委员共 20 人，则以有关各官厅高级长官及民间富有学识经验者，由内阁任命之。

救济事业调查会之会期及议事如下：

第一次　议事规则及调查项目　自大正七年七月三日至七月六日

第二次　小卖市场设置要项，贫民住宅改良要项　自大正七年九月二十六日至十一月五日

第三次　失业保护之设施等　自大正七年十二月十九日至八年三月二日

第四次　关于儿童保护之设施　自大正八年十一月十日至十二月二十三日

其后大正十年一月十三日公布社会事业调查会官制，同时，废止救济事业调查会，为关系各省大臣之咨询机关，以内务大臣为会长，委员定为30名，并得设置临时委员，其开会次数及议案如次(见表2-2)：

**表2-2　社会事业调查会官制下议案种别及开会次数**

| 议案种别 | 本会 | 特别委员会 | 小委员会 | 开会年月日 |
|---|---|---|---|---|
| 议事规则案 | 1 | — | — | 大正十年一月十九日 |
| 职业介绍法纲要 | 1 | 2 | — | 自大正十年一月十九日至二十一日 |
| 住宅组合法案纲要 | 1 | 4 | — | 自大正十年一月十九日至二十日 |
| 部落改善设施法纲要 | 1 | 1 | — | 自大正十年一月十九日至二十日 |
| 右三案特别委员会报告 | 1 | 3 | — | 大正十年二月六日 |
| 住宅会社法案纲要 | 2 | 7 | 4 | 自大正十年十月十九日至十一月一日 |

续　表

| 议案种别 | 本会 | 特别委员会 | 小委员会 | 开会年月日 |
|---|---|---|---|---|
| 少年法案纲要 | — | 7 | — | 自大正十年一月十九日至二十七日 |
| 公设市场改善纲要 | 3 | 3 | 12 | 自大正十年十月二十七日至十一年九月十二日 |

大正十三年四月组织帝国经济会议，包括有关社会事业事项，废止社会事业调查会。本会议中注重于政府之咨询事项中之有关者，尤以属于社会部之“如何改善住宅之供给方策”“如何奖励保护殖民方策”之二案为最。

同年十一月二十五日又废止该会，其后关于社会事业之调查机关则付阙如。至大正十五年六月二十二日又于内务大臣之下设置社会事业调查会，自设立以来，至昭和二年十二月共开会9次，特别委员会32次，其间对于内务大臣所提之咨询审议案计有5件：① 关于社会事业体系调查，② 关于儿童扶助制度案件，③ 关于不良住宅密集区域之改善方案，④ 关于感化法改正事项，⑤ 关于融和促进之案件。

社会事业体系因社会之变迁而有所调整，为适合时代乃有一般救护，经济的保护设施，失业保护，儿童保护事业，社会教化事业，社会事业之机关及经费与夫医疗保护设施等各项有关体系之审议与决定。

## 二、联络统一机关

为求社会事业之相互联络统一起见，乃设立促进发达普及机关。最初是于明治十四年创立中央慈善协会以协助慈善事业之推进及指导，并联络统一进行调查研究为目的，曾数次召开全国社会事业大会，对于社会事业发展有很大的贡献。中央慈善协会后改称中央社会事业协会。

明治四十四年又有大谷派慈善协会之设立，大正三年又有北海道慈善协会之设立。迩来东京、大阪各府县均有此种协会之设置。其后大都均改称社会事业协会。现有社会事业协会计 1 道 3 府 24 县，共 35 个单位。

除上述社会事业协会外，如大谷派慈善协会、财团法人净土宗报恩明照会等均属联络统一机关，其他如中央融和事业协会、教化团体联合等组织，又皆此种机关之特殊者。

## 三、社会事业研究及教育机关

关于社会事业私设之调查研究机关，始于前述之中央慈善协会及各地方慈善协会所兼办之调查研究工作。大正二年如大阪之社会事业研究会，东京之佛教徒社会事业研究会，均为专门有关社会事业之调查研究机关。大正六年宗教大学设置社会事业研究室，大正八年设置大原社会问题研究所等，而私立之社会事业调查研究机关为数亦增（见表2-3），至大正十四年计有11所。

与社会事业有关之研究机关尚有全国社会事业大会，全国儿童保护事业会议及各方面之委员会议等。

**表2-3　社会事业机关统计**（昭和七年度）①

| 种　别 | 设施数目(所) | | 救助人员(人) | |
|---|---|---|---|---|
| | 公　设 | 私　设 | 公　设 | 私　设 |
| 联络统一 | — | 55 | — | — |
| 调查研究 | — | 35 | — | — |
| 养成机关 | — | 6 | — | (学生)198 |
| 助成机关 | — | 17 | — | — |
| 方面委员 | 67 | 3 | 3 698 285 | 9 395 |
| 同后援 | — | 1 010 | — | — |
| 总　计 | 67 | 1 126 | 3 698 285 | (学生)198<br>9 395 |

## 四、社会事业经费

社会事业之经费，可分为国家经费、地方经费及私设事业费。近年来各种社会事业勃兴，社会事业之经费亦随之而增加，自大正七年至大正十四年总额达2 331余万日元以上。又昭和二年社会

① 见昭和十一年《时事年鉴》，第421页。

事业地方费预算额计 18 498 994 日元。

其他道府特别费用如慈惠救济资金有 6 980 891 日元，救恤资金有 2 533 389 日元，军人援护资金有 2 060 055（日）元，合计 11 574 335（日）元。

罹灾救助基金昭和二年为 75 785 014（日）元，大正十四年之救助费决算为 335 521（日）元。

昭和二年社会局有关此项事业之经费预算为 12 224 832（日）元。

其他如对于私设社会事业之奖励、皇室之赐赏等，昭和四年为 296 800（日）元。

大正八年以后，政府对于公私社会事业之急施往往以低利贷流通金融，其通融金额昭和二年为 7 150 000 万（日）元，自大正八年以来共计在 88 000 000 万（日）元以上。简易保险局之流通金额，昭和二年为 2 177 800（日）元（见表 2-4）。

**表 2-4　地方社会事业经费统计**（昭和九年度）①

（单位：千日元）

| | |
|---|---|
| 行政机关费 | 4 065 |
| 穷民救助费 | 12 096 |
| 军事救助费 | 287 |
| 医疗保护费 | 12 839 |

① 见昭和十一年《时事年鉴》，第 421 页。

续　表

| | |
|---|---|
| 经济保护费 | 32 636 |
| 社会教化费 | 7 381 |
| 儿童保护费 | 5 223 |
| 其　他 | 8 739 |
| 总　计 | 83 269 |

## 第三节　救护设施

对于贫困者的救护设施，乃社会事业渊源中之最古者，迄今仍为社会行政的一个重要部门。以往对于贫困者之救济事业仅属于事后救济，近代之社会事业则看重于事先的预防、积极的改善。但贫困现象无论怎样预防，贫民决难使之绝迹。救贫事业之所以不能没有，理由在此。

救护设施乃对于因疾病、身体上或精神上之缺陷、失业、其他社会原因而致贫困者，使之能自立生活，而施行经济的扶助。惟其目的在除去家族贫困的原因，使之能向上生活，故更须有卫生上的、生育上的保护。现在的救护设施单以救贫即经济扶助为代表。救护设施之范围包括贫民救助、灾害救助、军事救护等。贫民的救助为一般的救护，后二者则为特殊的救护。

## 一、一般救护

公家的一般贫民救助则有明治七年依救贫法所改订之恤救规则，兹申述于下。

1. 恤救规则

本法自公布以来未加修改，恤救以无辜贫民为限，由国库内给予贫民以补贴。对于受救恤者之资格限制甚严，规定以极贫不能生活者为限，须年在 70 岁以上，15 岁以下无扶养者，或独身而无家族者，如：① 70 岁以上之衰老者，② 废疾者，③ 因疾病不能工作者，④ 13 岁以下之幼弱者。对衰老及废疾者年给米 1 石 8 斗，病者男子日给米 3 合，女子 2 合；幼弱者年给 7 斗。

2. 救贫人员及救助金额

大正十五年年中所救助之人员总数计有 13 707 人，其中死亡及停止恤救者共 4 080 人。救助费计国库支出 50 714(日)元，地方支出 403 503(日)元，合计 454 217(日)元。

3. 救助方法

贫民救助大致为院内救助及院外救助两种。贫穷之需扶养者如衰老者、残废者、疾病者乃收容保护，设置养育院、救护所等名之为救贫院，专为老衰者称之养老院。此皆院内救助，其年龄未老，一旦病愈仍须出院。院外救助乃于各住宅内施以救助，如因家族的疾病，身体上精神的废疾，失业、灾害等而贫困之家庭，子女养育困难，寡妇等给予经济之扶助。

日本院内救贫事业，据昭和元年之统计，一般救贫院即养育院30所，养老院37所，合计67所。其中公家设立的如东京养育院、横滨救护所、神户救护院、名古屋市东山寮，其他市立12所町立1所，合计13所。余皆为私立。以上院内救贫事业67所每年经费总额计1 206 828(日)元，昭和元年末所收容人数，总计1 806人。院外救助计151所。

由上所述，可知日本之救贫事业为数仍不甚多，而且规模仍小。

## 二、特殊救护

### 1. 行旅病人及行旅死亡人之取缔

行旅病人之救护行之甚早，明治三十二年公布《行旅病人及行旅死亡人取缔法》，对于行旅中之贫病者或死亡者均有所保护。

依本法所救护之状况，大正十五年计有行旅病人10 168人，救护费用计509 960(日)元。同年行旅死亡人计3 608人，费用计39 096(日)元。

### 2. 灾害救助

明治三十三年有《北海道罹灾救助基金法》，明治四十二年又有《冲绳县罹灾救助基金法》之制定。依罹灾基金救助法如各道府县治内发生灾害，则以罹灾救助基金为之救助。大正十四年合计基金共委 773 784(日)元，十四年支出计达 794 370(日)元。

3. 军事救护

军事救护与一般贫民救护不同，此乃对于服兵役之国民及其遗族家族生活困难之救护与设施。关于一般军人之恩给遗族扶助者除有《军人恩给法》外，关于军事救护之法规则有明治三十九年所制定之《残废兵院法》，大正六年公布之《军事救护法》。

(1)《残废兵院法》。《残废兵院法》规定残废士兵之扶养，由国家设置残废兵院。日俄战争后，明治三十九年乃依本法设立国立东京残废兵院，大正十二年由陆军省移交内务省所管。大正十四年收容人数 93 人，经费计 111 300 余日元。

(2)《军事救护法》。《军事救护法》以救护伤病兵为目的，系对其家族遗族及下级士兵之家族遗族，由国库予以救护。该法于大正七年一月一日实施，依该法凡公务员之因战争而伤病者，下级士兵罹病之家族，现行兵役及应召中下级士兵之家族均得被救护，救护之种类分生业扶助、医疗、物品及现金之给予以及灾害时临时之给予。

依《军事救护法》，给予额最高者每日每人 60 钱，最低者 20 钱，平均 34 钱。每家总额每日最高者 2 元 40 钱，最低者 65 钱，平均1元18钱。受救护之户数每年约在12 000户以内,被救护者之人数年约33 000人,经费则逐年增加。昭和二年救护之户数为12 327户,计36 144人,救护费2 705 477(日)元。

## 三、军事保护事业

民间之军事保护事业最早为明治十九年设立之日本赤十字社,其他因日俄战争所创设规模最大者有日本赤十字社爱国妇人会(明治三十四年创立)、帝国军人后援会(明治三十九年创立)(见表2-5)。

昭和元年军事保护事业计有伤病残废士兵救护事业2人,军人遗弃及子弟教育事业2人,其他军人及遗族家族保护事业163人,合计167团体,昭和元年中此种事业之经费624 628(日)元,资产总额2 999 710(日)元。

**表2-5　救护事业统计**(昭和七年)①

| 种　别 | 设施数(所) | | 救护人员(人) | |
|---|---|---|---|---|
| | 公　设 | 私　设 | 公　设 | 私　设 |
| 院外(居宅) | 2 | 193 | 510 | 4 218 |
| 院内(收容) | 6 | 73 | 74 | 3 116 |

① 见昭和十一年《时事年鉴》,第422页。

续 表

| 种 别 | 设施数(所) | | 救护人员(人) | |
|---|---|---|---|---|
| | 公 设 | 私 设 | 公 设 | 私 设 |
| 残废疾病 | — | 26 | — | 555 |
| 军人遗族 | 1 | 247 | 100 | 40 488 |
| 总 计 | 9 | 539 | 684 | 58 377 |

## 四、视导委员制度

视察指导在社会事业的推进上有重要的功能,此因贫民救助最易发生滥施与遗漏之弊。欲使救助切实有效,必须对于从事工作之人员,贫民之状况,不时详加考察,对于每一家族之实情,应加以恳切指导,以期预防社会病态于未然。但欲达此目的,必有相当的组织以司其事,于是有视导委员制度之产生。

此种委员会最初系以大正六年五月由冈山县知事笠井信一所创立之济生顾问为始,其后东京、大阪、兵库又有相同之组织。

此种委员会因近年救济制度之创设渐次发达,其组织依设施当事者之方针而定,各制度经营主体不同,其委员之资格、选任方法、配置及职务等亦有不同,经营主体多为府县或都市中之公共团体，设施之区域多以都市之贫民地区为尚。

据昭和三年九月末之调查，此种委员会全国总数计 66 个，委员总数达 15 155 人，总经费共 384 900 余（日）元。

## 五、救护法

现在日本救助设施的进步，不仅以衰老、疾病、废疾幼弱等之救护为限，凡能生活之贫民的救助，疾病之治疗、恢复，寡妇之生计，育儿过多者之负担，失业者之就业，儿童之教养等均有所救助，因此乃有《救护法》之制定。

本法内容有三。第一，救护之对象为贫困不能生活者，65 岁以上之衰老者，13 岁以下之幼弱者，妊产妇，不具废疾、疾病、伤害、其他精神病、因劳动而致身体发生障碍者。第二，关于救护，乃国家之事务，如救护机关、委员设置等。第三，关于救护之方法，以行于被救护者之居宅为原则。但在不适宜于院外救护之场合时，亦得用院内救护方式如养老院、孤儿院及病院等，以补院外救济之不足。又委托家庭救护如生活扶助、医疗、失业扶助、助产及埋葬等，本法亦注意及之。

依昭和五年社会局之调查，受本法救护者之人数约 15 万人，救护经费达 800 万（日）元。

## 第四节　经济的保护设施

晚近社会事业，救贫与防贫并重，因之经济的保护设施勃兴，经济保护事业系对于劳动者及收入额微少者等中产以下的阶级之经济生活加以改善，而增进其福利之种种事业。第一次世界大战以来，经济生活突变，为应时代要求，各公共团体及公益团体乃有公设市场、简易食堂、公共宿所、住宅供给、公典公当等经济保护事业之兴起。

### 一、住宿保护事业

住为人生四大需要之一，住宅设施与庶民阶级福利攸关，与经济保护及卫生改善亦有连带影响，欲使家族生活与保护向上，最适当之住宅供给、住宅组合、住宅介绍、住宅之监督与指导、住宅地区计划与土地政策皆属切要之图。

欧洲大战以后，因经济之变动随之有大正七年以后之住宅困难发生。大概其发生之原因，乃由于住宅数目之不足，房租之昂贵所致。兹将日本对于此种现象之补救大概，分述如后。

1. 公营及其他住宅之供给

大正七年政府奖励公共团体之住宅经营，其后各地渐次普及，又有东京府住宅协会、同润会等公益团体之成立。昭和三年末经营团体之数目达 181 所，经营户数计 17 102 户，建筑费计 23 620 000 万(日)元。

2. 住宅组合法

住宅组合之设施其目的在实行供给住宅，政府以之为解决住宅问题之一手段，乃于大正十年四月制定《住宅组合法》，同年七月施行。依本法可自助地组织组合，其目的在使中产以下者得有住宅。住宅组合法人须有 7 人以上，事业范围则有关住宅用地、住宅建筑、购买、让渡、管理、低利资金通融、捐税豁免特权等。至昭和四年六月许可设立之住宅组合已有 2 469 所，组合员 28 466 人，建筑费总额达 6 452 800 余(日)元。

据昭和十一年之调整，昭和七、八、九年之住宅组合数、组合员数与建筑费有如下表(见表 2－6)。①

**表 2－6　住宅组合**(各十一月末)　　(单位：千日元)

| 年　次 | 组合数 | 组合员数 | 建筑费 |
|---|---|---|---|
| 昭和七年 | 2 740 | 30 704 | 67 946 |
| 昭和八年 | 2 740 | 30 704 | 67 931 |
| 昭和九年 | 2 740 | 30 747 | 68 043 |

3. 住宅资金之通融

政府于助成奖励公营住宅，住宅组合乃有低利息之资金通融。

① 见昭和十一年《时事年鉴》，第 422 页。

大正八年以来迄昭和三年末大藏省预金部资金中通融金额达63 996 900余(日)元。大正十三年度至昭和三年通融金额达35 022 900余(日)元。

4. 不良住宅地区改良

近时日本对于住宅问题的中心渐由量的供给转向质的改良,例如不良住宅密集地区之改良,农村住宅之改善等。大正十四年调查全国不良住宅在百户以上之集团地区计217处。总面积达200万坪,约309 000人,乃于昭和二年制定《不良住宅地区改良法》,对于不良住宅之地区加以整理改善。

5. 共同宿舍

共同宿舍乃为自由劳动者而设,其目的在供给彼等取费低廉、设备良好的宿舍,并予以休养、娱乐之机会,且附设职业介绍所、简易食堂、人事咨询所等。近年来各都市均渐次设立,昭和二年已有89所,内公立者24所,私立者65所。每月平均寄宿人数有183 700人以上,每月宿费由7钱至30钱,其中不取费者有25所。以往这类组织,设备大都不大完善,但近时大都市方面已有相当改进。

## 二、公营典当

为收入低微者调整其金融起见,并予以生活向上之希望,此等金融机关在日本有邮政储金、储蓄银行、信用组合、金贷业、典业等，尤以后二者为最与收入低微者有关，然一般营业典质业，其利贷甚高，并限制质物处分方法，对于典质者颇为不利。自大正元年以来，乃有公营典当之设置，昭和二年公布《公益质屋法》，该法第一限以市町村[①]及公益法人为经营主体。第二对于此种经营由国库予以二分之一以内的经费补助，第三关于典质契约则有现行质屋取缔法，限制利率及质物处分方法。

昭和三年此种公典计 81 所，贷金额计 919 400 余(日)元。

## 三、其他经济保护事业

其他之经济保护事业(见表 2-7)则有公益市场、简易食堂、公益浴室等。昭和二年末，公益市场计 368 所，简易食堂计 67 所，公共浴室计 223 所。

**表 2-7　经济保护事业统计**(昭和八年)[②]

| 种　别 | 设施数(所) |
|---|---|
| 小住宅 | 642 |
| 住宅组合 | 2 742 |
| 公共宿舍所 | 152 |
| 公益市场 | 291 |

① 市町村为日本对于基层自治体的总称。——编者注

② 见昭和十一年《时事年鉴》，第 421 页。

续　表

| 种　别 | 设施数(所) |
|---|---|
| 简易食堂 | 70 |
| 公益浴室 | 167 |
| 公益质屋 | 947 |
| 总　计 | 5 011 |

## 第五节　保健设施

### 一、医疗事业之现状

医疗事业可分为一般的及特殊的两类，而一般的医疗事业又分为医院之施诊、免费诊疗所、委托诊疗事业及巡回诊疗等，此乃对于贫困者施以诊疗。近来则低费之诊疗均有增加。

大正十四年末全国医疗事业之状况计病院 45 所，施疗兼病院 12 所，免费诊疗所 146 所，诊疗班 15 所，委托诊疗事业合计有 223 项以上。就诊疗人数计有 9 567 745 人以上，经费计 6 509 400 余(日)元。

以外又有共济组合之设立，大正十一年又制定《健康保险法》，昭和二年开始保险给付，其适用之范围以《工场法》适用之工场及《矿业法》之适用事业所雇劳动者为限。

## 二、特殊疗养及其预防事业(见表2-8)

1. 结核预防

有关结核预防之法规有明治三十七年关于肺结核预防之内务省令,大正三年肺结核疗养所之设置及大正八年公布之《结核预防法》。《结核预防法》规定由医师于结核患者及死者之场所予以消毒,并指示其他有关结核预防方法。由行政官厅命令施行家屋物件之消毒方法,又在预防上认为必要时举行健康诊断,禁止患者从业,禁止物件之买卖及授受。由地方长官对于不良建筑物限制或禁止其使用。内务大臣规定于人口5万之都市公共团体必须设置疗养所,并由国库补助经费六分之一至二分之一。并令示公共团体或公益法人疗养所之经费可有二分之一以内之补助。病人之贫困者亦得有生活补助费。

日本结核患者无详确之统计,每年死亡人数据估计约120万人,设立之诊疗所全国计33所。结核预防之团体则有结核预防协会、全国结核预防联合会、日本结核预防协会,及白十字会。

2. 癞病疗养

明治四十年有关于预防癞病法律之公布,并规定为诊断癞病患者则由医师指示消毒及其他预防方法,可免费入院疗养。主管大臣指定二道府县须设立联合疗养所以收容癞病患者。全国公私癞病疗养所计 12 所，收容人数为 1 900 人。

3. 精神病者保护

关于精神病患者之法规，除民法刑法以外有明治三十三年之《精神病监护法》，大正八年之《精神病院法》。现有府立精神病院 1 所，代用精神病院 13 所。

**表 2－8　医疗保护事业统计**（昭和七年）①

| 种　别 | 设施数 | | 保护人数 | |
|---|---|---|---|---|
| | 公　设 | 私　设 | 公　设 | 私　设 |
| 施　诊 | 35 | 107 | 152 880 | 885 641 |
| 诊疗所 | 55 | 255 | 203 688 | 554 095 |
| 委托诊疗 | 10 | 51 | 1 699 | 19 102 |
| 精神病院 | 6 | 38 | 2 047 | 6 083 |
| 结核疗养所 | 18 | 10 | 7 289 | 1 905 |
| 癞病疗养所 | 5 | 7 | 3 519 | 926 |
| 总　计 | 39 | 468 | 371 102 | 1 464 921 |

# 第六节　儿童保护事业

## 一、儿童保健

1. 母性及乳幼儿保护

妊产妇之健康与胎儿及乳幼儿之发育关系至切，故妊妇保

① 见昭和十一年《时事年鉴》，第 422 页。

护为儿童保护之本。日本关于妊产妇之保护事业则有巡回助产(员)及产院等。昭和二年末有产院 25 所,巡回助产(员)96 人。此外如工厂法对于出产前后女人保护,依健康保险法并有生产费用之支付。

关于乳幼儿之保护事业则有乳儿院、儿童健康咨询所。儿童健康咨询所之任务在普及母亲对于儿童卫生之知识,俾可增进儿童之健康。目前该所之中心工作为乳幼儿之保护设施,由医师、护士检查妊妇之身体,儿童之营养发育及其他健康状况。普及妇婴卫生并举办母亲会、育儿展览会等。昭和元年此种咨询所计 64 所。

2. 学童保护

学童保护乃由校医或学校护士发现儿童疾病或缺点,向家庭劝告诊治或径由学校诊治。医学检查之结果发现儿童之残废及有心理缺陷者甚多,此种儿童与普通儿童不同,则授以特殊教育。对于虚弱儿童之保护则由学校设施、学校给养制度与儿童保护设施如户外学校、休暇移居等(进行)。此外更有户外学校、林间学校或于海滨或林间设立保养所以保护虚弱儿童。

此种保护设施甚少,如东京市养育院安房分院、大阪弘济会之临海保养所、白十字社之林间学校、赤十字社之林间学校及儿童爱护会之一宫学园等。

## 二、儿童之养护

儿童之养护系对于无力养护儿童之家庭或缺乏教育知识之家庭予以补助及救济。在日本有画间保育所,此系对于劳动者、少额收入者无力养育子女之补助。此项保育所创设于明治二十七年,昭和元年计283所,收容儿童约20 300人。最近农忙季节,各地保育所则尤盛行。

## 三、特殊儿童保护(见表2-9)

1. 特殊儿童保护之趋势

以往对于贫儿之保护均为院内收容,现在则对贫儿之母亲予以扶助,维持其家庭生活。对于不良儿童,以往多主刑罚惩治,现在则采用教育主义。

2. 贫儿养育

扶助贫儿养育之设施则有育儿院,以扶养贫困之孤儿、弃儿及其他儿童。关于贫困儿童之扶助现行法有前述之《救恤规则》乃关于幼弱者扶助之规定。明治四年布告之《弃儿养育米给与方法》,即依此规则订定者。大正十五年育儿事业机关计122所,收容儿童4 600余人。

### 3. 不良少年保护

不良少年保护系由国家施行感化教育。明治十三年旧刑法规定幼年犯者之惩治训育，始于监狱内之附设惩治场。明治十八年设立东京感化院，三十三年制定《感化法》，并从各府县设立感化院，至此对于不良少年乃纯实施训育主义。该法规定各地须有感化院之设置，由地方长官管理，但亦得以私立感化院代用之，此外又有设立国立感化院之规定。

关于不良少年保护，除感化法外，大正十一年又有《新少年法》及《矫正院法》之制定。《少年法》之规定以审判满 14 岁未满 18 岁之少年为原则，矫正院则收容此种少年，由少年审判所送入该院。

昭和元年计感化院 52 所，受感化者共 2 620 人。

除上述外，又有低能儿童及白痴儿童①保护事业、残废儿童②保护事业等。

**表 2－9　儿童保护事业统计③**

| 种别 | | 设施数 | | 保护人数 | |
|---|---|---|---|---|---|
| | | 公设 | 私设 | 公设 | 私设 |
| 妊产保护 | 产婆 | 246 | 145 | 4 106 | 4 401 |
| | 产院 | 8 | 37 | 29 408 | 15 767 |

① 此处指智力障碍儿童。——编者注
② 此处指身有残疾的儿童。——编者注
③ 见昭和十一年《时事年鉴》，第 421 页。

续 表

| 种 别 | 设施数 | | 保护人数 | |
|---|---|---|---|---|
| | 公 设 | 私 设 | 公 设 | 私 设 |
| 乳儿保护 | 5 | 14 | 423 | 2 232 |
| 托儿所 | 28 | 449 | 11 011 | 48 464 |
| 儿童咨询 | 33 | 86 | 30 046 | 129 589 |
| 残废儿[1]教养 | — | 1 | — | 14 |
| 虚弱儿保护 | — | 6 | — | 716 |
| 病儿保护 | 3 | 14 | 5 482 | 6 642 |
| 贫儿教育 | 12 | 26 | 1 829 | 2 770 |
| 子弟学校 | 11 | 4 | 232 | 219 |
| 劳动儿教育 | — | 11 | — | 824 |
| 育儿 | 3 | 121 | 986 | 6 029 |
| 少年教护院 | 44 | 8 | 2 092 | 272 |
| 退院生保护 | — | 31 | — | ? |
| 幼少年一时保护 | 1 | — | 515 | — |
| 低能及白痴儿[2]教养 | 1 | 5 | — | 145 |
| 吃音矫正 | — | 4 | — | 1 194 |
| 总 计 | 484 | 962 | 86 130 | 239 278 |

## 第七节 社会教化

社会教化事业分消极与积极的两方面。消极的系以教化的手

① 此处指身有残疾的儿童。——编者注
② 此处指智力障碍儿童。——编者注

段，除去社会的障害，如国民之风教、卫生之改善、矫风事业、释放者保护事业；积极的系社会共同福利之理想，如民众思想之涵养、精神的向上等。

## 一、矫风事业

1. 禁烟运动

明治三十三年公布《成年者吃烟禁止法》，该法并禁止未成年者之吸烟。

2. 禁酒运动

明治三十一年初设之禁酒同盟会，近来禁酒团体于各地渐次设立，大战时禁酒运动尤盛，现在此类团体已在 200 个以上，会员超过 3 万人，大正十年通过《未成年者饮酒禁止法》。

3. 废娼运动

明治三十三年十月内务省四十四号命令公布娼妓取缔规则，关于私娼之取缔，则有警察犯处罚令、行政执行法及刑法中之规定。

关于废止公娼实际活动，自明治三十二年始。后渐为世人所注意，公娼制度之存废，关系舆论颇大，救世军及基督教诸团体对此甚为努力，最近有些劳动团体及妇人团体亦有参加此项运动者。

## 二、释放者保护事业

释放者每一出狱，反无以为生，且出狱后一年间，心理动摇最易再犯，故于此时间内须设法加以保护，此种事业大约为供给住所，日间授以生活技能。此种事业机关昭和三年计 739 所，昭和二年中所保护之人数计 37 035 人。

## 三、教化运动

教化运动有民力涵养运动、男女青年团、教化事业、勤俭奖励等。

1. 民力涵养运动

大战后因贸易不振，物价高昂，一般国民生活不安，大正十一年九月十三日内务大臣向各地方长官发出关于消费节约的通告，近来则更由中央提倡消费节约运动。

2. 男女青年团

男女青年之修养训练机关，有男女青年团，大正四年由内务、文部两省通令全国办理。据昭和三年之调查，全国计市町村青年团 16 508 团，团员数 274 500 余人，女子青年团数 13 252 团，团员人数 1 468 400 余人。大正十五年度中之经费青年团为 360 万余(日)元，女子青年团为 875 000 余(日)元。

3. 教化事业

日本大地震后，由政府饬令全国，振作人民精神，又组织教化事业团体联合会。

4. 勤俭奖励

战后财政不佳，兼受地震之影响，遂致贸易不振，财政及经济均极困难，政府乃于十三年九月设置中央勤俭奖励委员会，并分设各地方委员会，盛行勤俭奖励运动，收效甚宏。

## 第八节　一般的设施

### 一、邻保事业

日本邻保事业最初为明治四十一年十月日本救世军之设立，并设有救世军大学植民馆，又有邻团之设立，各都市乃渐次设置此种事业。昭和元年计有 58 个单位，此外并兼办幼儿保养、夜学、诊疗、人事咨询等事业（见表 2－10）。

**表 2－10　邻保事业及其他事业统计（昭和七年）①**

| 种　别 | 公　设 | 私　设 | 保护人数 | |
|---|---|---|---|---|
| | | | 公　设 | 私　设 |
| 邻保事业 | 37 | 115 | ? | ? |
| 人事咨询 | 62 | 84 | 24 078 | 9 368 |
| 妇人保护 | — | 23 | — | 3 512 |

① 见昭和十一年《时事年鉴》，第 422 页。

续　表

| 种　别 | 公　设 | 私　设 | 保护人数 | |
|---|---|---|---|---|
| | | | 公　设 | 私　设 |
| 母子收容保护 | — | 11 | — | 1 071 |
| 父子收容保护 | — | 1 | — | 45 |
| 病者安慰 | — | 12 | — | ? |
| 卫生教育 | — | 89 | — | ? |
| 助葬 | — | 6 | — | 6 116 |
| 其他 | 11 | 82 | ? | ? |
| 总计 | 110 | 423 | 24 078 | ? |

## 二、融和事业

融和事业之目的在调整国民不合理之差别观念。国民常因观念不同意见各异，以致纷争时起，日本政府深为遗憾，因而甚感国民融和事业之重要。明治四十四年度，对此颇为努力，成绩颇良。大正十二年以来，对地区整理事业，育英奖励，及融和事业之奖励，倍极注意。

# 第七章　我国社会事业的起源及其发展概况

我国之社会救济事业，在昔虽无行政系统可言，而慈善设施则由来已久，历代关于慈善、振济及救荒政策之实施载之于史册者颇多，良法美制，代有可考。我国古代之救济事业，虽漫无稽考，而其事业之实行亦多有可述者。我国慈善行政，在黄帝纪元以前，已开其端。自有巢氏构木为巢，人民始有粗陋之住宅，以避风雨。当时人民专恃渔猎，不事畜牧，而且没有渔猎的工具。太昊氏乃教民作网罟，以收渔利而赡民用。又因人民只知野猎而不知家畜，伏羲氏乃教民养牲畜，以充庖厨。在渔猎时代人口稀少，且多恃天然环境为生，无贫富阶级之分，既无贫民，自无救贫行政之可言，迄后人口渐繁，迁徙无定，民食堪虞，疾病亦有所不免，神农氏乃创艺五谷，以利民食，尝百草以制医药，诊治人民疾病。有熊氏作器具以便家用，造舟车以通水陆，兴货币以便交易，元妃西陵教民制蚕，高辛氏敬授民时，舜有天下，播百谷，利器用，尽心民事。夏禹卑宫室，商汤仁及禽兽，此皆我国古代最重要之发明与仁政，而要皆救灾恤贫制度之嚆矢，后世之人民实利赖之。

降至周代，我国之救贫制度渐趋完备。《周礼》所载大司徒以保息六养万民，一曰慈幼，二曰养老，三曰振穷，四曰恤贫，五曰宽疾，六曰安富。遗人掌邦之委积，以待施惠，乡里之委积，以恤民之艰阨……县都之委积，以待凶荒，《周礼》之所谓委积者殆属仓储政策之起源；而亦仓库制度之初形也。以荒政十二聚万民，一曰散利，以给种食；二曰薄征，以减租税；三曰缓刑，既有罪而不执行；四曰弛力，以息徭役；五曰舍禁，以释山林之禁；六曰去几，以去关门之讥；七曰眚礼，以减杀吉礼；八曰杀哀，以杀凶礼；九曰蕃乐，即藏乐不作；十曰多昏，谓不备礼而昏聚者多；十一曰索鬼神，以祈民庥；十二曰除盗贼，以遏民害。凡有疾病者，使医治之，以五医、五谷、五药以养其病；以五气、五声、五色以眠其死，生死各得其所，泽及人民，无微不至。及至春秋战国时代，政道日渐衰微，灾祸连年，田园荒芜，斧斤网罟失时，物力殚然。故墨子倡减政救灾之论，但其所述，仅为临时办法。管仲治齐，使人民少时即习于农工商业，不致见异思迁，并于仓储制度，已有所申论。管仲说："岁有凶穰，故谷有贵贱，令有缓急，故物有轻重……民有余则轻之，故人君敛之以轻；民不足则重之，故人君散之以重。凡轻重敛散之以时，即准平。守准平，使万室之邑必有万钟之藏，藏镪千万；千室之邑必有千钟之藏，藏镪百万……”管子所谓“敛轻散重”即贱时收买，贵时售卖之意。所谓“准平”即使谷物的价格平衡之意。所谓“万钟之藏”与“千钟之藏”乃由官府举办仓库贮藏之意。这种办法，可谓为常平仓制思想之渊源。至战国魏文侯时李悝立法，按年之丰歉，收买农民藏谷若干以授之，遇凶岁则减价以粜之，奠定了常平仓制的基础。李悝[①]说：“粜甚贵伤人，（指一般人）甚贱伤农，人伤则离散，农伤则国贫，故甚贵与甚贱，其伤一也，善为国者，使人无伤而农益劝。……是故善平粜者，必谨观岁有上中下熟。上熟，其收自四，余四百石（即假定平岁每百亩收百五十石，今因大熟，可增收四倍，即共收六百石，除去一年消费，可余四百石，以下同此解释），中熟，自三，余三百石；下熟，自倍，余百石。小饥则收百石（此平时少收五十石，即减收三分之一，以下同此解释），中饥七十石，大饥三十石。故大熟则粜三而舍一（即由四百石中官府收买其三百石，而舍其一百石），中熟则籴二，下熟则籴一；使人适足价平则止。小饥则发下熟之所敛，中饥则发中熟之所敛，大饥则发大熟之所敛而

① 李悝，魏国安邑人。中国战国时期政治改革家，法家重要代表人物。——整理者注

粜。故遇饥馑水旱，粜不贵而人不散，取有余以补不足也。”此后世常平仓制之由来也。

秦代虐政颇多，人民悲怨，汉高祖继秦而立，约法三章，万民欣悦。汉文帝宽仁恭俭，曾定振穷与养老之令，减租税以济万民，除肉刑以全民命。汉景帝诏二千石务农蚕以蓄积备灾，皆属当时之仁政，故后世之言汉代德政者，每以文景并称。景帝以后，章帝亦诏二千石劝农业以禀赡饥民。当时，救贫制度之最具体与显著，且较能经久而未败者，则为宣帝之置常平仓，以备荒年。常平仓者即置仓舍，当谷贱时，增其价购入以储存之，至谷贵时，则抑其价粜出以惠人民，其意即谓常持其平，故曰常平仓。自元康以来，连年丰收，谷石五钱，汉宣帝五凤四年，大司农中丞耿寿昌仿魏文侯备荒之政，寓劝农之意，始奏设常平仓于边郡，时人称便。史称：“宣帝即位时，大司农中丞耿寿昌以善为算，能商功利，得幸于上。五凤中，奏言故事，岁漕关东谷四百万斛，以给京师，用卒六万人。宜籴三辅、弘农、河东、上党太原郡谷，足供京师，可以省关东漕卒过半，天子从其计，寿昌遂白令边郡皆筑仓，以谷贱时增其价而籴，以利农，谷贵时减价而粜。名曰常平仓，民便之。”①

① 见《汉书·食货志》。

自是仓储制度，遂以确立，其后各种仓制相继而起。不过，此类仓制推行既久，弊端即生，主持仓制之官吏只图私利，而不顾全公益。至元帝初元五年，因朝臣言其弊，遂行罢废。明帝重复其制。其后，晋、魏、齐、梁诸代多沿用之。

西汉之末，王莽继位，更名天下之田曰王田，一家男口不盈八，而田过一井者，分其余田予九族，以期土地分配平均，其目的在发展平民政策，盖天下不患贫而患不均，卒以王莽在位未久，不克达均田目的，均田之法既废，而兼并之祸以起。

晋武帝时，议行"通籴"之法，欲以布帛市谷，以为粮储，但其施行经过不详。当时，尚书杜预上疏，历陈救济水灾以解民困之重要，同时，傅咸上疏，极言奢侈浪费，足致天下穷困，深领节俭为防贫之要旨，其言曰："先王之制，天下食肉，衣帛皆有定制，奢侈之费，甚乎天灾。古者人稠地狭，而有储蓄，由于节也；今地广人稀，而患不足，由于奢也，欲时人崇俭，当诘其奢。"是亦防贫根本之图，言社会事业者不可不注意及之。

南北朝时，北齐武帝永明中，天下米谷、布帛贱，欲立常平仓，市积为储，六年诏出上库钱五十万，于京师市米买丝、绵纹、绢布，各州亦皆出钱市绢、绵、布、米，使台传并于所在市易（见《通典》）。北魏太和十二年，诏求安民之术，秘书监李彪上议，请立常平仓，太和二十年始实行。

隋文帝开皇三年[1]，于陕州置常平仓，于京师又置常平监。开皇五年，工部尚书长孙平奏折上说："古者三年耕而余一年之积，九年作而有三年之储，虽水旱为灾，人无菜色，皆由劝导有方，积蓄先备。请令诸州百姓及军人，劝课当社共立义仓。收获之日，随其所得劝课出粟及麦，于当社造仓窖贮之；即委社司执账检校，每年收积，勿使损败，若时或不熟，当社有饥馑者，即以此谷赈给。"当年即设置此类义仓，令人民按贫富差别，每秋家出粟麦，置仓于当社，以防凶年，人民得就近纳粟，领取亦便。此种赈给系一种慈善行为，是没有报酬的。

唐代之救贫事业多沿隋制，除设有常平仓及义仓外，尚有社仓。常平仓起源于汉代，隋开皇三年，在陕州设常平仓，并在京师设有常平监以掌之，唐沿隋制，贞观十三年令洛相幽徐等州设置常平仓，藏九年之粟与五年之米。若在潮湿之地，则藏五年之粟，三年之米。永徽六年，京之东西二司置常平仓司官。

开元中世复令关内、陇右、河北、河南五道及荆扬等州遍立常平仓，并置本钱上州三千贯，中州二千贯，下州一千贯。元和元年，天下州府，每年所税地丁数内，十分取二分，均充常平仓及义仓。此外，以元宗客户之税，德宗茶漆之税，充常平本钱，稳便收贮，以

[1] 中国历史纪年与公元纪年的对照，请见书末附录二。——整理者注

时出粜。义仓与常平仓之组织大致相同，其所不同者，常平仓乃由国家举办，而义仓则属于地方团体之赈济事业。

贞观二年，尚书左丞戴胄[①]奏请自王公以下，爰及庶民，所有垦田至秋熟时，以理劝令出粟，以充义仓之贮藏，倘年谷不登，百姓饥馑，则于所在州县酌予取给。太宗下议条制之令，户部尚书韩仲良奏王公以下，所垦田亩，纳二升以防凶年，从此天下州县首置义仓。天宝中天下义仓储有米 6 300 万石，常平仓储有米约 460 万石。

宋代之救贫事业，约可分为国家举办及地方举办两种。由国家举办之救贫组织，有常平仓、惠民仓、广惠仓与福田院，兹分述于次：

1. 常平仓。常平仓发源于战国时的李悝，而成于西汉宣帝，前已述及。常平仓之目的，在以官府的财力买卖米谷，以平均市场上米谷的价格。宋代于一州一县均设有常平仓一所。太宗淳化三年，京师置常平仓，因京畿大丰熟，太宗遣派使臣就首都开封府四城门各设一场，收高价所籴之谷贮于近仓，待饥荒时减价以粜，以济贫民。当其粜时，复于四城门各设 7 所至 14 所，专理卖出事项。史载："宋大中祥符二年分遣使臣出常平仓粟麦，于京城四方开八场减价粜之，以平物价。"自真宗景德之后，除沿边州军以外，各地

① 戴胄（？—633），字玄胤，相州安阳（今河南安阳）人，唐朝宰相。——整理者注

均普设常平仓。京东、京西、河北、河东、陕西、淮南、江南、两浙等处均有常平仓之设立。天禧四年在荆、湖、川、陕、广南亦曾设置。自此以后，屡令各州各路设常平仓，量户口之多少，留取上供钱，大州一二万贯，小州一二千贯，以作籴本。至英宗治平二年，综计常平仓粜米已有 501 418 石，粜米 471 017 石。神宗熙宁二年，仅就常平钱谷贮藏额计算，竟达 1 400 万贯石，翌年，以常平、义仓合计有 1 300 余万贯。

2. 惠民仓。惠民仓之功用与常平仓相近，但常平仓经济独立，而惠民仓系以杂配钱折粟贮之，岁歉则以半价粜出，其本钱乃得自补助，此制起源于后周，宋代在诸州遍设之。宋太宗淳化五年，于诸州置惠民仓，待谷价稍涨则减粜以给贫民。每人不得过一斛。真宗咸平二年，从户部员外郎成肃奏请在福建设置惠民仓，又下诏诸路转运使，使其所管辖境内之惠民仓，遇丰年增价籴入，荒歉时减价粜出，至天禧四年更推广至荆、湖、川、陕、广南等州。南宋之时，有潭州知州真德秀及理宗绍定元年有资政殿学士曾从龙奏请，就湘潭十县分设惠民仓。但此种仓制从未发达，至宋孝宗天禧四年以后而废。

3. 广惠仓。广惠仓仅行之于宋代，其功用在作经常之慈善放谷。仁宗嘉祐二年经枢密使韩琦奏请设立。每年十月遣使调查贫病老幼不能谋生者之姓名籍贯，由翌月一日起，三日间每一成人给米一升，每一孩童米五合，至翌年二月为限，如有剩余，则按诸县大小酌量均分。熙宁以后亦屡有设置，但此制推行终不甚广，宋以后则未闻有此类仓储矣。

4. 福田院。收养老幼残废者，京师东西皆有设置。嘉祐中又于城南北置福田院，凡 4 所。

宋代由地方举办之救贫组织，则有：

1. 社仓。社仓乃多数人民任意的结合，大都纯属民间自营，其谷本多由地方豪富或一般民家自动输供，贮藏于其所居住的村庄，由设立者公推管理人，以自治方式处理其事务。社仓一制，始于隋长孙平之创议，其后唐之戴胄于设置义仓之奏牍中，乃明白肯定称之为社仓。后来此类社仓变为县仓、郡仓，全与人民隔离，遂失社仓本意。南宋淳熙八年朱熹为欲使人民普得仓储之益，遂定社仓法。该法始行于乾道四年，是时朱熹居福建崇安县开耀乡，适建宁府一带大饥，朱熹乃与知县耆老谋发所藏粟以贷民，然年久腐朽，不堪民食，乃别建社仓以藏之。乾道四年，熹请于县府，得粟 600 石以振济灾民，是年冬，五谷丰收，人民如数归还。熹欲以粟留藏民家，以防饥歉，又恐久储必有腐烂，乃许民家每年借贷一次，按当时情形出息二分，若逢小饥，蠲其息之半，大饥则尽蠲之。如此历十有四年，已将原数 600 石归县府，尚余息米 3 100 石，以为社仓，而不复取息，每石只收耗米 2 升，此即社仓法之大意也。

2. 义庄。范文正①所创办，其制有养老室、恤嫠室、育婴室，凡族之鳏寡孤独均居其内。又有读书室，以收容无力从师者之子弟，养疴室以收容有病之人民，严教室以收容不肖子弟。

元代之社会救济事业，大都仍沿宋代之制，例如仓储制度，大体不出于往代之范围，此点可于元朝赵天麟所上之策不难概见。其策中有云：

"隋开皇五年，长孙平令军民当社立义仓，至元六年，亦每社立义仓；自是以来，二十余年矣，然社仓（即义仓）多有空乏之处。顷来水旱相仍，蝗螟蔽天，饥馑荐臻，四方迭苦，转互就食；老弱不能远移而殍者众矣。彼隋立义仓而富，今立义仓而贫，岂今民不如隋民哉？臣试陈之，盖计丁纳粟之故也。伏望普颁明诏，详谕农民；凡一社，立社长社司各一人，社下诸家共穿筑仓窖一所为义仓。凡子粒成熟之时，纳则计田产顷亩之多寡而聚之。凡纳，例常平，每亩粟率一升，稻率二升。凡大有年，听自相劝督而增数纳之；凡水旱螟蝗，听自相免；凡同社丰歉不均，宜免其歉者所当纳之数。凡饥馑不得已之时，则计口之多寡而散之。凡出，例常平，每口日一升；储多，则每口日二升；勒为定体。凡社长社司掌管义仓，不得私

① 范文正，即范仲淹（989—1052），字希文，谥号文正，北宋时期杰出思想家、政治家、文学家，是义庄的首创者。曾于皇祐二年在苏州府吴县和长州两地"买负郭常稔之田千亩，号为义庄，以济养群族"。出自《范文正公集·褒贤集》卷三《义田记》。——整理者注

用。凡官司不得拘检借贷及许纳杂色，皆有前诏在焉。如是，则非惟共相振济，而义风亦风矣。”元世祖二十五年罢言利之官，行恤民之事，而于恤囚之典尤为重视，此有类似现代监狱改良事业。惜元代之救恤事业，自世祖以后不事勤修，对于备荒之政不甚注意。

明代备荒之政多仿唐宋之制，自治制度亦颇发达，其组织以10家为甲，110户为里，其里之中，有乡约、里社、社仓、社学的组织。

清代之社会事业，有为国家举办者，有为地方设置者。为国家举办者，可分为恤贫与救荒两项，兹分述如次：

1. 恤贫。如收养孤老及开设习艺所之类。关于收养孤老方面，在京师设有栖流所，安置贫病流民，其所需各项费用，如房屋、设备、衣食以及医药等均由国库支付，各地方所设立者亦准其报销。习艺所内设有织布、织巾、织带、铁工、搓绳、木工、缝纫各部，贫民入所以后，各就其所习职业及性之相近者，分别学习之。

2. 救荒。其主要者为饥荒、虫灾水灾之救济与防免。清代《荒政则例》载有贷粟之法：“凡歉收之后，方春民乏籽种，贫不能耕，或早禾初插，夏遇水旱，及既雨既霁，民贫不能耕种，速命州县开常平仓或社仓，出谷贷之，俾耕种有资，以待秋熟，其兵丁之贫乏者，亦贷焉，及秋视其收成之丰歉，收成在八分以上者，加息征还；七分者免息征还；六分者本年征还其半，来年再征其半；五分以下者，均缓征，以待来秋之熟。若上年被灾稍重，初得丰收，其还仓也，亦准免息。"吾人稽考清代放贷救荒之例甚多，有平粜而兼出借者；有以隔府之米借给者；有拨解库银供给者，有借给籽种口种并牛草之费者，不胜枚举。如遇虫灾，文武大小官员率领多人，及时共同捕捉，务期立时扑灭，有功者议叙，玩忽者议处。若遇水灾，则由地方官员通报，随赴被灾处所赈济，不得拖延时日。

为地方所设置者则有：

1. 由城乡公办者。① 社仓：不遇荒歉借领者，每石收息谷一斗还仓，小歉借动者免佃其息，捐谷者听由绅耆主持之，官吏监督之。② 迁善公所：收容轻犯及少年犯罪者。③ 育婴堂：收容遗儿与迷失之儿童，其保育方法有外领与内领两种。外领者由乳妇领出堂外抚养，内领者即雇乳妇于堂内抚育之，长成以后代谋相当之职业。④ 义学：收容无力就学之贫寒子弟，书籍文具亦由学中供给。⑤ 清节堂：收容无力自给之寡妇，对于守寡者按月给以银钱或米。⑥ 施医局：对于贫病者施以医药，或施种牛痘。⑦ 埋葬局：收埋义塚内之尸骸及圹野无主之尸棺，或对贫病之死亡者施以棺材。⑧ 平粜局：若逢谷价暴涨，或岁饥，由当地绅耆主办。⑨ 施粥厂：多在冬季临时举办。⑩ 其他如施衣、施茶、施灯、施米等，大都属于个人慈善事业性质。

2. 由宗族举办者。① 义庄:遇族中之贫乏者给以食米。② 族学:族中子弟皆得赴族学就学,或免收学费。

兹将民国以前上海社会救济机关之成立时期、经费来源、救济种类及救济办法列表于后,可以概见清代社会救济事业之一斑(见表 2-11)。[①]

**表 2-11 民国以前上海社会救济机关**

| 机关名称 | 成立时期 | 经费来源 | 救济种类 | 救济办法 | 附注 |
|---|---|---|---|---|---|
| 养经院 | 明洪武七年 | | | | 已废 |
| 留婴堂 | 清康熙年间 | | | | 已废 |
| 从溪善堂 | 康熙年间 | | | | 已废 |
| 育婴堂 | 康熙四十九年 | 由邑宰及绅士捐地取租以供育婴之用 | 育婴 | | 今名上海育婴堂,属于上海慈善团 |
| 同善堂 | 乾隆十年 | 租钱 | 施物、埋掩、义学 | 岁取租钱为施棺施药惜字埋葬又设义塾延师教里中子弟 | 在乾隆六十年并入同仁堂 |
| 孤老院 | 嘉庆七年 | 在县解存项下动支 | 养老、施物 | 岁给孤贫银米由孤贫头领给 | 毁废 |

① 吴泽霖、章复编:《上海社会救济事业之调查》,第 7~10 页。

**续 表**

| 机关名称 | 成立时期 | 经费来源 | 救济种类 | 救济办法 | 附注 |
| --- | --- | --- | --- | --- | --- |
| 同仁堂 | 嘉庆九年 | 有总捐岁捐豆业按月提捐 | 养老、施物、义学、埋掩等 | 1. 恤嫠，凡旧族孀居贫苦无依者月给钱七百文。2. 赡老，凡年过六十贫苦无依，或残疾不能谋生者月给钱六百文。3. 施棺，凡贫无以殓者予之棺并灰砂百斤。4. 埋掩，凡无主棺木及贫不能葬者一律收埋。5. 养学，施棉花衣，收买字纸，代葬，济急，水龙放生，收瘗路毙浮尸 | 今同仁辅元堂 |
| 清辉阁 | 嘉庆年间 | | 施棺、惜字 | | 堂址在城外 |
| 仁济堂 | | | 保护产母婴孩矜孤施药等 | | |
| 恒善堂 | 咸丰六年 | | 施棺、埋掩 | | 堂址在城外 |
| 济善堂 | 咸丰九年 | | | | |
| 复善堂 | 同治二年 | | | | |
| 果育堂 | 咸丰八年 | | 义学、施棺、掩埋、义冢、恤嫠、赡老、水龙、施衣米、医药、粥厂 | | |

续　表

| 机关名称 | 成立时期 | 经费来源 | 救济种类 | 救济办法 | 附　注 |
|---|---|---|---|---|---|
| 普育堂 | | 其常年经费在关库月给钱五百串,淞沪厘局给钱三百串,余俱由茶丝商栈抽捐充费 | 收容乞丐残废、养老、育婴、义学、医药 | 1.院内救济,如收容乞丐,抚而教之,艺成听其自去,残废不能自赡者设堂留养并推广之,分立七所,收养老男老妇男残废女残废及养病抚教贴婴,并设养塾及医药两局,其老男及男残废养病三所,每所以六十名为额,老妇及女残废以二十名为额,抚教以八十名为额,以上各所,均由堂给,共额三百名。2.院外救济,保产贴婴,每年以百名为额,每婴贴费三年为止。层递而下,至三年额亦三百名 | |
| 公善堂 | 道光十二年 | | 义冢、掩埋、施棺、恤嫠、惜字、放生 | | 堂址在城外 |
| 衍善堂 | 道光十七年 | | 义冢、掩埋暴露、义学、恤嫠 | | 堂址在城外 |
| 同仁辅元堂 | 道光廿三年 | | | | 至二十六年并同仁堂而成 |

续 表

| 机关名称 | 成立时期 | 经费来源 | 救济种类 | 救济办法 | 附注 |
|---|---|---|---|---|---|
| 悦善堂 | 道光廿三年 | | 施棺、掩埋、惜字 | | 堂址在城外 |
| 懋仁堂 | 道光廿五年 | | 施棺、掩埋 | | 堂址在城外 |
| 全节堂 | 道光廿六年 | | 恤嫠、赊葬 | | |
| 厚仁堂 | 道光廿七年 | | 施棺、掩埋、义冢 | | 堂址在城外 |
| 宝善堂 | 道光年间 | | 施棺 | | 堂址在城外 |

民国成立以来，对于社会救济事业之设施亦颇努力，例如国民政府内政部颁发各地救济院规则内载有各省区、各特别市、各县市政府，为教养无力自救之老幼残废人，并保护贫民健康、救济贫民生计，于各该省区、省会、特别市政府及县、市政府所在地，应依规定设立救济院，救济院应分设养老所、孤儿所、残废所、育婴所、施医所、贷款所等。据1930年内政部所调查之江苏等省之救济院及旧有慈善团体之救济事业概况，有如表2-12、表2-13。①

民国以来灾祸频仍，各种灾害之大者统计将近百次②，加以外

① 据1933年《申报年鉴》所载。
② 黄泽苍：《中国天灾问题》，第42～56页；邓云特：《中国救荒史》，第40～51页。

表 2－12　江苏等省救济院及旧有慈善团体

| 省别＼调查县数＼种数及所数＼项别 | | 救济院 | | | | | | | 旧有慈善团体 | | | | | | | | | | | | 总计 |
|---|---|---|---|---|---|---|---|---|---|---|---|---|---|---|---|---|---|---|---|---|---|
| | | 养老 | 孤儿 | 育婴 | 施医 | 残废 | 贷款 | 合计 | 养老 | 孤儿 | 育婴 | 施医 | 丧葬 | 残废 | 贷款 | 济贫 | 救灾 | 习艺 | 其他 | 合计 | |
| 江苏 | 43 | 15 | 15 | 15 | 9 | 8 | 10 | 72 | 44 | 19 | 49 | 30 | 49 | 6 | 9 | 38 | 3 | 42 | 30 | 301 | 373 |
| 浙江 | 77 | 3 | 13 | 52 | 30 | 3 | 15 | 134 | 22 | 8 | 58 | 31 | 41 | 1 | 3 | 14 | — | 2 | 24 | 213 | 347 |
| 江西 | 51 | 4 | 1 | 5 | 4 | 4 | — | 18 | 19 | — | 35 | 23 | 5 | 6 | — | 26 | 2 | — | 8 | 124 | 142 |
| 湖北 | 26 | 1 | — | 2 | 7 | 2 | 1 | 13 | 6 | 1 | 12 | 39 | 28 | 1 | — | 8 | 6 | 5 | 13 | 29 | 132 |
| 湖南 | 44 | 6 | 7 | 17 | 2 | 1 | 2 | 44 | 17 | 6 | 61 | 62 | 21 | 4 | — | 25 | 3 | 22 | 20 | 205 | 249 |
| 云南 | 27 | 1 | 1 | 1 | 1 | — | — | 4 | 4 | 1 | 3 | 13 | 23 | 1 | — | 21 | 1 | 2 | 8 | 76 | 80 |
| 福建 | 16 | — | — | — | — | — | — | — | 2 | 3 | 10 | 16 | 2 | 7 | — | 4 | — | 1 | 1 | 46 | 46 |
| 广东 | 44 | — | — | — | — | — | — | — | 5 | 3 | 18 | 23 | 8 | 2 | — | 9 | 3 | 6 | 61 | 228 | 228 |
| 河南 | 21 | 7 | 3 | 2 | 3 | 10 | 1 | 26 | — | — | — | 7 | — | 2 | — | 6 | 2 | 2 | 2 | 27 | 53 |
| 河北 | 50 | 30 | 17 | 8 | 20 | 27 | 14 | 116 | — | — | 1 | 1 | 2 | — | — | 2 | — | 9 | 1 | 16 | 132 |
| 山西 | 37 | 1 | — | 14 | 4 | 1 | — | 20 | — | 4 | 12 | 16 | — | 2 | — | 1 | 5 | 7 | — | 47 | 67 |
| 辽宁 | 20 | 1 | — | 1 | 2 | 1 | — | 5 | 2 | 2 | 1 | 7 | 1 | — | — | 2 | 9 | 6 | 1 | 31 | 36 |
| 吉林 | 16 | — | — | — | — | — | — | — | 2 | 1 | 2 | 3 | 10 | 6 | — | 8 | 5 | 14 | — | 51 | 51 |
| 黑龙江 | 12 | — | — | — | — | — | — | — | 3 | — | — | 2 | — | 4 | — | 6 | 2 | 1 | 1 | 19 | 19 |
| 热河 | 10 | — | — | — | — | — | — | — | 2 | — | — | 4 | — | 3 | — | 5 | 2 | — | — | 16 | 16 |
| 绥远 | 2 | — | — | — | — | — | — | — | 3 | 3 | 7 | 3 | 1 | — | — | 4 | 17 | — | 1 | 39 | 39 |
| 察哈尔 | 10 | 5 | 1 | 1 | 3 | 4 | — | 14 | 2 | — | — | 1 | 1 | — | — | — | 1 | 1 | — | 6 | 20 |
| 新疆 | 49 | — | — | — | — | — | — | — | 31 | — | — | — | — | — | — | 5 | — | — | 20 | 57 | 57 |
| 总计 | 566 | 93 | 58 | 28 | 94 | 70 | 43 | 466 | 165 | 51 | 269 | 335 | 192 | 45 | 12 | 184 | 59 | 28 | 191 | 1 621 | 2 087 |

**表 2-13 江苏等省救济事业统计概况**

| 省　别 | 男 | 女 | 合　计 |
| --- | --- | --- | --- |
| 江　苏 | 10 986 | 4 693 | 15 679 |
| 浙　江 | 1 495 | 852 | 2 347 |
| 江　西 | 1 242 | 627 | 1 869 |
| 湖　北 | 1 547 | 1 809 | 3 356 |
| 湖　南 | 19 475 | 13 142 | 32 617 |
| 云　南 | 21 274 | 21 015 | 42 289 |
| 福　建 | 264 | 73 | 337 |
| 广　东 | 4 926 | 1 041 | 5 967 |
| 河　南 | 545 | 498 | 1 047 |
| 河　北 | 未详 | 未详 | 未详 |
| 山　西 | 309 | 125 | 434 |
| 辽　宁 | 31 | 26 | 57 |
| 吉　林 | 307 | 73 | 380 |
| 黑龙江 | 251 | 9 | 260 |
| 热　河 | 55 | 25 | 80 |
| 绥　远 | 2 066 | 1 452 | 3 518 |
| 察哈尔 | 7 300 | 6 500 | 13 800 |
| 新　疆 | 641 | 502 | 1 143 |
| 总　计 | 61 732 | 52 464 | 24 196 |

侮日亟，内乱靡常，人民贫苦日甚一日，社会救济事业之需要由此不难想见。民国成立以来，各地之社会救济机关，除上述救济院、贫儿院或孤儿院、育婴堂等机关多沿旧制外，关于赈济、仓储、养恤以及其他积极事业，亦颇多设置与提倡，兹摘要分述于次：

在振济方面，政府设有振务委员会。1931 年秋，洪水泛滥，江淮汉运诸水，酿成空前之浩劫，国民政府特设救济水灾委员会，办理灾区救济。拨美麦 45 万吨，约合国币 4 500 万元，作为救济灾区人民之用。按照该委员会原来之计划，分为急赈与工赈两部，对于工赈方面更为注意，故该灾区工作组特设工赈处，于 1931 年 9 月成立。为便利管理及实施起见，又在工赈处之下设各区工赈局，依照灾区大小与灾情轻重，分为 18 区。后因农民受灾之后，元气丧失，以积极方法，扶助农民生产能力亦属当务之急，乃于急赈与工赈之余，复增办农赈，此"农赈"一词之由来也。救济委员会原拟于每省设一农赈局，每县设一农赈办事处，再由办事处，设立农村互助社，后因工作便利起见，乃先后委托中国华洋义赈会代办。先是华洋义赈会之工作，亦仅限于急赈与工赈，自此以后，复试办农赈，结果，成绩显著。兹录国民政府救济水灾委员会农赈之方案，其大纲如下：

1. 目的。本委员会就已设施急赈及工赈而认为可以恢复农事之灾区进行，农赈目的在积极地救济灾民，从事灾区农业复兴工作。

2. 工作。农赈之主要工作：接济农事资金，指导农业方法，推行农赈处计划办理。

3. 基金。农赈基金暂定 1 000 万元，由本委员会指拨，其中一部分得以美麦作抵数，但至多以三分之一为限。基金不足时，得另行筹集运用资金。

4. 办法。农赈处为节省现金之使用，及便利灾农之购买起见，暂不以现金直接贷与灾农，而以赊放粮食、农具、耕牛、种子、肥料等必需品代之。但无论贷放现金，或赊放账款，均应根据放款原则，慎重办理。并得酌收利息，以保障基金之安全。

5. 永久计划。农赈工作至相当程度时，得改组为农民银行或农村合作银行以垂永久。

民国以来，旧有食储制度大都不甚健全，直至 1933 年各省始有积谷之举，其中以湖南积谷成绩为最佳，浙江、江苏办理亦颇有效，安徽、湖北、河南则少成绩；江西、福建、甘肃、陕西，因环境特殊，办理困难。1936 年 10 月，国民政府内政部又拟具《全国各地方建仓积谷办法大纲》，经行政院第 287 次会议通过，由部令公布施行。近年以来经济部农本局成立后，对于仓库制度更为注意。

溯自抗日军兴以来，有许多社会事业更因时代之需要而日益发展，旧有社会救济机关之扩大，新的社会行政机构之树立，皆为我国社会事业蓬勃发展的象征。兹将我国几个主要社会行政与社会事业机关成立之略史、组织、事业种类等分述于次，亦可见我国社会行政与社会事业发展之一斑。

## 一、社会部

1. 社会部成立之略史

社会部原隶中国国民党中央执行委员会，称中央社会部，主管民众组训及社会运动事宜，于 1938 年 5 月成立，分设民众组织、社会运动、编审、总务四处。至 1939 年 11 月，中央举行六中全会，总裁在大会中训示略谓："合作事业宜划归社会部主管，社会部可改隶行政院。"当经大会决议，授权中央常务委员会规划办理，旋由中央常会指定委员再行研究，最后提出讨论，并签奉总裁批示"改隶行政院为宜"，中央秘书处乃于 1940 年 4 月函请国防最高委员会秘书厅转函国民政府查照。同年 10 月国民政府公布社会部组织法，并特任谷正纲为社会部部长，洪兰友为政务次长、黄伯度为常务次长，11 月 16 日正式改隶开始办公。

2. 社会部之组织与职掌

社会部改隶后，组织系统分设：① 参事厅，② 秘书厅，③ 总务司，④ 组织训练司，⑤ 社会福利司，⑥ 合作事业管理局，⑦ 劳动局，⑧ 视导室，⑨ 统计处，⑩ 会计室。秘书厅之下设机要室，总务司之下设 5 科，组织训练司之下设 7 科，社会福利司之下设 6 科，合作事业管理局之下设4科，劳动局之下设3处2室及秘书、视察、统计、会计等室，统计处之下设3科，此外社会部并设法规委员会、诉愿审理委员会、工作成绩考核委员会、社会工作人员训练委员会及社会行政计划委员会等组织，社会行政计划委员会之下设研究室。兹将社会部组织系统列图如下（见图2-1）：

社会部之职掌大别可分为组织训练、社会福利及合作事业三部门，组织训练方面约述有五：① 关于人民团体之组织训练事项，② 关于各种人民团体之调整联系事项，③ 关于劳资争议之处理事项，④ 关于社会运动及人民团体目的事业外一般活动之指导监督事项，⑤ 其他有关社会组织训练事项。社会福利方面业务约述有七：① 关于社会保险之指导实施事项，② 关于劳动者生活之改良事项，③ 关于社会服务事业之倡导管理事项，④ 关于日常生活费用指数之统计调查事项，⑤ 关于职业介绍之指导协助事项，⑥ 关于贫苦老弱残废等之收容教养事项，⑦ 其他有关社会福利事项。合作事业方面业务则为掌理关于全国各种合作事业之指导监督及推进事项。

社会部职掌关于民众组训与社会福利两项，与行政院其他各部会每多牵涉，经行政院厘订划分标准两项：① 人民团体之组织训练属于社会部，其目的事业之指导监督属于各该主管部会；② 经常救济属于社会部，临时灾难振济属于振济委员会。

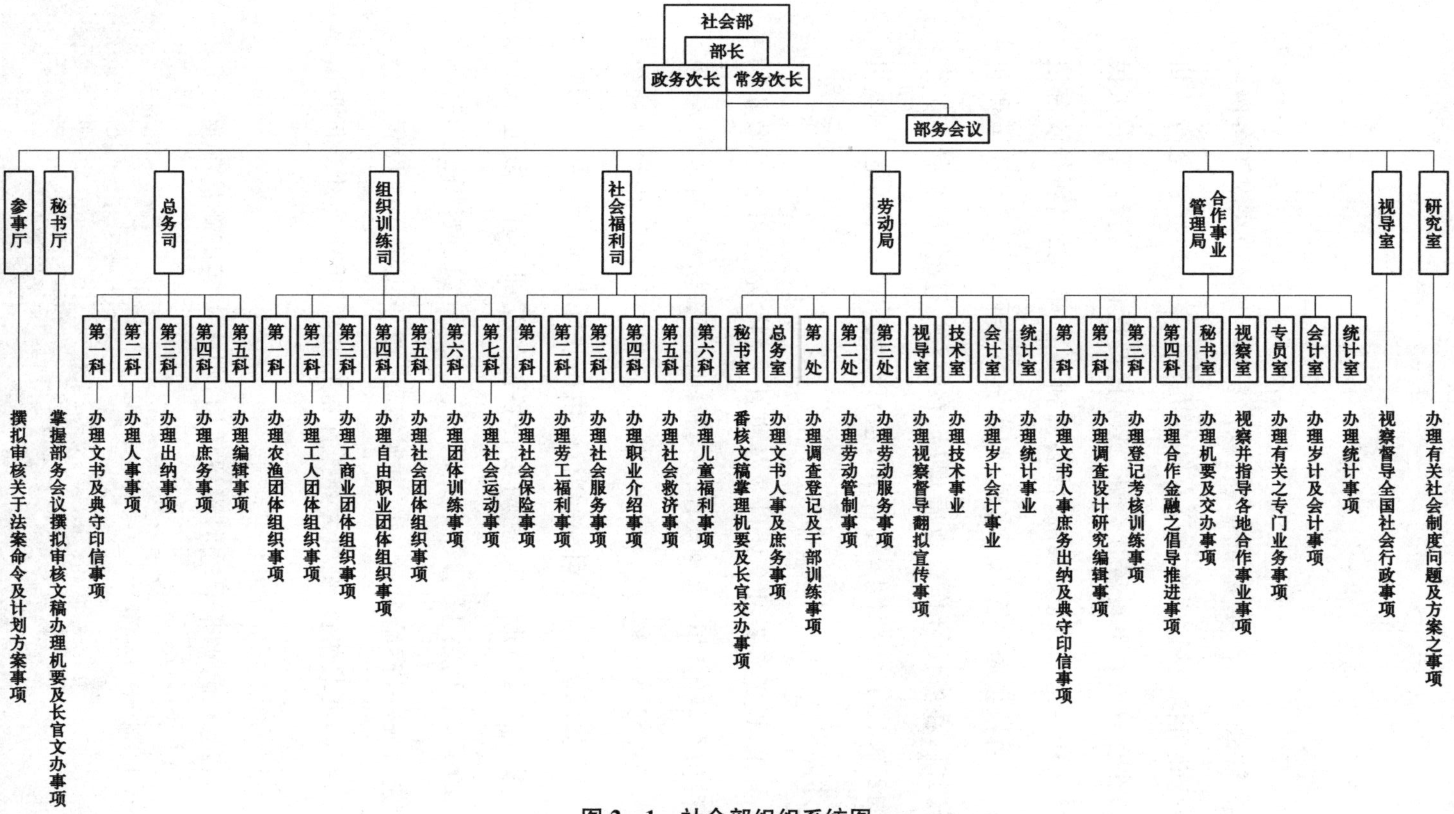


图 2-1　社会部组织系统图

社会部为管理全国社会行政之机构，因之中央对于各级社会行政机构之树立，曾决议有各项办法。关于地方社会行政机构，在省政府之下设置社会处，或于民政厅设社会科，主管人民组训、社会运动、社会救济、社会福利等事宜。其直属行政院之市，则由社会局主管，县（市）政府设置社会科。至合作事业则仍沿旧制，在省设合作事业管理局，在县（市）设合作指导室。至1942年10月10日止，各省市社会行政机构设置与调整情形，可略述如下①：

（1）设置各省社会处科及县市社会科。各省社会行政机构依照院令规定，川、滇、黔、甘、陕、浙、闽、粤、桂、赣、湘等11省设社会处，鄂、鲁、皖、豫、晋、康、宁、青8省于民政厅内设置社会科，苏、冀两省暂不设科，社会行政由民政厅办理，辽、吉、黑、热、察、绥6省因情形特殊，暂时委托各该省党部办理。截至1942年10月，上列之11省社会处及鄂、鲁等8省民政厅社会科，均已先后成立，察哈尔省为应事实需要，改于民政厅内设置社会科，江苏、河北两省，则改为委托省党部办理，重庆市社会行政由社会局主管。

各县（市）政府社会科设置情形，则先由实施新县制县份开

---

① 《社会部施政报告》第1～2页，1942年10月。

始，据四川、湖北、湖南、甘肃、山东、江西、广东等7省报告，截至1942年7月止，共已成立县(市)社会科167县，其余各省尚未据报。在未设社会科之县(市)，所有社会行政即依各事业性质分由各主管科办理。各省县(市)社会科设置情形可见表2-14：

**表2-14　各省县(市)社会科设置情形①**

| 省别 | 现已设科县份 | 本年度预定增设县份 | 备　注 |
| --- | --- | --- | --- |
| 四川 | 70 | 23 | |
| 湖北 | 3 | | |
| 湖南 | 37 | 38 | |
| 甘肃 | 9 | | |
| 山东 | 5 | 87 | |
| 广东 | 26 | | |
| 江西 | 17 | | |
| 广西 | 6 | | |
| 贵州 | | 37 | |
| 福建 | | 49 | |
| 浙江 | | 15 | |
| 陕西 | | 12 | |
| 宁夏 | | 9 | |

① 据1941年7月各省报告编制，见《社会部施政报告》第2页。

续 表

| 省别 | 现已设科县份 | 本年度预定增设县份 | 备　注 |
|---|---|---|---|
| 安徽 | | 13 | |
| 河南 | | 12 | |
| 山西 | | 31 | |
| 云南 | | | 该省各县社会行政本年度暂指定各县府第一科兼办 |

(2) 调整各省县市合作行政机构。各省地方合作行政机构,以往因无统一法规,体制各有不同,或由建设厅兼管,或设合作委员会主办。自社会部接管后,经先后呈奉行政院颁布《省合作事业管理处组织大纲》及《县合作指导室组织暂行办法》,各省合作行政机构曾经一度调整。截至1942年7月止,各省已设立合作事业管理处者计有陕、黔、鄂、豫、闽、滇、康、绥、赣、川、浙、粤、桂、甘、青等15省,赣、滇两省则正在筹设中,其余湘、皖、苏、鲁、晋、宁各省,仍暂由建设厅主管,重庆市由社会局办理。至县市合作指导室,川、陕、浙、豫、桂、粤、绥、康、闽、黔、湘、鄂、甘、宁、赣等15省,均已先后筹设。

3. 社会部施政方针及工作概要

社会部之施政方针,系以三民主义及抗战建国纲领为最高指导原则。依其职掌部门分别言之,则民众组训之方针,在于发展并健全全国人民团体之组织与训练,以完成有组织有生机之社会,发展民力，统一行动，俾能为争取民族生存之抗战而动员，并以树立建国之基础。社会福利方面，在谋实现《礼运·大同篇》所揭橥之“终、用、长、养”四端，运用社会保险与社会救济两大政策使事先预防与事后救济相辅并进，以增进公共幸福安定社会秩序。合作事业方面，在谋推行合作制度，恢弘国民经济建设，发展民生乐利，并与地方自治团体暨农工产业等团体之组织互相配合，以加强战时政治经济之动力。

社会部成立已二年有余，兹将其重要设施，分述概况于后：

(1) 加强人民团体组训。关于人民团体之指导，向由党部主管，自社会部及省县社会行政机构相继成立以后，此项职权已由党部转移于政府，此为十数年来之重大变更。社会部为谋扶助人民团体之健全发展，以适应抗战建国之需要，特订定非常时期人民团体组织法及人民团体训练纲要呈核施行，改进团体设立程序，普遍督促组织，加紧会员训练，提高民族意识，尤其注重实施农工商等职业团体之管制，强制入会限制退会，以协助战时经济政策之推行并扶持国际性文化团体之活动，增强国民外交力量，策动战地人民团体，担任各种战时勤务，努力与敌伪斗争。综观过去设施，各地人民团体在组织上、训练上及行动上，均有显著之改进。今国家总动员法业已颁行，为加强人力与物力之动员，对于人民团体之组训工作自益增加其重要性。因此社会部已增设劳动局，主管国民劳力动员事宜。

(2) 统一社会运动。倡导社会运动之主要任务在以社会力量改进社会风尚及辅助政令之推行，依照社会部所定计划，除一面配合各种纪念日与各项季节倡导各种社会运动外，并选定若干重要运动，如国民精神总动员、工作竞赛、节约储蓄、征募慰劳救济及新生活等运动，经常督导各地推行。同时加强中央各指导社运有关机关之联系，订定非常时期统一社会运动办法，俾使社会各种运动得循一定规范前进，藉能集中社会力量，宏大社会运动之功能。

(3) 推行社会福利事业。社会福利事业，除救济部门另项叙述外，约分社会保险、社会服务、劳工福利、儿童福利及职业介绍等，此种福利事业之发达，不仅恃政府之力量，尤须赖社会之协助。故社会部年来一面积极倡导，举办各种示范实验事业，期树楷模，一面则奖助人民捐资兴办，以求普遍。关于社会保险，在一国尚属创举，现正致力拟定保险法规建立保险制度。关于社会服务，经先后筹设渝、筑、桂、衡、遵义、内江等地社会服务处，开展文化、经济、生活、人事各种服务工作。关于劳工福利，经依照政府规定之劳工政策积极实施，推行工厂检查，筹办劳工医院、学校、食堂、宿舍及工人福利社等，并准备推行矿场检查，确定劳工福利经费之来源，无论公营民营厂矿及一般工会，均应有工人福利事业之设置。关于儿童福利事业，现已选定北碚为儿童福利实验区，特组设计委员会，曾于 1943 年 2 月 28 日举行第一次会议，现正在积极筹备。此外，职业介绍工作亦在详细筹划推进中。

(4) 倡导社会救济设施。社会部对社会救济事业所采取之政策,为改变过去消极慈善观念为积极的责任观念,由救济生活进而扶助生存,使被救济者能有自力更生之认识,由纯消费途经走入生产途径。现正本此政策积极规划实施,已拟定社会救济法,对救济对象、救济设施、救济方法悉有规定,以期建立健全的社会救济制度。同时创办重庆实验救济院,采用新式教养法,以为各地示范。又决定整理地方救济机关及慈善团体,俟调查完毕,即行指导其改进业务,务使用地方之财力以救地方之疾苦。

(5) 充实合作业务。近年合作事业之推进,系配合新县制之实施并配合经济作战与边区垦殖工作之推进,适应战时需要,故业务发展甚速,各省县以下各级合作社之组织,以及战地边区及各机关学校部队合作组织,数量质量均有进步。据 1941 年之统计,全国社数由 103 444 社增至 152 974 社,计增加 32.4%,社员由 5 663 686 人增至 9 217 277 人,计增加 62.4%。今后工作根据社会部计划将注重加强合作行政之统一指导,普及合作教育充实合作业务,使生产消费、供销悉能配合战时经济政策,平均发展。并促进合作金融之健全,完成中央合作金库及各级合作金库之组织。

4. 社会部之附属机关

社会部附属机关,已成立者有下列各单位。

(1) 重庆市社会服务处，下设总务、业务、职业介绍三组及市中心区社会服务分处。

(2) 桂林社会服务处，下设总务、文化事业、经济事业、普通事业四组。

(3) 衡阳社会服务处，下设总务、业务、服务三组。

(4) 贵阳社会服务处，下设总务、业务、人事、文化、卫生五组。

(5) 重庆实验救济院，下设安老、育幼、习艺、残疾、护产、医疗六所，办公、会计两室及各种委员会。

(6) 重庆婴儿保育院，下设总务、业务二组。

(7) 重庆游民训练所，下设总务、训导、卫生三组。

(8) 重庆残废教养所，下设总务、教导二组。

(9) 汤峡口模范垦殖新村，下设总务、教育、垦务三组及技术指导员。

(10) 重庆市工人服务总队部，下设总务、训练、征调三组及国民兵教育总队部政治指导员、劳力供应站、直属战时服务大队渝工之友编辑委员会。

(11) 第一育幼院，下设总务、教导、卫生、保育四股。

(12) 第二育幼院，下设总务、教导、卫生、保育四股。

(13) 中华海员工会特派员办事处，下设总务、指导、调查三科。

(14) 合作事业管理局各附属机关：① 合作实验区(湘、鄂、豫、陕、甘、康、川、黔、滇各一所)，② 湖南办事处，③ 全国合作社物品供销处，④ 全国合作人员训练所。

(15) 内江、遵义两社会服务处均在筹备中。

5. 地方社会行政机构

关于各地方社会行政机构之建立，依照中央规定之原则如次。① 在省府之下得设置社会处，主管关于人民组训、社会运动、社会救济、社会福利等事宜，其未设处之省由民政厅设科主管，在直属行政院之市归社会局主管。② 在县(市)政府设社会科，其主管事宜与省社会处同。③ 合作事业暂沿旧制，省设合作事业管理处、县(市)设合作指导室，俟省社会处扩大设厅时再行并入社会厅办理。现已成立省社会处者有川、滇、浙、粤、桂、赣、甘、湘、闽、黔、陕等 11 省，已成立社会局者重庆市；民政厅设社会科者计有鄂、晋、鲁、皖、康、豫、宁、青等 8 省，至县社会科在实行新县制之县份大半业已设立。

**附：社会部出版书籍**

《社会部公报》《民运法规方案汇编》《中国农民运动概述》《中国工人运动史》《民运技术》《怎样指导民众运动》《社会运动》《社会工作》《国际劳工组织与援华运动》《社会福利事业之理论

与实际》《总理关于民众运动之遗教》《总理遗教研究七讲》《社会部施政报告》《社会保险概述》《社会救济概述》《职业介绍概述》《劳工福利概述》《人民团体组训手册》《社会运动手册》《社会法规汇编》

## 二、振济委员会

1. 成立之略史

该会于 1938 年 4 月 27 日成立于汉口。振济委员会之前身为振务委员会。自抗日军兴，战区范围日广，振济工作组织亦有随时代需要加以扩大之必要，于是有振济委员会之组织。在社会部未成立以前，振济委员会所管辖之工作范围较广。自社会部成立以后，曾经行政院厘订划行，几经常社会福利及救济事业属于社会部，临时灾难振济工作则属于振济委员会。

2. 组织

依 1940 年国民政府公布之振济委员会组织法，振济委员会计设第一、二、三处。第一处掌管总务等事项，第二处掌管灾民难民之救护、运送、收容、给养事项等，第三处掌管儿童教养、难民生产、小本贷款等事项。此外设有会计处及统计室等。现在该会之内部组织，大致仍旧。据 1941 年底之统计，该会直辖机关及所属机关，有如下图（见图 2－2）：

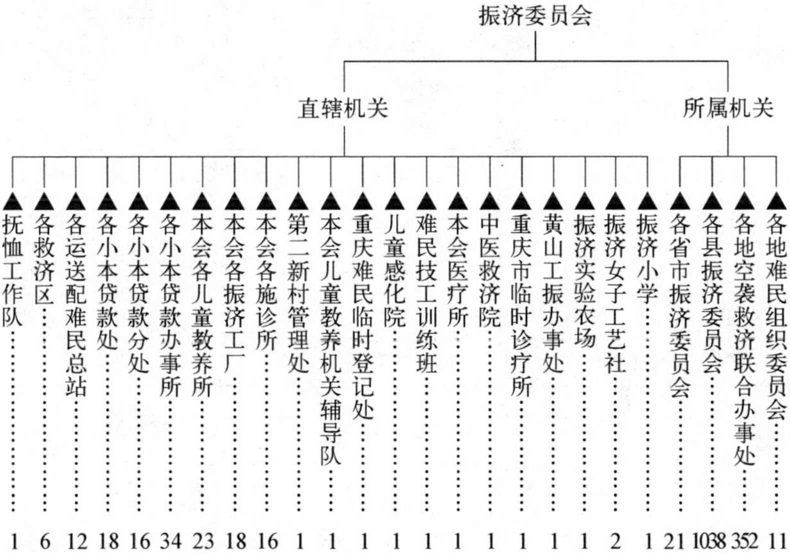


**图 2－2　振济委员会直辖及所属机关单位数(1941 年 12 月编制)**

3. 经费

该会 1938 年 4 月成立之始，即经呈准发行振济公债 1 万万元，为国库支拨振济费之财源；自 1938 年 4 月至 1941 年 4 月另收有捐款 2 466 360 余元。至振济费之拨付，则 1938 年 4 月至翌年 12 月为 14 131 350 余元，1939 年全年为 2 631 420 余元，1940 年全年为 35 539 670 余元，共计 75 985 460 余元。详数见下表（见表 2－15）：

**表 2-15　振济委员会拨发振济费分类统计**

1938 年 4 月 27 日本会成立日至 1940 年 12 月

| 费别 | 拨发款数 | | | |
|---|---|---|---|---|
| | 共计 | 1938 年 4 月 27 日至 12 月 | 1939 年 1 月至 12 月 | 1940 年 1 月至 12 月 |
| 总计 | 75 985 463.37 | 14 131 358.43 | 26 314 433.54 | 35 539 671.30 |
| 紧急救济 | 26 462 895.42 | 7 756 831.30 | 6 994 572.44 | 11 711 491.28 |
| 空袭救济 | 4 923 012.74 | 348 422.48 | 2 377 676.80 | 2 196 913.46 |
| 难民运配 | 3 314 348.42 | 37 637.60 | 1 131 719.04 | 2 144 991.78 |
| 难童教养 | 10 171 407.25 | 690 462.00 | 2 410 319.96 | 1 070 625.29 |
| 黄灾救济 | 1 440 551.52 | 957 073.52 | 274 000.00 | 209 478.00 |
| 一般灾害救济 | 2 931 179.50 | 343 492.50 | 1 088 830.00 | 1 498 857.00 |
| 工农振 | 1 952 359.17 | — | 1 112 632.60 | 839 726.57 |
| 其他社会救济 | 7 998 322.13 | 981 808.00 | 2 663 259.30 | 4 353 254.83 |
| 难民工艺及技工救济 | 10 077 759.64 | 1 528 726.00 | 6 033 505.00 | 2 455 528.64 |
| 难民移垦 | 3 327 578.95 | 780 004.00 | 1 037 846.00 | 1 509 728.95 |
| 医疗及购置药品 | 2 386 892.18 | 462 632.75 | 865 588.13 | 1 058 671.30 |
| 振济事业费 | 999 152.35 | 244 268.28 | 264 484.27 | 390 403.80 |

附注：① 材料来源根据本会会计账目及出纳日报表，② 关于财政部径拨各项救济费转入本会账者，其在 1940 年 7 月以前各款均已分别列入，③ 内充账及交回各款约计 30 余万元均未扣除。

4. 历年工作概况

根据该会 1941 年之工作报告，其工作概况可分下列各项：①

（1）调整地方振济机构。抗战以来，战区日益扩大，被难民众亦随之增加，因之，地方振济机关之调整与健全，自属切要之图。该会对于调整地方振济机构之办法为：① 加强各省民政厅之振济力量，此实因地方救济行政，在社会处未成立以前，原属各省民政厅之重要职责，惟各省以往之社会事业，每仅限于消极性之救济，鲜有注意积极性之设施者，该会曾电令各省民政厅切实加强其机构，俾于灾难发生时，有充分具备救护人民之力量，一面随时策动积极性之救济，列为经常不断之工作，所有实施情形，经先后派员赴各省视察指导，以期有所改进；② 组设各省市县振济会。各省以往办理振务，原设有振务会及非常时期难民救济分会，组织分歧，为加强力量起见，曾经制定各省振济会组织规程，将原有各组织一律归并改设省振济会，并于各县市设立县市振济会。省振济会以省政府主席为主任委员，并就省政府委员、省党部委员、各民众团体及地方公正士绅遴聘为委员，设总务、财务、筹募、救济、查核五组。

（2）难民救济。难民救济为战时一极严重之问题，该会成立

① 《振济委员会工作报告》1941 年 4 月。

之初即根据该会组织法设立特种委员会之规定，特设非常时期难民救济委员会，为便利推进厘订事权起见，并分别于战区及其附近区域设立 7 个救济区，后增至 10 区，其管辖区域则视军事进展、实际需要，随时调整，必要时予以增设或裁并。截至 1941 年 4 月除已先后裁并外，尚有 28 个救济区，以苏北及京沪杭嘉湖一带属于第一救济区，山东全省属于第二救济区，安徽全省及苏浙边区、浙东、浙西、鄂东、赣北属于第三救济区，陕豫晋三省及鄂北属于第五救济区，粤桂闽三省及港澳属于第九救济区，鄂西、鄂中、鄂南、湘北、湘西属于第十救济区。关于各该区救济业务，并经与军事委员会政治部、战地党政委员会，会同订定政治工作与振济工作配合办法。至各救济区救济难民人数，自 1938 年 4 月起至 1940 年 12 月 7 日止，计第一救济区 2 134 574 人，第二救济区 99 183 人，第三救济区 863 714 人，第四救济区迄归并日止 160 821 人，第五救济区 849 672 人，第六救济区 595 868 人，第七救济区迄归并日止 609 301 人，第八救济区 1 807 315 人，第九救济区 72 494 人，共计 7 192 932 人。[①]

该会对于难民救济，除注意于上述之紧急救护外，关于难民之运送配置及收容组训工作亦颇重视。关于难民之运送配置，曾分

① 《振济委员会工作报告》，第 8 页。

别在各地设置难民总分站，为有秩序之输送，所有沿途难民食宿医药，均由站供给，并派员护送。难民运至后方后，凡无自谋生活之能力者，责令地方政府就指定配置区分别收容，所需给养由中央及地方各半担负，各省财力如有不逮者，并经分别按月拟款补助。为加强难民之抗战意识，经会同有关机关组织难民组训委员会，凡被收容之难民均先加以组织训练。

据 1942 年 6 月该会之报告，自 1938 年 4 月至 1941 年底，救济难民人数，都为 26 722 242 人，各省所设之收容所现尚有 10 万人以上。关于此项救济经费，自 1938 年 4 月至 1941 年底，总为 124 675 300 元。[①]

(3) 空袭救济。自战事发生以来，我国各不设防城市常被滥肆轰炸，空袭救济乃成为一迫切问题。是以该会除订定空袭紧急救济办法外，并分别于各重要城市筹办空袭救济机关，拨发空袭准备金，随时办理空袭后之振恤。截至 1939 年底止，重庆市连同各省市县，计轻重伤死亡人数共 130 853 人，1940 年为 38 281 人，共 169 634 人，所有被炸之处，均经该会立即拨发振济费，交由各该联合办事处负责办理，或先拨准备金存储备用，自 1938 年 4 月至 1940 年 12 月止，共拨发 4 923 012.74 元。[②] 空袭紧急救济联合办

① 见《时事新报》1942 年 6 月 25 日。
② 《振济委员会工作报告》，第 18 页。

事处，至1941年9月底止，已有451处。抚恤伤亡人数，自1938年4月至1941年底，计174 360人。[①]

(4) 临时灾害之救济。我国农村水旱虫疫之灾，几无年不有，农民常蒙无限之损失，对于国计民生影响至巨。该会有见及此，对于各项临时灾害，除施以急振外，并举办工赈农赈。就中对于黄河水灾之振抚费1938年计拨发957 070余元，1939年计拨发274 000元，1940年计拨发209 478元，共计1 440 550余元。[②]1939年华北四省（冀、鲁、豫、晋）之水灾振济费，共为320万元。对于各省市县之临时灾害救济，计自1938年至1940年，共为2 931 170余元[③]。关于工赈农赈，1939年计拨1 112 630余元，1940年计拨839 720余元，共计1 952 350余元[④]。

(5) 特种救济。包括失学失业青年、失业海员、沿海渔民、战区技工、失业侨胞、回教难胞及东北流亡难胞。对于失学失业青年之救济费，计自1938年8月起，至1940年底止，共拨1 194 814元。对于失业海员之救济费，1938年拨款3 000元，1939年加拨1 250元，1941年度又拨20万元。对于沿海渔民之救济，曾经拨10万元交浙省府办理；对于奉化沿海渔民之救济，曾经拨1万

① 《时事新报》1942年6月25日。
② 《振济委员会工作报告》，第25页。
③ 《振济委员会工作报告》，第37页。
④ 《振济委员会工作报告》，第28页。

元交该县县政府办理。其他对于战区技工、失业侨胞、回教难胞及东北流亡难胞，均曾拨巨款予以救济，[①]据该会1942年6月之报告，各地内移侨民计133万余人，救济经费都为3 440万元[②]。

（6）社会救济。该会除对于灾难民众施以救济外，对于游民训练、残废教养及贫病医疗，曾一度兼顾。1939年5月成立重庆游民训练所，收容游民500名，加以训练。重庆残废教养所于1939年12月成立，所址设四川江津县[③]。此外该会对于盲哑教育，亦经分别拨款予以补助。上述几种救济，自1940年底该会组织法修正后，均移归社会部主管。关于贫病医疗，该会设有中医救济院及临时施诊所，自1940年1月至同年12月7日，各区站以及该会直接或委托办理既补助之各医院诊所就诊人数共921 812人。[④]

（7）难民生产。该会一方面注意难民之救济，一方面使难民能从事生产，寓救济于生产之中，该会关于难民生产事业补助种类计分国营垦区、该会直属振济工厂及补助垦区及工厂三类。国营垦区有陕西黄龙山垦区，面积4 426 196亩，可容垦民63万人，至1941年4月止，已拨事业费及管理局经费713 336元；陕西黎坪

① 《振济委员会工作报告》，第30～33页。
② 《时事新报》1942年6月25日。
③ 今为四川省江津市。——编者注
④ 《振济委员会工作报告》，第36页。

区，面积 24 000 亩，可容垦民 6 000 人，已拨事业费及管理局经费 75 150 元。该会曾先后组设振济工厂 15 处，除一厂原设上海，因情形特殊暂停进行外，现仍有 14 处，从事于纺织、造纸、陶瓷及制造皮革等业务。补助办理之垦区，计省营者 5 处，民营者 9 处。综计国营、省营、民营垦区共计面积 6 799 302 亩，可容垦民 807 780 人，自 1938 年 4 月起至 1940 年底共拨发 3 327 578.95 元。[①]

(8) 难童教养。该会对于难童之教养，除专设有教养机关外，并与中国战时儿童保育会、中华慈幼协会等团体取得联络。该会曾设儿童教养机关辅导队，队设辅导员 30 余人，分期分组派赴各儿童教养院，驻院辅导其业务之推进。1938 年 10 月，该会成立重庆儿童教养院委员会，从事筹设重庆儿童教养院，先后成立重庆第一儿童教养院于四川巴县[②]龙车寺，重庆第二教养院于四川巴县马王场，重庆第三教养院于四川北碚大沱口禅厓，重庆第四教养院于四川璧山东林寺。并在其他难童集中之处，如广东之连县[③]、广西之桂林、陕西之汉中，分别成立广东儿童教养院、桂林儿童教养院、西北儿童教养院。同时在各地方政府分别成立临时儿童教养所，计曾成立者有济源、平陆、安康、长安、洛阳、绥德、太湖等所。

---

① 《振济委员会工作报告》，第 43～48 页。
② 今为重庆市巴南区。——编者注
③ 今为连州市。——编者注

旋以各教养院规模已具，为增加行政效率起见，于 1939 年 7 月将重庆儿童教养院委员会裁撤，为注重感化教育起见，于 1940 年 7 月在江北窑湾创立儿童感化院，于 1940 年 5 月在歌乐山龙洞湾成立重庆婴儿保育院。据 1942 年 6 月该会之报告，该会现有直属之难童教养机构，计 28 个单位，分布川、粤、陕、皖、赣、豫、湘、宁夏等省，收容儿童达 10 083 人，至各办理难童教养机关团体之经款补助者，如中国战时儿童保育会、中华慈幼协会等计 119 个单位，其所在地分布川、湘、鄂、赣、粤、黔、浙、桂、陕、晋、豫、甘、鲁、苏等省及港澳各地①。

该会除注意于难童之收容外，对于难童之升学及就业问题，亦颇注意。该会曾经订补助贫苦优秀学生免费升学通则，及选送监督办法，暨难童进修办法、难童习艺办法等，俾各院所之卒业儿童，得有继续深造之机会。

(9) 小本贷款。该会为扶助灾难民众生活起见，设有小本贷款，使其从事于小工商业，一切手续尽量使其简便。据 1942 年 6 月之报告，该会在各地设有小本贷款处、分处、办事所，计有 83 个单位，分布于川、陕等省，每人每次贷款数额自 50 元至 800 元，每一单位贷款基金自 1 万至 35 万元。依据 1941 年 10 月至 12 月发

① 见《时事新报》1941 年 6 月 25 日。

出贷款 1 671 358 元，救济 90 251 人。1941 年度计贷出款额 4 776 861 元，受救济者约为 267 500 人。①

(10) 卫生医疗方面。该会曾先后设立中医救济院、各地施诊所，共计中西两项，有 24 个单位，分布川、豫、鄂、湘、浙、滇等省。至先后补助之中西医院诊所，则有 56 个单位，综计该会办理及补助医疗人数，平均每半年约为 92 万人。②

## 三、中国红十字会

### 1. 成立之略史

中国红十字会成立于光绪三十年(即 1904 年)，是时适值日俄战争，战事波及东三省，当地居民咸处危境，亟欲出险。日本首派船只载运侨民回国，宣战以后，第三国侨民亦先后脱离战地，独我国以无红十字会之组织，无法救护，于是沪上人士有见及此，乃公推沈敦和联合各国绅商，商准英、美、德、法各中立国，设立红十字会于上海，率队驰赴战地救护被伤被难兵民，因系中外共同组织，故当时定名为"万国红十字"，同时设分会于牛庄、辽阳、新民屯、开原、奉天、海城、铁岭等地，从事救护工作。是次计被救之灾民与资遣回籍者约有 13 万人，此为中国红十字会肇

① 见《时事新报》1942 年 6 月 25 日。
② 《时事新报》1942 年 6 月 25 日。

端之始。

光绪三十二年(即1906年),清政府派驻英公使张德彝赴瑞士签订日内瓦红十字会条约。光绪三十三年清政府派吕海寰为首届会长,颁发关防,改名为大清红十字会,直隶中央政府,旋将上海万国红十字会取消,就其余款购置地亩,建设医院、学堂。宣统三年(即西历1911年)正值辛亥革命,工作殷繁,于是召集大会筹募捐款,组织医务队三队,出发武汉战地,设立临时医院,从事救护及掩埋工作,是年规定会员制度,公举沈敦和为理事长,并改名为"中国红十字会"。至此"中国红十字会"始正式成立,成立后,分会亦推及各省。[1]

1934年,政府鉴于红十字会事业之重要,命令以内政部为主管官署,并受军政、海军、外交各部之监督,同时颁布管理条例及其施行细则,是年9月召集各地分会代表250余人,在上海开会员代表大会,讨论一切兴革事宜,遵照政府命令重行组织。1934年12月复由政府命令,改归卫生署,监督以其责司全国卫生行政也。

2. 组织

该会最近组织系统有如下面所列的图(见图2-3)。

---

① 《中国红十字会动向》,中国红十字会总会编,1940年12月。

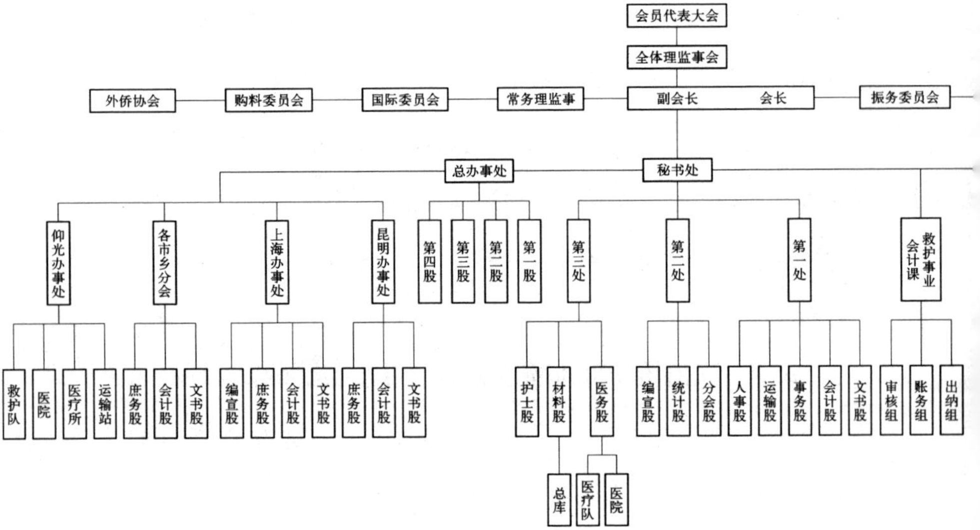
会员代表大会
全体理监事会
外侨协会
购料委员会
国际委员会
常务理监事
副会长
会长
振务委员会
总办事处
秘书处
仰光办事处
各市乡分会
上海办事处
昆明办事处
第四股
第三股
第二股
第一股
第三处
第二处
第一处
救护事业会计课
救护队
医院
医疗所
运输站
庶务股
会计股
文书股
编宣股
庶务股
会计股
文书股
庶务股
会计股
文书股
护士股
材料股
医务股
总库
医疗队
医院
编宣股
统计股
分会股
人事股
运输股
事务股
会计股
文书股
审核组
账务组
出纳组

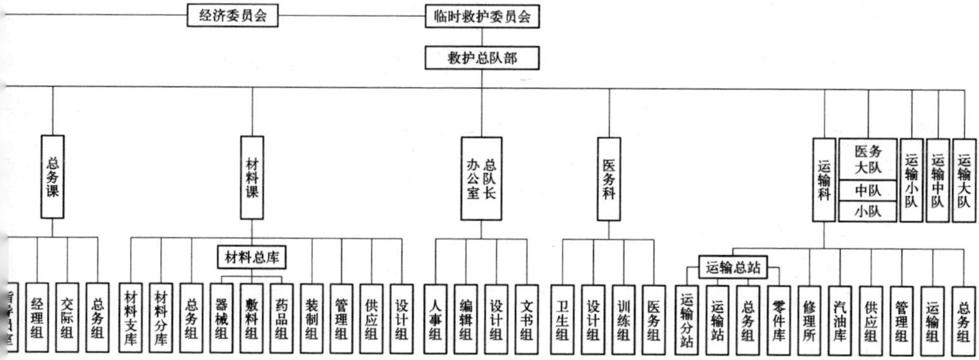


**图 2－3　中国红十字会组织系统图**

3. 分会概况

中国红十字会分会为一种基本组织，抗战以前，各地分会达500余处。中日战争发生以后，除游击区之分会因环境恶化，情形特殊，未能执行任务而停顿者外，据最近调查，尚有分会83处，分布于四川、贵州、云南、甘肃、广东、广西、湖南、湖北、河北、江西、福建、浙江等省，其中四川省最多，达35处。现在后方各省，尚在筹组中者亦有多处。各分会均设有诊所或医院，并组织救护队，办理空袭事宜。

4. 经费

中国红十字会系一种社会慈善组织，其经费来源约有二端：其一募捐，其二会费。关于募捐方面国内外人士皆有，关于会费方面，兹录会员入会收费办法如下：

中国红十字会会员入会收费办法(1942年1月1日实行)：

名誉会员一次纳入会费国币1 000元

特别会员一次纳入会费国币200元

正会员一次纳入会费国币25元

普通会员一次纳入会费国币10元

青年会员一次纳入会费国币1元

纪念会员一次纳入会费国币5元

团体会员一次纳入会费国币500元

前项各种会员，除名誉会员、特别会员、正会员均为终身会员外，普通会员以 10 年为限，纪念会员以 1 年为限，青年会员以年在 25 岁以下在学校求学之学生为限。

现因抗战时期，每年支出约计 960 万元。

5. 历年工作概况

中国红十字会创立迄今，曾作不少救护及振济工作，在八一三抗战以前，其荦荦大者如：① 华北各省水灾旱灾之振济，② 逐年救济各省天灾，③ 救护各省内战，④ 救护日本地震，⑤ 援助日本大地震时侨胞出险返国，⑥ 一・二八战后救护，以及经常办理医疗、施衣、施米、施药、施棺、掩埋、资遣等工作。

八一三抗日军兴后，战争火焰蔓延上海附近地带，南市、浦东、太仓、宝山皆成国防前线，联合上海市救护委员会，组织救护队 10 队，急救队 12 队，设立医院 24 处，其他尚有特约医院 24 处，并在松江、苏州、无锡、昆山、杭州等地继续设立重伤医院，10 月初设一规模较大 5 000 床位之伤兵医院于南京中央大学收容受伤将士。嗣后因战局关系，于 11 月 16 日结束。

自首都撤退后，战事扩大，南北战线延长数千里，各医护人员器材退集汉口，适应当时环境之需要，乃决试办流动医疗队，聘林可胜医师为救护委员会总干事兼救护总队部总队长，总队部设于贵阳，编组医疗队，分赴各战区工作。

1940 年总会移驻重庆，曾设立重庆医院、新运模范区诊疗所及医防服务队，现已成立者有 22 队，除分驻四川各县外，并派赴云南、浙江等省。最近在高滩岩建筑占地 70 余亩之医院一所，作为重伤人民疗养之所。

6. 出版刊物名称

中国红十字会曾先后出版下列各刊物：

(1)《中国红十字会总会职员录》

(2)《中国红十字会战时动向》

(3)《中国红十字会分会须知》

(4)《中国红十字会会务通信》

## 四、中华慈幼协会

1. 成立之略史及宗旨

中华慈幼协会(National Child Welfare Association of China)乃一纯粹社会事业性的民众团体，系由孔祥熙[①]、邝富灼[②]、高凤池[③]、郭秉文[④]夫人等所发起，于 1928 年 4 月 4 日正式成立，依据

① 孔祥熙(1880—1967)，字庸之，号子渊，山西省太谷县人，曾任中华民国南京国民政府行政院长兼财政部部长，政治家、银行家。

② 邝富灼(1869—1931)，字耀西、曜西，广东新宁(今台山市人)，翻译家。

③ 高凤池(1864—1950)，字翰卿，上海人，商务印书馆创始人之一，社会活动家。

④ 郭秉文(1880—1969)，字鸿声，南京浦口人，教育家。

该会章程所示，以“维护”“教养”及“保障”及其他方法为全国儿童谋求幸福，藉培国本为宗旨。该会会址原设上海博物院路131号，自总会由沪迁渝后，上海会址已改为办事处，总会移渝以来，亦几经迁徙，现在会址设于重庆南岸罗家坝。

2. 组织及经费概况

该会组织由常年会员大会选举中外热心慈幼人士11人以上为执行委员，并由执行委员推举会长、副会长、会计各1人，处理会务。执行委员下设总干事、副总干事各1人，秉承执行委员会处理会中例行事务，再下设总务、救济、教育、研究、卫生、保障六组。各组设主任干事一人，干事及办事员各若干，秉承总干事之命，负责各组工作之计划与推进。惟抗战以还，会员大会召集不易，为适应非常时期环境需要，执行委员暂由会长遴聘，俾利会务之推行。该会经费分办公费与事业费两方面，战前经费收入可分为会员会费、乐捐、募捐、政府机关或地方公益团体补助费，及本会之收益五种。惟自抗战军兴，会员星散，会费无法收集，且以环境关系，乐捐来源亦复减少，举行募捐尤感不易。刻下办公费由财政部按月津贴，事业费（即难童救济教养经费）大部分赖振济委员会按月补助，间由中外各公益团体及热心人士惠予捐助。惟迩年来物价飞涨，儿童教养需款至巨，各院开支浩繁，经费极感竭蹶。

3. 抗战前一般工作

(1) 召开全国慈幼会议。该会为全国儿童谋求幸福以培维国本为宗旨，十余年来举凡关于儿童之保障、救济、卫生、教养、研究等问题与事工靡不悉心研讨，竭力倡导，积极推进，并为集思广益，群策群力，藉谋各地工作之开展以增强慈幼事业之功效起见，曾于1934年秋召开全国慈幼领袖会议于上海，出席代表凡百余名，地区达20省，机关团体70余单位。本会受大会之委托，总司全国慈幼事业之推进。复于1936年秋，召开第二届全国慈幼会议于青岛，出席大会者137人，代表22个省市、130个慈幼机关与团体，通过议案72件。

(2) 推广儿童福利工作。该会为促醒国人对于慈幼事业之重视，以奠立民族复兴基础起见，对于慈幼事业之推广工作不遗余力，如1929年冬曾举行慈幼运动大会，嗣为鼓舞儿童兴趣，启发儿童爱国爱群之心理，于1931年呈请国民政府，规定4月4日为我国儿童节，通令全国遵行。嗣经三载，鉴于儿童节之推行，仅限于通都大邑而已，为普及社会慈幼观念，推广儿童福利工作，复于1935年呈请国民政府举行儿童年，原拟请于是年4月4日起，迄至翌年4月4日止，乃以筹备不及改定自1935年8月1日起至1936年7月31日止，并由内政部、教育部会同本会合组儿童年实施委员会，主持全国实施工作，嗣又先后创导郑州、洛阳、北平、青岛、兰州、成都各地人士成立慈幼会之组织，负责推进各当地慈幼事业。此外为宣传慈幼事业，提倡亲职教育，曾发行刊物多种（见后）以及参加国际间各种有关慈幼事业之会议，如1935年参加日内瓦举行之国际家庭教育学会第五届国际大会，1936年国际在爪哇召开远东禁贩妇孺会议，及1937年7月国际红十字会在巴黎举行之国际慈幼会议等，以期有所取法，而利进行，会务赖以增强，慈幼工作逐渐为社会所重视。此外于保障方面曾办理大宗虐待儿童案件，如虐待学徒、虐待养子、虐待养媳、携拐儿童、逼女为娼、后母虐子等，不仅对于上海本埠之虐待儿童案件加以切实之处理，即对外埠发生之虐童案件，亦加以严密之注意与有效之措置。

(3) 创设各种实验机关。该会对于慈幼事业之提倡与介绍宣传，夙为注视，对于各种实验工作亦积极举办以为倡导，特先后在上海为协助工人教养儿童设立慈幼托儿所、慈幼诊疗所；为救护上海市区内之痨病儿童，特设立慈幼痨病疗养院；为教育不幸儿童计，设立慈幼教养院、慈幼小学、闸北平民教养院等机关，并发起组织上海市慈幼团体互助会等团体，皆为儿童幸福之实际工作。

(4) 救济历年灾难儿童。该会对于历年来天灾人祸如水旱兵燹灾难儿童之救济工作，本于图谋儿童幸福之主旨，莫不悉力以赴，从事救济。例如1928年甘肃、河南、山东诸省发生旱灾，本会特派员携带巨款，驰赴灾地救济，统计被救济之儿童约 5 000 名，1931 年鄂省之水患，1937 年豫、陕、川、甘各省之旱灾，"一·二八"沪战及长城抗战诸役，均经先后遣派干事，分驰灾战各区，实施大规模之救济。计在川、甘等省，救济旱灾儿童达 8 000 余名，长城战役在华北联合天主耶回佛各教会团体，直接收容之妇孺共达 5 万余名。当时除由各界捐助米面、医药、衣物等不计外，救济款项达 80 余万元。

4. 抗战后工作概况

(1) 救济战区儿童。自抗战军兴，烽烟遍地，儿童之痛遭浩劫与流离者尤难数计。儿童为国家之命脉，抗战人力之踵替，建国任务之继托胥于今日之儿童是赖，盖以抗建工作任重道远，未可一蹴而跻，必赖下一代国民继其艰巨，非仅吾人本身之努力可竟功也，故难童之救济与教养洵属抗战建国之要图。该会于"八一三"沪战甫起时即于上海从事难童救济、难童教养工作，设立上海战区儿童及婴儿收容所各一所，先后收容难童 1 500 余名，复鉴于积极之教育尤重于消极之救济，除予收容儿童兼施适当之教育外，更延聘义务教师，协助当时上海各收容所办理难童教育工作，此为该会教养难童工作之肇始，亦开全国难教事业之先河也。

迨首都西迁，战区弥扩，该会冀任中央领导之下，便利统筹各地难童救济工作之推进起见，乃于 1938 年夏设立办事处于汉口，从事豫、鄂、湘、赣等省战区难童救济工作，是年冬总会乃由沪移渝，上海改为办事处，前已述及。五年来该会及该处于特殊艰困环境之中，努力于难童教养及流亡儿童之救济工作，未尝或懈，兹略述其概要如后：

河南方面——先是1938年间，该会即派有干事赵健、张耿光等赴豫工作，该员等会同当地士绅及基督教会热心慈幼中西人士，组织河南省战地难童抢救队，先后于孟津、孟县、沁阳、泌阳、唐河、桐柏、温县、济源一带实施抢救，于洛阳设立运输站，负责收容，集中运送分配等工作，所救儿童分送于豫、陕各院教养。上年间以该省难童待救仍多，复派该会救济主任王振常前往抢救。

山西、陕西方面——1939年春本曾派干事王文光前往晋、陕战区一带，组织该会难童抢救队，从事难童救济工作，复于陕西之西安、山西之柳林设立运输站，办理集中分配运送等事宜，并由该干事于绥德协助当地各界热心慈幼人士组织绥德慈幼会，筹划推进当地难童救济教育及一般慈幼事业。

鄂北方面——自1939年5月襄樊会战后，鄂北一带难童麇集，该会特派救济主任王振常主持该战区一带难童救济工作，组织本会鄂西北难童抢救队分赴襄阳、樊城、当阳、沙洋、房县等地，实施救济，并于宜昌设立运输站，负集中转运分配之责，所救难童，经派员分送于川省奉节、万县各院教养。

沦陷区方面——除各战区儿童外，其不幸羁于沦陷区之儿童，亦皆为国家之命脉，我中央尤倍极关怀，殷殷眷注。1938 年秋该会奉振济委员会令，负设法救济沦陷区内难童之责，受命之始，即积极筹划工作进行，当以沦陷区内环境特殊，推进匪易，爰呈准由本会会同上海中华全国基督教协进会负责办理，并特组织救济委员会主持其事。1939 年秋先后于鲁、豫、赣、苏、浙、皖等省沦陷区内，成立难童救济教养校所 77 所，收容难童 10 300 余名，三年来除经分别安置就业或由家长领回他往者外，现有难童约 6 000 名，所需经费，除由该会拨款补助外，大多数承由各当地基督教会中外热心人士慨捐，至衣服物品之应给，为数亦巨，伟大同情，实堪钦感，故工作之推进颇称顺利。

综上所述，四载迄今，先后经该会救济教养之难童（沦陷区内者除外），1937 年度为 1 080 名（分派教师赴各收容所教育之儿童除外），1938 年度为 9 624 名，1939 年度为 7 347 名，1940 年度约 6 000 名。四年来除应经分别转送其他救济团体或介绍就业，或保送升学，及由家长领回者不计外，本年度据各地院所最近 1941 年 12 月及本年 1 月份人数报告，现共计有难童 5 690 余名，分容于本会川、陕、豫、沪各地教养慈幼院所教养。

(2) 设立教养院所。1939 年春该会奉令扩大抢救难童工作后，除已设之河南禹县、许昌等慈幼院，令其准备增额收容，藉宏教养外，一面于各战区积极从事救济，一面于陕、豫、川等省后方城市筹备设院，工作兼筹并顾，双方进行，冀所抢救之儿童，旋得安息之所，俾便教养工作之推进也。计此四年间，先后于沪市及河南省之许昌、禹县、信阳、邓县[①]，陕西省之兴平、凤翔、西安、临潼、宝鸡、泾阳、郿县[②]、渭北，四川省之奉节、万县等地设立教养慈幼院所及重庆抗战军人子女教养院共19所。该会为权衡需要，审察环境，经分别予以调整归并，迄今实存沪豫（禹县、邓县、许昌）川（万县江北）陕（凤翔、泾阳、郿县、渭北）市教养慈幼院所共14所。

（3）资助原有机关。救济难童重予教养，教养儿童尤须普遍，惟以设立院所，需款至巨，际此长期抗战，国库支绌之时，待救之儿童众多，所设之院所有限，任其流离，固违救济之本旨，增设院所实为经费所碍难。际此艰困环境之中，利用原有各儿童救济机关之组织、设备、人力、物力，补助其经费，充实其设施，令其增收难童，实属轻而易举，可收事半功倍之效。该会有鉴于斯，四年以来，除直接设立院所外，对原有各地儿童救济机关团体之办理完善者，先后予以经费之补助，或委其增收战区难童，计其名称如下：① 上海街头儿童教育会；② 四川重庆慈幼院；③ 四川梁山慈幼院；④ 陕西西安孤儿教养院；⑤ 西安灾童教养院；⑥ 河南确山信义会；

① 今为邓州市。——编者注
② 今为眉县。——编者注

⑦ 甘肃兰州慈幼院;⑧ 战区难民移植协会第一难童教养院等,先后经各该院会收容难童共千余名。

(4) 教养抗属儿童。我国抗战四年,胜利之曙光在望,国际之地位日增,民族之复兴不远,吾人推功崇德,胥由我无数忠勇将士浴血牺牲之代价,溯自军兴以远,我战士于枪林弹雨之中,前仆后继,取义成仁,忠贞壮烈,举世钦敬。惟后方之抗战军人子女,多有因家境清寒而失教失养者,亟待予以救济,兼施教养,匪足慰藉军心,亦即培维国本,际兹长期抗战,厉行兵役之今日,尤为刻不容缓之要图。该会有鉴于此,1939 年春,特组救济教养抗战军人子女教养委员会,聘请黄任之、潘公展、陶行知、刘廷芳、史襄哉、万树庸及已故之段绳武诸先生为委员,专负此项工作研究推进之责,并于是年夏于渝郊设重庆抗战军人子女教养院一所,以为创导,先后收容抗战军人之家境贫苦子女 500 余名,除经介绍就业及保送升学者外,现有儿童 269 名,而继续来会,请求登记收容者,犹属不绝,惟年来以物价飞涨,该院开支骤增,本会经费有限,无法增收名额,故经准予登记,尚未收容入院者,亦达数十人之众,此项工作之推进与开展,亟有待于该会之继续努力,与国人之赞助也。

5. 本年度工作计划纲目(1942 年)

(1) 关于会务者:改聘执行委员,充实内部机构,加强宣传工作;

(2) 关于院务者:调整各院儿童人数,统一各院行政组织,统一各院会计制度,实施各院视导制度;

(3) 关于儿童福利者:加紧抢救豫省灾战难童,注意儿童救济保障工作,指导各院推广慈幼事业,创导各项有关儿童福利事业,参加儿童福利事业各种活动;

(4) 关于编审统计者:《今日儿童》月刊定期复刊,编辑《五年来儿童之救济与教养》,绘制 1941 年度各种统计图表,审核各院每月各种月报表。

6. 刊物种类

(1) 该会曾发行之刊物:①《中华慈幼协会年报》(1937 年);②《中华慈幼协会一览》,许建屏著,1934 年 8 月初版;③《第二届全国慈幼会议实录》;④《慈幼》月刊;⑤《现代父母》月刊;⑥《孕妇保健表》,朱季青著;⑦《婴儿保健表》,富文寿医师编订;⑧《为儿童造良好的环境》,陈鹤琴著;⑨《怎样教小孩子》,陈鹤琴著;⑩《父母教育挂图》;⑪《父母学》;⑫《中国父母之路》;⑬《儿童故事》。

(2) 该会现有之刊物:《今日儿童》。

## 五、战时儿童保育会

1. 成立之略史及宗旨

该会于 1938 年 3 月在蒋宋美龄等领导之下成立于汉口,其成立之宗旨，在“战时儿童保育会缘起”中，有下列的一段话，说得很明白：[①]“儿童是国家的幼年主人，民族解放的后备军，我们为着希望民族胜利，建立民主自由幸福的国家，我们对这些国家的幼年主人，应该如何地爱护他们才对，我们还不仅爱护就完了，我们应该启发他们的民族意识，训育他们的集体生活，施以合于时代要求的教育，使他们有能力担负起幼年主人翁的任务。这是组织战时儿童保育会的第一个原因。妇女问题与儿童，原是一条打不开的索链，儿童离开妇女，便不能得到慈祥和蔼的爱护，以安慰他们的小小心灵。而妇女不能从家庭劳动中解放出来，便不能参加社会工作，所以为要使国民半数的妇女参加救亡工作，就必须使她们从家庭的羁绊中解放出来。妇女们能够独立参加组织起来，男子可减少家室之累，也可以全心力去参加各种救亡工作。壮丁们可以毫无顾虑地开赴前线，实现我们保护华中争取最后胜利的信念。这是组织战时儿童保育会的第二个原因。”

2. 组织

该会可分下列三层：

(1) 总会的组织。该会最高领导机构为常务理事会，但经常执行全会职务的为总干事。总干事下设三科一室，即总务科、保育

① 战时儿童保育会编印：《战时儿童保育会规程》，第5页。

科、训练科和视察室,科之下设股。此外在常务理事会之下,另设有保管委员会和审查委员会。

(2) 分会的组织。除总会设重庆外,在各省市应实际的需要,另设有 14 个分会,其组织亦采理事制。

(3) 院的组织。在 1942 年 4 月间,除盐务局代管保育院 4 所外,全国共有 45 个保育院。院是执行教养工作的基层组织,院长以下分设四股,即总务股、保育股、教育股和医卫股,股采主任制,各股由全院教职员分担。

3. 人员

实际推动教养工作最重要的人员当然是院长和主任以下的教职员。现在凡有 500 名儿童的保育院,有教职员 28 名,工友 10 名;凡有 300 名儿童的保育院,有教职员 18 名,工友 12 名。除去以上实际推进保育工作的干部以外,在总会分会中还有负责策划保育工作的干部从十余名至数十名不等,这须视实际的需要而决定。

4. 经费

四年来直到现在,该会的经费,大宗系由海外募集而来,此外另有一部分是直接由国库补助,其数目如下(见表 2 - 16):①

---

① 《保育工作中的教与义》,《妇女新运》4 卷 4 期,第 6 页,1942 年 4 月。

表 2-16 战时儿童保育会经费数目

| 年 月 | 补助费 |
| --- | --- |
| 1938 年 5 月至 1938 年 8 月 | 3 万元 |
| 1939 年 9 月至 1940 年 12 月 | 6 万元 |
| 1941 年 1 月至现在(1942 年 4 月) | 40 万元 |

又从 1942 年 1 月起重庆市政府自全市娱乐捐项下每月拨 1 万元补助该会。1941 年全年经费约为 2 300 万元,现在当不止此数矣。①

此 40 多个保育院,因为所在的地域不同,物价不一,该会对于发放教养经费的办法亦稍加划分。根据 1941 年度的预算,川、晋、陕省以内的保育院,每一儿童所花的经费为最高,其次为粤桂黔省各院,再次为浙、赣、湘、闽各省保育院。

5. 教养及卫生设施

(1) 关于教养方面的设施。该会所辖各保育院,都是依照教育部颁布的小学四二制办法施教,所用的课本也是经过教育部审定的。儿童在院毕业后,依照该会与教育部商定联系的办法,凡儿童的成绩好,经过考试,准许升入指定之国立中学、师范学校或各种职业学校,成绩欠佳的,便分送他们到各工厂去习艺。以下是经教育部准许他们可升入的国立中学:① 川境以内的有国立二中、

① 见 1942 年 5 月 31 日《大公报》。

国立六中、国立八中、国立九中、国立十二中、国立十五中(即保育中学)、国立十七中、国立十八中;② 贵州境内有国立十四中;③ 湘、桂、粤三省境内有国立十一中。

院童经费的支配办法,除去院中的俸给及办公费外,大宗支出就要算教养费了,各项生活、文具、图书等费用,每童每月应发的数量,大致均有规定。

(2) 关于医药卫生方面的设施。各童每月的医药卫生费用,大致可分诊疗费、卫生费及营养费几种。由于内地聘请医护人员的困难,该会特在重庆附近设有疗养院和医院各一所。疗养院现有病床100张,医院现有病床60张,此外,院童并可向中央、宽仁、市民医院及卫生署所设之各公路卫生站取得免费治疗。

6. 该会刊物一览

(1)《儿童保育小丛书》(战时儿童保育会四川分会编);

(2)《战时儿童保育会规程》;

(3)《战时儿童保育会儿童教养实施办法纲要》;

(4)《战时儿童保育会宣传小册》。

以上系将我国几个重要的社会事业机关之概况,加以叙述。我国战时之社会事业机关当不止此,他如新生活运动总会、基督教负伤将士服务协会、荣誉军人职业协导会、战时社会事业人才调剂协会,以及政治部及三民主义青年团所举办之社会服务组织,莫不各在岗位上，设法为人民谋福利、除痛苦。兹因限于篇幅及参考资料，不及一一备述。

## 总　结

美、英、德、法、苏联、日本以及我国社会事业的起源及其发展概况，已于上列各章述其大要。抗战期间，此类材料收集颇非易事，加以作者个人见闻有限，遗漏与不全之处定所难免。各国社会事业起源的时期及其发展情形虽不尽相同，但大体地说来，制度日趋完备，机构渐加健全。欧美各国的社会事业足资吾人取法者甚多，固无待言，即我国之以往及现在的社会救济制度，堪以称述者亦不少。但此并非谓各国的社会事业，皆已达到“尽善尽美”的境地，其待改进之点亦复正多，是以欧美各国的社会事业专家，几无时不在聚精会神研究改进。我国的社会事业素称落后，理论与方法尚须研讨之处尤为不少，此正吾人所当努力以赴也。

## 本编参考书目

1. Ephraim Frisch, A Historical Survey of Jewish Philanthropy, Macmillan, New York, 1924.

2. Kelso R. W., History of Public Poor Relief in Massachusetts, 1620 ~ 1920. Houghton, New York, 1922.

3. Queen S. A., Social Work in the Light of History, Lippincott co., New York, 1922.

4. Simey T. S., Principles of Social Administration, Oxford University Press, London, 1937.

5. Russell H. K., Social Work Year Book, Russell Sage Foundation, New York, 1937. 1939, 1941.

6. Warner A. G., Queen S. A., Harper E. B. American Charities and Social Work; Thomas y. Crowell Co., New York, 1930.

7. 李剑华:《社会事业》,(世界) 1931 年。

8.《社会事业与社会建设》,独立出版社,1941 年。

9. 马宗荣:《社会事业与社会行政》,贵阳文通书局,1942 年。

10. 马明达译:《社会病理学》(商务印书馆)。

11. 内务部编定:《地方自治讲义》(泰东)。

12. 柯象峰:《中国贫穷问题》(正中)。

13. 陈凌云:《现代各国社会救济》(商务印书馆)。

14. 陈凌云:《欧美军事善后救济政策》(商务印书馆)。

15. 邓云特:《中国救荒史》(商务印书馆)。

16. 王武科:《中国之农赈》(商务印书馆)。

17. 黄泽苍:《中国天灾问题》(商务印书馆)。

18. 于树德:《农荒豫防策》(商务印书馆)。

19. 王龙章:《中国历代灾况与振灾政策》独立出版社,1942 年。

20. 国立编译馆译(韦白夫妇著):《苏维埃共产主义新文化》上下二册(商务印书馆)。

21. 生江孝之:《社会事业纲要》(日文)。

22. 海野辛德:《晚近之社会事业》(日文)。

23. 中村英雄:《最近之社会运动》(日文)。

24. 时事新报社编辑:《时事年鉴》(日文)。

25. 孙本文:《各国社会事业概况》,载《社会事业与社会建设》(独立出版社)。

26. 许仕廉:《考察苏联社会事业杂记》,《社会学刊》3 卷 4 期(世界)。

27. 浦乃钧:《苏联之社会事业》,载《社会事业与社会建设》(独立出版社)。

# 第三编



# 社会事业人才的训练

# 第一章　社会事业人才训练的重要

人才训练为一切事业的基础，是以任何事业的举办，欲求其成效显著，工作发展，必须先注意于人才的训练。社会事业（Social Work）在欧美各国早已成为一种专业，凡从事社会事业者大概都受有专门训练，社会事业教育久已视为高等教育之一部，而且此类人才的需要亦正与日俱增。欧美各国社会事业之所以日见发达，其中原因固多，而多年来注意于社会事业人才的培养，实为其中重要原因之一。此因社会事业行政上的问题甚多，社会事业的范围颇广，专门技术与方法亦不少，举凡社会行政、社会调查、社会统计、社会立法、社会政策、社会个案工作、社会团体工作、社区组织或社会福利计划、儿童保育、社会保险、劳工福利、家庭福利、职业指导与介绍、监狱改良、犯人救济、精神病人服务、社会保健以及其他各种社会福利及救济事业，莫不各有其特殊情形，惟有专心致志，朝夕不懈之专家，努力从事研究与实行，才能彻底了解其内容，是以一个地方的社会事业能否发展，一个社会事业机关是否健全，管理是否完善，内容是否充实，研究实验之成绩如何，除经费一项而外，大都要看有无各种专家负责办理以为断。往日一般人对于社会救济一类的事业，以为只要具有闲心闲力或好心好意来作"好事"的人，谁都能办，"好事"只要有钱，谁都能做，此种观念在现代社会事业发达的国家，早已成为过去了。现代各国之从事社会事业者，当其在校学习期间，不仅受有各项专门课程的训练，且须获得一些实习的经验，是以出校以后，对于某种社会事业的举办或推动多能胜任愉快，对于各项社会病态的处理亦能应付有方。欧美各国社会事业的办理，得以井井有条，似乎要多归功于各社会事业教育机关对于人才训练的努力。

我国以往之教育政策，未尝注意于此类人才之训练，至今尚无一社会事业专门学院之设立。国内各大学之社会学系中，虽偶有关于社会事业课程的开设，而科目甚少，期限甚短，又因师资与教材缺乏，成绩尚未显著。大学中专心从事于社会事业之研习者，殊不多见，所以自行政院社会部成立以来，社会事业人才的供给殊感缺乏。以我国当前社会病态的繁多，社会情形的复杂，社会问题的普遍与严重，从事社会事业者，欲卓然有所建树，非学能兼备，经验丰富，殊虽望其有所成就，欧美各国之所以设立专校或专系以训练此类人才，实非无因。美国全国人口现约有 13 000 万人，而以社会事业为专业者约有 4 万人，我国现有人口约 45 000 万人，若以美国的情形相比拟，则我国应有社会事业人员十余万人，而现今之受有此类训练与实际从事此类工作者，殊属有限。由此可见，人才的训练为我国当前社会事业方面一个很迫切的问题。

# 第二章　社会事业人才训练的历史

从历史方面看来，欧美各国社会事业人才的训练，曾经过几个不同的阶段。以往从事社会事业，或为教士，或为慈善家，他们大都各有其正当职务，仅以其余力从事社会救济事业，几无所谓训练。从事此类事业的人，实际的经验虽有一些，而学识程度标准都不甚高。那时，实际获得社会事业经验的人，多得力于学徒制度，社会事业的先进，多系从事实地工作时获得他们需要的经验。从事社会事业者，究竟须有何种程度或训练，方能恪尽其职，在那时亦殊难作肯定的答复，所以社会事业能否视为一种职业，自 1915 年，当夫雷格斯列（Flexner A.）[①]否定其为一种职业后，即成为持

① Flexner，现多译为“弗莱克斯纳”。——编者注

续不断的争论问题。[①] 近年在社会事业中有许多的发展和明确的指示及社会事业领袖的努力，相当的训练及系统的研究，对于从事社会事业者确有其需要，而至少在很多需要的情形当中，有成为一种专门职业的趋势。既然能视为一种专门职业，训练当属重要，这一点就要涉及社会事业领域中职业标准的确定及社会事业教育机关的设立等问题。

社会事业人才训练演进的阶段，与他种职业颇相类似。在数百年以前，从事医学、工程及法学的人才，都是由学徒制度养成，没有受过大学教育的训练，欧美各国数千年来的救贫事业多为宗教机关代办，主持的人根本无所谓训练。迄后因时代的演进、需要的不同，各科始渐举办短期的训练，50 余年前，欧美各国的医科只有二学期的训练，每学期授课四五个月，教者尚多以搜集教材为难。从前的法科，亦仅有一学年的训练，自美国内战后延长为二学年，1876 年以后，法学士必须有三年的训练，现已有延长至五年者。现在的医科，除修习预科三年、本科四年外，尚须有一年之实习。其他如工程等的训练期限亦约略相同，现在社会事业人才之训练，虽不及医科之长，然在欧美各国之被视为一种专门职业，同样需要

① Burnett M. C. , The Training for Social Workers, The Encyclopaedia of the Social Sciences, Vol. 14, p. 183.

特殊训练，似已无疑义。此实因科学演进，人事益繁，社会事业人员非有专门训练不易于认识与解救社会病态，应付复杂的社会环境。美国因为经济状况的优裕，社会事业较为发达，对于社会事业人员的训练亦较为注意。美国社会事业的发达，可以由从事社会事业人员的数量与品质方面看得出来。① 从数量方面看，休伦（Hurlin Ralph）②在 1926 年，估计美国全国社会事业人员的数目约有 25 000 人。③ 罗素社稷基金社（Russell Sage Foundation）④曾亦有同样的估计。⑤ 1930 年美国的人口普查，第一次将社会事业列为专门职业之一。据此次普查所得，为数计有 31 241 人。依照普查的结果，再将他种职业分类中应归于社会事业一类者加以估计，美国全国社会事业人员的总数，在 1930 年时，约在 40 000 人至 42 500 人之间。⑥ 自 1932 年美国联邦政府、各州及地方救济事业组织扩展以后，从事社会事业之人数，更大有增加。美国 1940 年人口普查之结果，吾人尚未获有此项之资料，以供参考，据作者估

① Marcus Crace F.，Social Work as a Profession：Quantitative and Qualitative Aspects of Standards.，Social Work Year Book of 1937，491～492.

② Hurlin，现多译为“赫林”。——编者注

③ Hurlin，Ralph G. ，The Number and Distribution of Social Workers in the United States，Russell Sage Foundation. New York. 1933. p. 11.

④ Russell Sage Foundation，现多译为“罗素塞奇基金会”。——编者注

⑤ Lundberg，Anderson and Bain，Trends in American Sociology，New York：Harpers，1929，332.

⑥ Burhett M. C. ，The Training for Social Workers，The Encyclopaedia of the Social Sciences，Vol. 14，184.

计，或已超过5万人以上。

从质的方面说，由美国社会事业教育及职业团体的组织发展情形，可以知之。美国社会事业人才的训练，始于1898年。1898年，美国纽约慈善协会（The New York Charity Organization Society）[①]开始设立第一个纽约社会事业暑期学校，予社会事业人员以短期的训练。1901年，美国芝加哥社会指导团在芝加哥大学内开设社会事业科目，结果形成了现今芝加哥大学之社会服务行政系。1910年吕治孟（Mary Richmond）[②]曾创设一家庭福利学院（The Family Welfare Institute），该院继续办理22年。当19世纪初叶，各地复相继设立学校，予学生以全年课程的训练。在上次欧战期间，由于美国红十字会工作的扩大，及1929年时经济恐慌发生以后，政府的紧急救济事业行政组织日益发展，社会事业教育乃更引起人们普遍的注意，于是以往之学徒制度渐渐代以正式科学教育矣。1915年有15个社会事业学校联合创立一个社会事业人员训练协会（The Association of the Training Schools for Professional Social Work），此即现今之美国社会事业学校协会（The American Association of School of Social Work）是也。在

① The New York Charity Organization Society，现多译作"纽约慈善组织会社"。——编者注

② Mary Richmond，全名为 Mary E. Richmond，本套书中的《医院社会工作》将其译为"瑞池曼"，现多译为"里士满"。——编者注

1936年7月时,美国全国计有33个社会事业学校为美国社会事业学校协会之会员[①]。因此现今美国之社会事业学校,得分为两种,即:① 属于社会事业学校协会之学校;② 非属于社会事业学校协会之学校。此外尚有学院、特别班及地方机关之临时训练等组织,而这都不是正式教育的组织。据1940年6月之调查,美国全国计有41个社会事业学校为美国社会事业学校协会之会员,此外尚有10个以上社会事业学校亦正在请求加入该协会之中。依照美国社会事业学校协会现在所规定之标准,应包括大学四年的基本及专门课程的训练与实地工作。社会事业研究院之属于社会事业学校协会者得分为二类:一为一年课程的专门训练;一为二年课程的专门训练。此两类学校之主要区别,纯在专门课程训练期限之长短。

社会事业学校协会之原来规定,会员只限于教育机关,凡请求加入之会员"对于社会事业专职,至少须有一学年的训练,包括充实的课堂讲授与有指导的实地练习",不过加入协会之学校,内部的组织与科目的计划各校不同,关于全部课程殊难作概括的叙述。普通说来,各校的课程包括三方面,也就是社会事业学校协会所指定的,即:① 初级技术方面,须采用科学资料,以应现代社会事业

① Russell H. K., Social Work Year Book of 1937, 128～129.

之需要；② 社会事业原理及社会哲学等普通课程的开设；③ 社会事业实习课程与实地工作。社会事业实习课程必须有一定之计划，在学校教育机关与他种机关监督或管理及有经验之人员指导之下而作的。

为求社会事业课程的发展及内容的划一起见，社会事业学校协会于 1932 年 12 月决定（拟订）一个最低的课程标准。1934 年已被正式采用，并经协会投票决定，凡属协会之会员，在三年以内如仍不能达到上述之最低标准，即令其退出该协会。此外，他们并同意于 1935 年组织学校收容该会承认的持有一学年凭证的学生。这并没有预期受高级学位的人数即能由此增加。除非完成更多的研究工作，高级学位是不轻易给予的。为求课程标准的划一，各学校联合组织之委员会，曾经共同研究每项课程的内容。所得的结论为：各学校对于学生的入学情形、授课期限与修习的学分，均不一致，所以训练期限的规定、学分的科目、课程的标准，还多有待于商榷。

学校所收之学费及给予之津贴或贷金等与学生之学业亦颇有关。属于协会之学校，与州立之大学大致相差不远，美国纽约社会事业学校每季收学费 125 元。在 1935 年至 1936 年之间，有 29 个属于协会之学校及其他 6 大学及学院，对于学生均有各种经济的援助，此类援助或免收学费，或予以小额贷金及奖学金等。为吸引优良学生，从事于社会事业之修习，经济的援助如津贴或奖学金之类甚为有效。社会事业学校所组织之委员会，在1929年报告，四分之三的委员，即大多数人的意见，均认为欲多得优良之学生修习研究院的课程，津贴及其他经济上的援助极其重要。

关于投入社会事业学校学生之注册及授予学位人数，亦颇值一述。据白拉第(Burnett Mary C.)[①]的调查，美国于1926年至1930年间，授予社会事业学位之总数为1 015人，其中75%以上为学士学位，得博士学位的只占1%。此外尚有17个学校，给予284个一年训练的证书，400个二年训练的证书。大多数的学校除收容正式学生外，并收容旁听生。1930年以后，受高级学位的人数，并未见增加。截至1932年11月1日，20个学校中以社会事业为主修科目者有2 863人，其中有1 534人为正式学生。[②]

据1936年11月1日调查所得，下列各学校均收容大学及研究院学生，且有75%以上属于研究院一类，其百分比如表3-1：[③]

① Burnett，现多译为“伯内特”。——编者注

② Burnet M. C.，The Training for Social Workers，The Encyclopaedia of the Social Sciences，183～189.

③ Russell H. K. Social Work Year Book of 1937，129.

**表 3-1　各校收容大学及研究院学生情况**

| 学校名称 | 比例 |
| --- | --- |
| 芝加哥(Chicago)大学 | 98% |
| 单　为(Denver)①大学 | 97% |
| 纽　约(New York)大学 | 95% |
| 华盛顿(Washington)大学 | 92% |
| 都　南(Tulane)②大学 | 91% |
| 本雪文尼亚(Pennsylvania)③大学 | 98% |
| 印第安纳(Indiana)大学 | 87% |
| 北　客(North Carolina)④大学 | 85% |
| 白胡罗(Buffalo)⑤大学 | 80% |

从另一方面看，下列各大学有75%以上的学生为大学生，即：

| | |
| --- | --- |
| 维士康辛(Wisconsin)⑥大学 | 89% |
| 阿海阿(Ohio)⑦大学 | 83% |
| 米希根(Michigan)⑧大学 | 82% |
| 米苏里(Missouri)⑨大学 | 78% |

各社会事业学校对于学位之授予，亦可略示每个学校的性质

① Denver，现多译为"丹佛"(大学)。——编者注
② Tulane，现多译为"杜兰"(大学)。——编者注
③ Pennsylvania，现多译为"宾夕法尼亚"(州立大学)。——编者注
④ North Carolina，现多译为"北卡罗来纳"(州立大学)。——编者注
⑤ Buffalo，现多译为"布法罗"，系为纽约州立大学布法罗分校。——编者注
⑥ Wisconsin，现多译为"威斯康星"(大学)。——编者注
⑦ Ohio，现多译为"俄亥俄"(大学)。——编者注
⑧ Michigan，现多译为"密歇根"(大学)。——编者注
⑨ Missouri，现多译为"密苏里"(大学)。——编者注

及其内容。据1936年之报告，在33个社会事业学校中，是年曾有学生1 176人完成其所习之科目，413人得有学士学位，352人得有硕士学位，得博士学位者有2人，得有文凭或证书者计409人。据1940年之统计，全美获有社会事业学位及文凭者有1 365人，而在1935年时，有840人。①

依据社会事业学校协会1936年的调查，属于协会的33个学校，在1935年至1936年，学生注册人数有10 174人，其中有7 941人以社会事业为主修科目，其余之2 233人为特别生（即不给予学分之学生），或主修他系修习社会事业之学生。在1936年11月时，全部时间住校之学生有2 545人，一部分时间住校之学生为2 573人，合计5 118人修习这类专门科目。根据下列各学校之报告，每校大都有百人以上全部时间住校之学生，每个学校注册之总人数如下所列：②

| | |
|---|---|
| 芝加哥大学（The University of Chicago） | 365人 |
| 州立阿海阿大学（Ohio Stale University） | 319人 |
| 纽约社会事业学校（New York School of Social Work） | 228人 |
| 西备大学（Western Reserve Uruversity）③ | 162人 |
| 西门士学院（Simmons College）④ | 111人 |
| 司密司社会事业学院（Smith Collоge School for Social Work）⑤ | 107人 |

① The author is *Russell H. K.* Social Work Year Book of 1941, 178.
② The author is *Russell H. K.* Social Work Year Book of 1937, 127～128.
③ Western Reserve Uruversity，现多译为“西储大学”。——编者注
④ Simmons College，现多译为“西蒙斯学院”。——编者注
⑤ Smith Collоge School for Social Work，现多译为“史密斯社会事业学院”。——编者注

但据 1940 年之统计，1939 年以社会事业为主系之学生，计有 5 389 人。全部时间住校之学生为 2 560 人，一部分时间住校之学生为 2 543 人。[①] 根据报告，部分时间住校之学生，大都在都市中心。而在 1938 年 11 月 1 日时，该类注册之学生曾达 6 019 人之数。[②]

美国之从事社会事业者，如同教育事业一样，妇女人数较男子为多。在 1930 年约为 4∶1，即 5 人中有妇女 4 人，男子仅 1 人。美国社会事业人员协会之会员统计男女之比例，约为 1∶6，即 7 人中有妇女 6 人，男子 1 人。1930 年秋季入学之学生男女之比例为 1∶6.5。[③] 在 1936 年 11 月 1 日，依据 32 个学校之报告计共有全部时间住校之男生 441 人，占全部时间住校学生总数的 17.4%。部分时间住校之男生为 410 人，占所有部分时间住校学生总数的 16.1%。这就是说，共计所有男生 851 人，占所有注册人数的 16.7%。其中计有三校，专收女生，不收男生。[④] 据 1940 年之统计，1939 年男女生之比例，则为 1∶5。[⑤]

妇女从事社会事业之多，在欧洲各国更为显著，欧洲各国有许

---

① The author is *Russell H. K.* Social Work Year Book of 1941，178.
② The author is *Russell H. K.* Social Work Year Book of 1941，177.
③ Burnett M. C.，The Training for Social Workers，The Encyclopaedia of the Social Sciences，Vol. 14，183～189.
④ Russell H. K. Social Work Year Book of 1937，128.
⑤ Russell H. K. Social Work Year Book of 1937，178.

多的社会事业学校仅收容女生。在德国方面,社会事业行政工作虽亦有男子担任,而德国的社会事业人员协会纯属妇女的团体。

美国社会事业专门学校的创办,不是由教育机关发动,而是由社会事业机关发动。这是因为当时各大学行政人员的态度,对于新的而没有相当成绩如社会事业一类的科目,不愿轻易尝试。此外,还有一个原因,就是当时美国的社会学家和社会事业人员之意见分歧,甚至彼此互相攻击。社会学家以为社会事业人员,终日忙于救济工作,无暇顾及高深训练,对于所举办之事业只知其然而不知其所以然,其所得材料极其肤浅,每不能作为社会研究之资料。而社会事业人员亦每以为社会学家只知崇尚理论,专事空谈,无补于社会事业的实施。直到后来,双方皆感觉到,理论与事业均有互相调剂及融会贯通的必要。因而教育机关对于社会事业人才的训练,渐加重视。美国波士顿社会事业人员训练学校(The Boston Training School for Social Workers)创立于 1904 年,是在西蒙士学院(Simmons College)[①]与哈佛大学(Harvard University)管理之下而成立的。约在同时,又创立了一个纽约慈善学校(The New York School of Philanthropy 即现今 The New York School of Social Work 的前身),扩充其课程,延长训练时间,由一暑假至一

① Simmons College,现多译为"西蒙斯学院"。——编者注

学年，后来渐与教育机关取得联系，1927 年美国社会学社在华盛顿京城开年会时，曾分组讨论各种问题，其中有社会学及社会事业组(Section on Sociology and Social Work)社会事业人员参加者甚多，他们莫不感到社会学与社会事业有深切的关系，甚至有些社会学杂志发行专号①，社会学者撰著专书，讨论此种关系。② 因之，美国各大学的社会学系以及各社会事业学校的当局都觉悟到合并办理的重要，其主要理由为：③① 社会事业学校的课程往往偏重实用，如果和大学社会学系的理论课程联系起来，可使学生比较各方面的见解与主张，以期理论与实际沟通，如此对于社会问题能有更明确的认识；② 可提高入学程度，因为大学的入学考试较严，程度较低者不易考入；③ 大学开办社会事业学院或学系，则其地位当与文法等学院或学系相等，可以提高社会事业人员的职业地位；④ 若二者合并办理，可以节省行政经费及其他手续等。

依 1927 年美国社会事业学校协会的调查，美国及加拿大共有社会事业专门学校 39 所，其中 32 所已与大学合并，未合并的学校，其中也有半数已与大学发生联系，此亦可见北美社会事业教育

① 参阅《社会势力杂志》6 卷 4 期之《社会学及社会事业专号》(Social Forces, Vol. VI, No. 4)。

② Macver R. M., The Contribution of Sociology to Social Work, Columbia University Press.

③ 钱振亚：《大学中社会行政人员之训练》，《社会学刊》第 1 卷第 4 期，第 4～5 页，中国社会学社出版，世界书局印行。

的一种趋势。

美国社会事业教育的发展情形，已略如上述。职业团体的组织及其入会资格标准的提高，与社会事业人员的品质及社会事业教育的本身，亦常有相互影响。美国社会事业职业团体的组织发展较缓，全国社会事业大会（National Conference of Social Work）虽在 1873 年即已成立，名为慈善及惩戒事业大会（The Conference of Charities and Correction），而美国社会事业人员协会（The American Association of Social Workers）一类的职业团体，直到 1921 年始行正式成立，其主要目的在联络社会事业同志，提高职业标准，发展社会事业，保障社会事业人员。是以该会之工作种类，分为保护工作如薪资、假日及职位之保障，职业标准之提高，入会资格之限制，地方社会事业的组织与推动，研究工作之鼓励，各种工作报告及专门刊物之印刷，社会服务事业标准之改进，并从全国的观点从事于行政及立法方面之积极运动。该会截至 1930 年时，只有会员 4 657 人，至 1932 年 7 月 1 日增至 7 500 人，至 1936 年 1 月 1 日又增至 9 552 人。[①]

社会事业人员协会之会员分为二种：[②]① 预备会员，其资格曾在大学肄业二年，及三年之附加训练（附加训练包括普通教育、

① 见 The Encyclopaedia of the Social Sciences，Vol. 14，84～185；Social Work Year Book of 1937，491；Social Work Year Book of 1941，553～559.

② 陈凌云：《现代各国社会救济》，第 250～251 页。

职业训练或经验，或曾在社会事业学校肄业一年半左右并具有相当之职业训练者）；② 正式会员，其资格曾在大学肄业二年及五年之附加训练（附加训练包括普通教育、职业训练或经验，或曾在社会事业学校肄业一年半左右并具有相当之职业训练者）。

以上两种会员应具之资格尚有：

1. 不分性别，男女均可入会。

2. 年龄须在21岁以上者。

3. 预备会员之附加训练应包含：① 至少须修习社会学及生物学15学期小时（社会学、经济学、政治学、心理学、人类学——生物学、教育心理学、教育社会学等均可，任选二种）；② 至少须修习社会事业技术课程10学期小时；③ 至少须工作300小时与社会事业技术有关者。

4. 正式会员之附加训练应包含：① 大学毕业后，曾在社会事业学校肄业一年并曾任社会工作二年者；② 或以五年光阴分配于、肄业于社会事业学校及指定之大学；在指定之社会事业机关工作；③ 其肄业成绩为，至少须修习社会学及生物学20学期小时，至少须修习社会事业技术课程24学期小时，至少须工作300小时与社会事业技术有关者，在指定之社会事业机关工作二年。

预备会员之年限为5年，然后可升为正式会员。但执行委员会在特殊情形之下，亦可特别通过给予任何人以会员资格。

欧洲各国对于社会事业人员的训练，与美国有类似之处但亦有不同之点。20世纪的开端，英国的社会事业学校与大学教育有密切的联系，在1930年，所有12个社会事业学校都是联合大学社会研究公会的会员。在大陆各国的社会事业学校的创设，多由于宗教势力，而在英国则全无宗教性质。据1928年的报告，德国有大小社会事业学校36所，其中规模较大者有2所，即：① 社会救济人员训练所；② 社会救济妇女训练班。前者为社会方面所举办，入学者须为基督教徒；后者则为国社党中央党部所设立。德国与比国的社会事业学校均在政府管理之下，得有政府设立之社会事业学校之文凭者，有充当公务人员的资格，1928年国际社会事业大会（The International Conference of Social Work）在巴黎开会时，全世界共有111个社会事业学校，其中意国、日本与波兰各有一个，余均分布在美洲及欧洲其他国家。1928年国际社会事业大会开会时，成立国际社会事业学校委员会，宗旨在交换学校当局的意见及经验，并注意于国际社会事业上的各种合作问题，例如教授与学生的交换，通信中心的组织，国际社会事业研究委员会的创立，及国际社会事业会议的参加等。[①]

日本之社会事业，自1923年大地震后极为发达，公立或私立

① The Encyclopaedia of the Social Sciences, Vol. 14, 183～189；陈凌云：《现代各国社会救济》第三章。

之社会事业机关计有 3 300 处之多。但有训练之社会事业人员，亦殊感缺乏。日本之社会事业教育，初由内务部开办短期训练讲习会。后有东本愿寺和西本愿寺设立之社会事业研究所和讲习会，训练期限较长，然开办未久，即行停办。迄后又有协调会设立的社会政策学院，及内务部在武藏野学院内设立一 6 个月毕业之社会事业职员养成所，后者不久亦停办。① 在 20 世纪初叶，日本训练社会事业人员之教育机关，全国只有二所，即：一为私立日本大学附设之社会事业系；一为日本女子大学所设之社会事业系。上述二校在日本教育界所占的地位并不高。其他著名之大学如帝国、早稻田、庆应等大学，对于社会事业教育均不甚重视。政府方面，虽间亦举办短期性质的社会事业训练班，或举行演讲或指导工作等，而效力究属有限。所以日本的社会事业机关虽日有增加，而人才的缺乏，为日本社会事业上的一个严重问题。②

我国的社会救济事业虽由来已久，但以往对于社会事业与社会行政人才的训练则未尝注意，以往国内各大学之社会学系中虽偶有关于社会事业课程的开设，而科目甚少，期望甚短，又因师资与教材缺乏，成效亦未显著。十余年前教育行政当局因

① 李剑华：《社会事业》，第 27 页。
② 钱振亚：《日本事业之概况》，《社会学刊》2 卷 3 期。

为提倡实科之故，对于社会学亦不重视，且有曾将已设立之社会学系加以取消或与他系合并者。当1943年时，国立大学中之设立社会学系者有西南联大、中央大学、中山大学、云南大学及复旦大学。私立大学中之设立社会学系者有燕京、沪江、金陵、华西、齐鲁、东吴、大夏、光华、金陵女子文理学院。其中以往对于社会事业人才比较加以注意者恐只燕京及沪江两大学而已。而此两大学近年以来因处于特殊环境，未能多所发展。是以自社会部于1940年冬成立以来，此项人才之供给颇感缺乏。为求将来此项人才供求之相应，除从速加以训练并推进研究工作外，恐别无他道。职是之故，国立社会教育学院于1941年有社会事业行政一系之创立，金陵大学有社会福利行政组及社会福利行政特别研究部之设立。金陵大学社会福利行政组所规定之本科主修学生课程有如下表（见表3-2）：

**表3-2　金陵大学社会福利行政组本科主修学生课程**

| 学程名称 | 学分数目 |
| --- | --- |
| 社会福利行政概论 | 3 |
| 社会统计 | 6 |
| 社会研究 | 2 |
| 社会调查 | 3 |
| 个案工作原理 | 4 |

续　表

| 学　程　名　称 | 学　分　数　目 |
|---|---|
| 个案工作实习 | 3～6 |
| 集体工作原理 | 3～4 |
| 集体工作实习 | 3 |
| 医学常识 | 3 |
| 精神病理 | 3 |
| 儿童福利 | 3 |
| 社会保险或社会立法 | 3 |
| 劳工福利 | 3 |
| 社会福利行政 | 3 |
| 各国社会福利专业概况 | 3 |

社会部自成立以后，因感于社会事业行政人才之需要与缺乏，一面委托各大学加以培养(1942 年度受有社会部之经费补助者，计有国立中央大学及国立复旦大学之社会学系、国立社会教育学院之社会行政系、私立金陵大学之社会福利行政组及私立燕京大学之社会学系)，一面招收社会工作人员及抽调行政人员予以短期训练。根据 1942 年 10 月 11 日第一次全国行政会议之《社会部施政报告》，关于社会工作人员之训练，有如下述。

该部社会工作人员训练，在去前两年，曾由中央训练委员会于中央训练团内设立社会工作人员训练班，调训各地社会行政及从事民众组训与社会福利事业人员，业已举办两期。本年度为适应实际需要，经拟订“社会行政人员参加中央训练团受训计划纲要”及“社会工作人员训练班第三期训练计划”，决定将行政人员与业务人员分别训练，以宏效能。至全国合作人员，仍由该部设所训练，其办理情形如次：

1. 调训行政人员

依 1942 年计划，预定调集各省社会处、合作事业管理处荐任以上职员，暨民政厅社会科长、建设厅主管合作科长，及各县社会科长 427 名，分两批送入中央训练团党政班受训，第一批计调 160 名，参加第 21 期，其余加入第 24 期，党政班第 21 期，凡参加受训之社会行政人员，除受中央训练团一般党政训练外，并将由本部加以一周至二周之业务训练。

2. 训练业务人员

社会工作人员训练班第一、二期学员，大部分均为业务人员，第一期于 1940 年 12 月 15 日开学，1941 年 1 月 13 日结业，与中央训练团党政训练班第 12 期合并训练，计调训学员 187 名，内农运工作人员 13 名、工运工作人员 97 名、党务及社会服务等工作人员 74 名，训练期为一个月，各学员结业后，均分返原职继续工作。第二期于 1941 年 7 月 25 日开学，因鉴于第一期训练时间太促，经延长训练期为两个月。第一个月着重专业训练，由该部派员主持；第二个月着重精神训练及党政训练，与党政训练班第 16 期合并授课，计受训学员共 103 名，内调训本部附属机关职员 45 名，甄选大学毕业或同等学力有服务经验之青年 58 名。至 9 月 20 日训练期满后，复举行业务讲习四日，除调训学员各回原职外，所有甄选学员即由该部分别委派为督导员或调查员，分赴各省市担任民运督导及调查工作。至第三期预定分职业介绍、厂矿检查劳工福利、儿童福利、社会服务等五组，训练人员共 226 名，分别考选调集大学及专科学校毕业学生，暨本部所属业务机关基干人员予以训练。原拟自 9 月 1 日开学，因该部所属各社会服务处或成立职业介绍组业务开展，需要职业介绍干部甚迫，故该组提前于 7 月 1 日开始训练，定于 8 月底结业，计甲级 7 名，乙级 18 名。除调训 3 名外，余均将分发重庆、贵阳、桂林、衡阳等地社会服务处工作。

3. 训练合作人员

合作事业管理局，前在隶属经济部时代，原设有全国合作人员训练所，先后举办调训班四期、特别班一期、业务班一期，受训学员共 515 名，自该局隶社会部后，前项训练所仍继续举办，并增设研究班以宏造就。兹将各班办理情形叙述如下。① 研究班之设置，旨在造就高级合作指导人员，以贯彻合作指导政策，先后共办三期，训练期为 6 个月，但得依研究情形，予以延长或缩短。第一期于 1941 年 2 月开学，学员 13 名，于同年 11 月结业；第二期于 12

月开学，学员18名，于1942年5月结业；第三期于1942年6月开学，受训学员共计15名，仍在继续研究中。研究方法，系先作两个月之集体训练，然后依据学员志趣及训练成绩，在导师指导下，作分科专门之研究，期满作成论文，经考核及格后，分发工作。② 调训班系抽调各省市现任合作工作人员，如各县主任指导员、指导员及县以上联合社主要职员等，予以补充训练，以增益其技能，在1940年11月以后，继续举办四期，连以前所办共为八期。除第一至第四期不计外，第五期系于1940年11月开学，受训学员102名，于1941年1月结业；第六期于1941年2月开学，受训学员95名，于同年4月结业；第七期于1941年9月开学，受训学员61名，于同年11月结业；第八期于1942年2月开学，受训学员68名，于同年4月结业，现在筹办第九期调训事宜，预定于1942年9月开学。③ 特别班之设置，系招考有志合作事业而具有中等以上学校毕业程度之青年，予以合作理论及技术之训练，训练期为四个月，除1940年11月以前，曾办理一期，计训练学员41名外；第二期系于1941年2月开学，由鲁、豫二省保送学员45名，训练期满，并经分发合作机关实习；第三期拟专训四川江北及巴县各乡镇合作干部人员，预定于1942年9月1日开学。④ 业务班旨在培养合作实务人员，以促进合作业务之健全发展，故其训练方针除学术训练外，必须经过一个月之实地见习，以资历练。每期训练期为三个月，第一期系于1940年9月举办，受训学员65名，当时正积极推进陪都各机关消费合作，故侧重消费合作业务之训练；第二期于1942年3月开学，受训学员48名，各期受训学员，均已分发有关机关服务。

西南联大现在亦招收社会学研究生，1943年度清华大学留美公费生考试亦有社会学门（注重社会保险），其考试科目为社会学原理、经济学原理、社会问题、统计学、社会保险。高等考试中现亦有社会行政之部。复旦大学年来对于社会事业及社会之行政课程亦多开设，行见社会事业行政人才此后可以与日俱增，我国社会事业与社会行政前途之发展实多赖此。

# 第三章　社会事业人才训练的目标

目标是指示我们一种事业努力的动向。人才训练必须先有其目标，因为若无一定目标，即无一定主旨，主旨若不确定，即难谈到训练的内容。社会事业人才的训练如同他种人才的训练一样，要先有一个适当的目标。社会事业人才训练的目标究应怎样，是训练社会事业人才首先应该确定的。社会事业人才训练的目标，还是为社会行政呢？还是为社会研究呢？还是为社会改造或建设呢？抑专为社会救济呢？或其他社会领导工作呢？这都是社会事业人才训练首先要加以注意的问题。我国当前社会事业人才的训练，似应注意下列几种目标：

第一，须顾及社会的需要。社会上需要哪一种人才，就训练哪一种人才，这样才能使人事调剂，才可防止社会上“人人求事”及“事事求人”的现象。我国各种社会事业，大都感到人才的缺乏，而以往的教育机关又未尝与社会事业行政机关构成一连锁的有机的关系，这是一种矛盾现象，所以我国今后社会事业人才的训练，必须认清目标，顾及社会的需要。先把当前的环境和条件认清，主要的目标确定，其他方面也就易于寻找途径了。

第二，须注意于社会事业高级人才及低级人才之训练。社会事业的推动多赖高级人才，而这类高级人才在中国目前颇感缺乏。我国的大学教育，在数量方面不能与欧美的国家相提并论，人民能受大学教育的万不得一，所以受大学教育者须感觉个人之机会难得与将来所负责任之重大，同时，主持大学教育者应特别重视此类高级人才的培养，使其将来能够领导社会团体，诊治社会病态。他们不仅要明了社会的心理，并要知道社会组织的演进，以及社会变迁的历程，且须能设身处地地将自己当(成)一个被诊治的分子，从变态的社会生活中，达到用科学知识改进社会生活的目的。社会事业行政机关的执行与管理，多赖这类高级人才来负责。现在我国有许多新兴的社会事业尚在开创时期，尤须有赖此类人才为之设计、实施与推进。高级人才以外，低级人才的训练，当亦属重要。各种社会事业的推动，如果仅有高级人才，而无低级人才为之襄助，亦难望其有所成就，将来各地方的社会事业开展以后，低级人才之供给定极需要。

第三，须灌输现代社会事业的基本理论。社会事业人员，在基本的学理方面，要有充分的准备。社会科学的基本知识，如社会学、政治学、经济学、法律学、历史等固应加以训练，他如社会事业概论、社会问题、社会病理学、心理学、生物学、社会心理学等亦须加以修习，使其对于各种主要的基本知识均有相当的基础。现代各种社会问题发生的原因，错综复杂，要想了解并找出有效的解决方法，必须对于各种基本理论有相当的研究。

第四，须注意于社会事业专门技能的培养。现代社会事业贵务实际，不尚空谈，在应用时，须有应付实际问题的本领。无论在消极的救济事业方面或积极的福利事业方面的设计与推动，均赖有专门技术人才为之担任。是以社会事业人才的培养，除灌输各种的基本理论以外，应特别注重各种实际技术的传授与实地工作，使其所习得之学理与事实沟通，这样，学理才不致流于空洞，训练方切合实际用途。诸如社会行政、社会个案工作、社会团体工作、社会调查、社会统计、社会研究、社会立法、社会保险、公共卫生、监狱改良、劳工福利、工厂检查、儿童福利，等等，均应斟酌情形加以注意。现在美国的社会事业教育，对于上述各科之传授，内容力求充实，程度日益提高。我国社会向来有一种错误观念，以为办理社会救济事业，无需高深理论与专门技术，好像只要有钱，谁都能做，此实因不明欧美各国现代社会事业发展的情形，有以致之。我国当前社会事业人才的培养，一时当然不能即希望如欧美各国之完备，但亦宜渐渐提高被训练者之技能程度，矫正以往之错误观念，将来社会事业的举办，庶可收事半功倍之效。

第五，须使被训练者能独立地担任社会研究工作。社会事业高深的研究，工作甚为繁重，非有良好学识根基的人不能胜任。我国各项社会事业甫在发端，各项问题莫不有待于高深之研究。社会事业人才的培养，一方面要注重行政人才及专门技术人才，一方面应根据研究实验的基础，多多培养能独立担任研究工作的人才。训练与研究，两者之关系，有如车之两轮，相辅为用，训练之人才愈多，则研究之效果愈著，研究之效果愈著，则训练之内容或教材，亦将愈见其充实。

第六，要使学生有认识各种社会问题的本领及随时自动求得解决的能力。我国社会问题极为严重与复杂，社会病态种类繁多。有许多亟待解决的问题，没有成例可循，所以主办社会事业之人，应随时自动地求得解决的途径与方法。现代社会事业之在中国，虽甫在发端，但问题日渐繁复，方法时有改变，目标常有转移，内容渐趋充实，各种情形多因客观的要求而有待于改进，因之，一个担负社会事业责任的人，必须有认识各种社会问题或病态的本领及能自动求得解决的能力。

第七，要使学生有深入民间、服务社会及办事的精神，推己及人，及仁民爱物的人生哲学。我国人民贫苦者居多，从事社会事业者如果没有吃苦耐劳的身体与精神，亦难望其有所成就。再则我国农村人民占全国之大多数，故社会事业人才的训练应特别注重使其有深入民间、服务农村的精神。办理社会事业的人所需要人格上的修养固有种种，而尤以为仁不倦、见义勇为、肯牺牲、不怕苦为其首要。有些从事社会事业者，每把个人的利益摆在前面，民众的利益则置之脑后，我国过去社会公益事业之所以不易发展，原因大都在此，因为任何社会公益事业的举办，私人的利害若考虑过于周密，社会公益事业是绝对难于发展的。无论何种事业的兴办，物质上的充裕，固甚重要，而精神上的贯注，尤为重要，因为有时物质上的欠缺，常赖百折不回的精神为之克服。所以训练社会事业人才，一方面要注重于专门技能及实地经验，一方面要不时培养受训练者的人生哲学——即推己及人与仁民爱物的人生哲学。从事社会事业者对于别人的生活，尤其一般贫苦人民的生活，应常发生浓厚的兴趣，且当运用丰富的社会知识与活泼的想象力，设身处地去体会别人的生活环境和心理反应等。

# 第四章　社会事业人才的种类

从事社会事业者，除修习各种普通科目外，应选定专门部分作为终生职业，此因社会事业的范围颇广，特殊种类亦不少，故必有所专，知识与技术方能日见高深。依据美国狄万(Devine E. T.)的意见，社会事业人才的训练，可分为下列数类，即：[①]① 普通救济事业，家庭福利事业及依赖者的救济(general relie, family welfare and dependent adults)；② 儿童福利事业(child welfare work)；③ 病人与残废者的救护及疾病的预防(care of the sick and handicapped and prevention of disease)；④ 犯人的救治与犯罪的预防(treatment of offenders and prevention of crime)；⑤ 劳

① Devine E. T., Social Work, New York. The Macmillan Compamy (Co.) press, 1922, 311.

工状况的改善(improvement of working conditions)。

英人阿尔登(Percy Alden)[①]谓：按照英国的情形，社会事业至少应包括下列四种活动[②]，即：① 贫穷的救济或预防；② 疾病的救济与预防；③ 犯人的处理与改造；④ 一般实业及经济生活的改善。

上述狄万氏的分类，除儿童福利工作外，与阿尔登氏的分类并无差别。但狄万氏曾加声明，谓上述之分类，当然要看一地人才需要状况、学生的数目、教员的数目以及其他状况而定。[③]

英人西米(Simey T. S.)[④]则谓英国今日之社会服务，有三种基本分类，即：① 救贫法——即救贫事业；② 教育；③ 公共卫生。我们知道，英国的社会事业大都划归卫生部办理，这是与他国不同的地方。

鲍格度博士(Dr. Bogardus E. S.)[⑤]从社会事业领袖人才的观点，将社会事业领袖人才分为下列五类：① 社会个案工作(Social Case Work)领袖；② 社会事业行政(Social Work

---

① Alden，现多译为“奥尔登”。——编者注

② Devine E. T.，Social Work，New York. The Macmillan Compamy Press，1922，312.

③ Simey T. S.，Principles of Social Administration，Oxford University Press，London，1937，7.

④ Simey，现多译为“赛米”。——编者注

⑤ Bogardus，现多译为“博加德斯”。——编者注

Administration)领袖;③ 社会团体工作(Social Group Work)领袖;④ 社区组织工作(Community Organization Work)领袖;⑤ 社会研究工作(Social Research Work)领袖。[①]

社会个案工作,包括医药社会工作(Medical Social Work)及精神病治疗社会工作(Psychiatric Social Work)。据鲍氏之意,领袖人才在上列任何方面均甚重要,尤其是社会个案工作领袖人才,在上列任何方面更为重要,这是因为现在美国社会个案工作人才数量的需要,超过后列四种领袖人才合并之总数。现在美国的社会个案工作在社会事业占首要的地位。社会个案工作一科的修习,已被认为作任何社会事业领袖所不可缺少的知识。社会个案工作的领袖,等到他的工作做到很美满的时候,自然有趋向于当行政领袖或处于监督领袖地位的可能。做社会个案工作最需要的条件或资格,在能获得社会变迁时个人不能适应社会的原因与其他关于个案的种种知识,并且要有能使个人发展适应人类社会的技能。他除须富有丰富的文化知识与技术的能力而外,尚须有一种健全的人生哲学(A wholesome philosophy of life)、合乎专业的精神与标准。所谓健全的人生哲学,依照鲍格度氏的解释,就是对人能够宽恕、自治,且富有仁爱之心。有许多从事社会事业者,当其

① Bogardus E. S. , Leadership in Social Work, Sociology and Social Research, Vol. XX: No. 5: May June, 1939.

开始工作时，尚能慈爱为怀，迄后渐渐遭遇各种不幸的经过，看到被拯救的分子，不能改过自新，慈爱之心便渐形消失，一变而为不易宽恕他人的心理，于是，对于一般受助之人不免失望，态度较前大有改变，对于整个社会事业的前途，亦不免有时悲观。充当社会个案工作领袖最重要之点，要视其能否克服上述之困难，而能始终保持健全的人生哲学。

社会行政方面的领袖，无论何地何时都甚感需要。这类领袖有时或者没有受过大学教育与社会事业的专门训练，但富有才能与和外调内的本领，许多社会事业的兴办，社会运动的提倡，要靠他们领导。一个社会事业机关的管理，人员的任用，社会事业行政领袖所负的责任甚大。社会事业行政领袖最需要的是行政经验，对人对事均要能善于应付。社会事业行政领袖，虽不必具有专长，但对于社会事业的各方面，均须略为认识其性质与重要，能权衡其轻重缓急，勇于负责推行。对于社会事业人才亦能尽力罗致，能使各项专才，乐为所用。社会事业的功能大半系乎各种事业的推进是否得人，而社会事业行政领袖尤占重要之地位。

社会团体工作领袖，在过去不甚重要，因为过去有很多的团体工作，都是没有受过这类训练的人担任的。并且有些人以为，作团体工作领袖的人要习性相近，资质相当，不是容易训练得出来的。不过，现今欧美各国的社会团体工作领袖，已获有新的地位。团体工作的组织、管理与指挥，须有新的知识与技巧，所以社会团体工作的方法或技术，亦为社会事业家应具有的知识。

社区组织领袖，须明了社区组织的原理及方法、社会组织的法则、社会改组的情形、社会历程的知识。社区组织之目的，在改造或建设社区，无论改造的方法如何，建设的种类怎样，应以社区大众之利益为依归。社区改造或建设的步骤，应为渐进的，不是激进的。所以社区组织的领袖，须以谋达社会公道、全民福利为职志，且要能把握住社区问题的重心，明悉社区人士的心理，事业的推动方易收效。

社会研究人才为社会事业领袖之一种。现代社会事业行政机关效率的增进及人民生活情形的了解，须借助于调查统计及研究分析的地方极多。惟有多加研究，才能彻底认识一种问题的症结；惟有从研究的结果，才能获得妥善的解决途径。研究的目的不仅是收集一些事实而已，还要找出人类社会的各种经验，测量社区组织的成绩，了解社会生活的情形。

社会事业的门类，如社会个案工作、社会事业行政、社会团体工作、社区组织工作、社会研究工作，皆须有领袖人才为之担任，一国的社会事业，方能有和谐的发展。据鲍格度氏之意，上述各种领袖所应同具的资格或条件为：[①]① 受过大学的普通教育，至少须

① Bogardus E. S. , Leadership in Social Work, Sociology and Social Research, Vol. XX; No. 5; May June. 1936, pp. 564～565.

得有学士学位者;② 受过社会事业之专门训练,至少须得有社会事业一科的硕士学位;③ 有二年至三年的社会事业的继续研究;④ 随时参加各种社会事业年会;⑤ 至各重要的国家去游历,专为考察社会事业;⑥ 在社会事业的门类中,对于某一门类有特殊的经验;⑦ 对于社会事业一职的标准有坚强的信仰;⑧ 关于社会事业新文献的增加、方法原理及哲学的改变,须随时留意;⑨ 善于顺应或富有幽默的意味;⑩ 能保持个人的人生哲学、职业的标准及仁民爱物的精神。

上述各种条件,似为理想中的社会事业领袖所应具备,但其中有几项,如至国外考察,得硕士学位以后继续研究二三年,不是一般社会事业领袖所易于做到的。

马觉司氏(Marcus,Crace F.)①谓社会事业的不同职位,大概可以归为下列三类。② 即:① 社会个案工作(Social Case Work)人员。如在家庭福利社(Family Welfare Societies)、公共家庭福利部(Public Family Welfare Departments)、医院及诊疗所之社会服务部(Social Servise Departments of Hospitals and Clinics)、学校之巡回教师部(Visiting Teacher Depatments of Schools)、法庭之

① Marcus,现多译为“马库斯”。——编者注

② Marcus G. F., Problems of Professtional Definitions and Clasification of Social Work, Social Work Year Book of 1937, 490~491.

犯人试释部(Probation Departments of Courts)、儿童安插及保护会社及其公共机关(Child Placing and Protective Societies and Public Agencies)、美国红十字会之家庭服务组(Home Service Sections of American Red Cross)、旅客服务社(Travelers Aid Societies),以及在其他机关从事工作者。② 社会团体工作(Social Group Work)人员。如在社会改良区(Settlements)、社会中心(或称公社)(Community Centers)、男女青年会(Young Men's and Young Women's Associations)、青年男女俱乐部(Boy's and Girl's Clubs)、公共俱乐部(Public Recreation Departments)以及其他有组织的娱乐及文化活动机关从事工作之人员。③ 社会福利计划或社区组织(Social Welfare Planning or Community Organization)工作人员。包括所有从事于社会福利计划及节目建议之社会机关会议、社区救济库(Community Chests)、各省及全国的监督及顾问机关、公共福利部(Public Welfare Departments)、公共卫生及卫生教育等机关(Public Health and Health Education Agencies)之工作人员。

以上是将社会事业的种类或社会事业人才的类别,加以引述。我们应知道,这种分类是随着各国的国情及各人的见解而各有不同。就我国目前社会事业人才之需要而言,社会事业人才的种类,似可分为:① 社会事业行政领袖人才;② 社会事业的高级专门人才;③ 社会事业的中等技术人才;④ 社会事业的低级普通人才。

社会事业行政领袖人才须众望所归,对于社会事业的部门不必有其专精,但亦须略悉其梗概。他须有勇于服务的精神,创造的能力,高瞻远瞩的识见,热心公益的美德,头脑清楚,行动敏捷。要能排除阻碍,消释群疑,见义勇为,百折不挠,且须长于辞令与交游,富有指挥与组织的能力,知人善用,“人之有技,若己有之”,其人格态度、学识经验皆能适合环境的需要。此种行政领袖恐非学校所能造成,大半由于个人资质的特异及时势的影响,而成为一个时代的领袖。我国今日现代社会事业的创办与发展,亟须有这种行政领袖人才,为之提倡与领导。

社会事业的高级专门人才,必须具有丰富的科学知识与社会事业的专门技术。且须有研究实验的本领,监督管理的能力,然后始能负起计划实施与改进社会事业的职责。此类人才则纯赖高等教育机关为之培养。

社会事业的中等技能人才,须具有普通科学的知识及社会事业上所需要的各种普通技能,如调查统计、个案访问等。对于管理工人及记录各种事业的常识,亦甚需要。

社会事业的低级普通人才,对于社会事业上的常识须略知其大要,并须善于劝导民众,通晓民情风俗。

# 第五章　社会事业人才训练的方法

社会事业人才训练的方法或内容，不外乎学校课程的开设、实地的练习、研究工作的推进、人格的熏陶与身体的锻炼几种途径。今试分论如次。

1. 社会事业人才训练的课程

本节所讨论之社会事业课程，系指训练高级专门人才而言。社会事业人才的训练通常仅包括课堂的讲授与实地工作，但美国也有少数社会事业学校有社会研究的组织，亦视为训练节目中之一部者。在美国以往仅有少数私立社会机关，训练学生担任个案工作之职务。而自公共福利服务发达以来，训练之范围亦随之而扩大。属于社会事业学校协会之各学校所开设之课程，亦各有不同，且有些专门社会事业之课程与社会学之课程，亦不易于划分清楚。各学校经费之来源不同，多少不一。社会事业学校之兴办，如同法科及医科学校一样，必须有充实的经费，方能维持教学研究与实地工作等的水准。

社会事业人才训练之课程，大概可分为普通基本课程及专门课程两种。现在各社会事业学校学生对于普通基本课程之修习，尚无严格之规定。在一些规模较小的学院，完备的社会科学基本课程的开设，仍为缺乏。狄万（Devine E. T.）谓社会学、经济学、心理学、社会心理学，皆为从事社会事业者必修之基本学科。他如生物学、生理学、地理学、历史学以及卫生学、工程学等应用科学知识，对于从事社会事业者亦极有帮助。[①] 社会学为社会科学之基本科学，社会学可给吾人以广泛的社会生活知识，指示社会事业之正确方向，使从事社会事业者能超过当时当地的个案趣味。欲使自己的哲学不是幻想，或自己的经验不限于一隅，莫不有赖于社会学。经济学中各部门的原理如生产、消费、分配、交易及劳工等现象，莫不与社会失调分子有密切之关系。人类社会生活多为人与人间所发生的交易行为之现象，个人的心理状态、心理反应以及社会心理的现象，皆为从事社会事业者所当注意，故心理学与社会心

① Devine E. T., Social Work, New York, The Macmillan Company (Co.) press, 1922, 302～304.

理学的知识亦不可少。人为生物之一种,生理构造、生老病死,均不能脱离生物学上的法则。精神病人服务事业与生物学及生理学极有关系,故生物学与生理学同属社会事业上的基本知识。历史学说明现状之由来及人类进化与变迁的史迹,地理学示吾人以人类社会之分布状况以及其所处环境的异同,此均为从事社会事业者必具之普通基本知识。至于卫生学与工程学的知识,则须视从事社会事业的门类,以定其需要与否。

据魏斯列(Wisner E.)[①]之意见[②]:大凡投入社会事业学校之学生,莫不望其毕业后在社会机关从事工作,因之实地练习与课堂之理论讲授同属重要。在校修业期间,对于社会情形所需要之知识,应有所准备。值此社会事业教育发展的阶段,希望学生在受大学教育时期,对基本的社会科学能有相当的准备。在美国有许多的社会事业学校或学系,是附设于社会学系之内的,因之,对于社会学一科特加重视。此外,专门从事社会事业者对于工资、工会、劳工问题及其他经济问题与原理,地方政府、公共行政及其他政治科学的原理与问题,均应加以了解,心理学对于社会事业的推行亦有其需要。生物学对于医药社会工作,亦不可

---

① Wisner,现多译为“威斯纳”。——编者注

② Wisner E., Education for Social Work Relation to Social Seiences, Social Work Year Book of 1937, 133～134.

缺少。

从事社会事业者固须富有各种普通基本知识，尤其要紧的，须有各种专门技术课程的训练。现在欧美各社会事业学校所规定之专门技术课程，亦殊不一律。在过去十余年中，美国社会事业学校协会对此曾有相当之努力，对于研究院全年的课程，曾经课程委员会加以审定。大约在 1937 年时，该协会对于新请求加入之学校，关于最低课程标准，又进而作一重新的规定。其所规定之基本课程如下：[①] ① 甲组：个案工作（Case Work）医学知识（Medical Information）、精神病社会工作（Psychiatric Social Work），定为必修课程。② 乙组：社区组织（Community Organization）、特种个案工作（Specialized Case Work）与团体工作（Group Work），在上述课程中学生必须修习两门。③ 丙组：社会事业概论或范围（Field of Social Work）、公共福利行政（Public Welfare Administration）、劳工与工业问题（Problems of Labor and Industry），在上述课程中学生必须修习两门。④ 丁组：社会统计（Social Statisties）、社会研究（Social Research）、社会立法（Social Legislation）及社会事业的法律方面（Legal Aspects of Social Work），其中必须开设一种。

---

① Wisner E.，Education for Social Work Organization and Methods of Instruction，Social Work Year Book of 1937，pp. 129～130.

此种最低限度的必修课程，限制并不严格，亦可斟酌情形，加以变更。

研究院第二年课程的标准，该协会并未加以规定，但许多学校开设之课目颇多，其中包括：① 社会精神病学及人格问题（Social psychiatry and personality problems），精神病治疗社会工作（Psychiatric social work），及医药社会工作（Medical social work）一类课目之高深的研习；② 儿童福利方面之特别课程，如抚养儿童，少年法庭组织及法庭试释工作（Special courses in the field of child welfare dealing with children under faster care, juvenile court organization and probation）；③ 社会事业与法律（Social work and the law）、社会事业与法庭（Social work and the courts）、社会事业与学校（Social work and the schools）、家庭与政府（The family and the state）、社会机关行政（The administration of social agencies）、社会调查与社会研究的方法（Methods of social investigation and social research）、失业问题（Problems of unemployment）、社会福利事业史（History of social welfare work）、移民问题（Immigration）、社会保险（Social insurance）、住宅问题（Housing）、生活程度（Standards of living）、农村社会事业（Rural social work）、营养学（Nutrition），以及其他特种科目的开设。

美国各社会事业专门学校所规定之必修课程虽不免稍有差异，但关于此类材料的安排已有一致的同意。凡得博士学位者，必须修毕社会处理（Social treatment）、社会研究（Social Reseach）、公共福利行政（Public welfare administration）、公共救助及社会保险（Public assistance and social insurance）、慈善事业及社会福利事业史（History of philantropy and social welfare），有少数并设有团体工作及社会救济库执行方面（Community chest excutives）之特别课程。

德国社会救济人员训练所所开设之课程每年不同，各班复有分别，兹将该所及其社会救济妇女训练班所开设之课程照录如下，以见德美社会事业学校课程之差异。

(1) 社会救济人员训练所所开设之课程为圣经、教育史、小儿祈祷之理论与实习、社会政策、民法及刑法、圣经学、心理学、德文、职业学、青年社会救济学、新闻学入门、历史学、社会救济史、国民教育学、地理学、社会救济学入门、国民经济学、演讲训练、卫生学及社会卫生学、体操及运动、内地教育史、社会教育学、唱歌、旧约全书、社会伦理学、音乐、国民布道会之本质及其使命、青年心理学、新约全书、特殊教育学、信仰学、国家行政学、宗教传授方法学、教会史、圣经讲话、国家社会经济条例（按：该校为德国著名神学家威席尔所创办，故宗教色彩甚浓）。

(2) 社会救济妇女训练班所开设之课程为国家社会主义世界观、卫生学、家计学、家庭教育学、国民共同社会学、德国社会福利救济之设施等。

兹将美国各大学之社会事业学校、学院或学系所开设之课程，综合叙述一番，以供参考。以社会事业为主系之学生，除各种普通基本课程必须修习外，大概须习下列各种课程：① 社会事业概论(Introduction to social work)；② 社会事业史(History of social work)；③ 社会个案工作(Social case work)；④ 社会团体工作(Social group work)；⑤ 儿童福利事业(Child welfare work)；⑥ 犯罪及社会处理(Crime and its social treatment)；⑦ 贫穷与救济(Poverty and relief)；⑧ 医院社会工作或医药社会工作(Hospital social work or Medical social work)；⑨ 医药知识(Medical information)，即救助个人与补救社会问题时关于医药方面所应有之知识；⑩ 监狱改良事业(Prison reform work)；⑪ 农村社会事业(Rural social work)；⑫ 精神病治疗社会工作(Psychiatric social work)；⑬ 精神病学知识(Psychiatric information)，即为精神病人服务时所应有的关于精神病方面之知识；⑭ 社会事业行政或称公共福利行政(Social work administration or public welfare administration)；⑮ 劳工问题(Labor problems)；⑯ 公共卫生(Public health)；⑰ 青年男女社团

事业(Club work for boys and girls);⑱ 社会调查(Social survey);⑲ 社会统计(Social statistics);⑳ 社会研究(Social research);㉑ 社会立法(Social legislation);㉒ 少年犯罪及其处理(Juvenile delinquency and its treatment);㉓ 社会保险(Social insurance);㉔ 公共救助(Public assistanse);㉕ 社区或地方组织(Community organization);㉖ 合作运动(Cooperative movement);㉗ 社会运动(Social movement);㉘ 娱乐事业(Recreaton work);㉙ 专题研究(Seminar);㉚ 实地工作(Field work)。

以上为获得社会事业学士学位必修或选修的课程。学生获得学士学位以后,如欲再求深造,可入社会事业研究院修习硕士或博士科,社会事业研究院除注意自动的作独立的研究以外,常设有下列各种课程:① 高等社会事业(Advanced social work);② 家庭个案工作(Family case work);③ 高等医药社会工作(Advanced courses on medical social work);④ 高等监狱社会工作(Advanced social work in prison);⑤ 犯人试释及假释工作(Probation and parole work);⑥ 高等精神病治疗社会工作(Advanced courses in psyciatric social work);⑦ 高等娱乐事业(Advanced course in reoreation work);⑧ 人事行政(Personal administration);⑨ 工厂检查(Factory inspection);⑩ 劳工立法(Labor legislation);⑪ 社会研究(Social research);⑫ 社会改良深究(Advanced course in social reform)；⑬ 社会处理(Social treatment)；⑭ 专题研究(Seminar)；⑮ 实地工作(Field work)。

**美国社会事业教育的新趋势**　属于美国社会事业学校协会之学校近来所开设的课程，随着科学知识与经验的增加及研究工作的进步而日益扩展，仅习一门普通的公共福利行政对于将来的社会行政家是不够用的，因为行政家还得多多了解政治的结构，公共福利不过为政治结构中之一部。公共救助及社会安全(Social security)方面的工作，财政学与个案工作服务的知识有同样的重要。现今社会事业学校大都明了此种新的趋势，并试行充实此种需要。同样在社会处理的范围，人类行为的知识增加，适当方法的需要，各学校在社会精神病学上增加了不少的资料。近年以来，有些大学对于公务行政人员之训练深感兴趣，这是因为公共服务事业范围日益扩大之故。

**我国社会事业人才训练课程的商榷**　以上是将他国训练社会事业人才的课程情形略加叙述，至于我国社会事业人才的训练则尚在开端时期，因师资的缺乏与教材的困难有待商榷之处颇多。我国大学各学系的课程标准，教育部曾经一度规定，但事属草创，各方的见解亦殊不一致。且曾经规定课程之各学系，亦有相当历史，意见尚多分歧，社会事业学系课程标准之规定当非易事。今就管见所及，试拟一社会事业系课程表如表 3-3、表 3-4：

社会事业系必修及选修课程草案：

**表 3－3　社会事业系必修课程(注①)**

| 课程名称 | 应修学期 | 学分数目 | 先修课程 | 年级 | 备　注 |
|---|---|---|---|---|---|
| 社会学 | 2 | 6 | | 一 | |
| 社会问题 | 2 | 6 | 社会学 | 二 | 或称社会病理学 |
| 社会事业概论 | 1～2 | 3～6 | 社会学 | 二 | 社会事业史可暂包括在此课程内讲授 |
| 儿童福利或妇女工作 | 1 | 3 | 社会学 | 二 | 或称妇女与儿童 |
| 社会调查与研究 | 2 | 6 | 社会学及社会问题 | 三 | 上学期注重讲演,下学期注重实地调查 |
| 社会心理学 | 1 | 21① | 社会学与心理学 | 三 | 心理学或可免修 |
| 社会统计 | 1～2 | 3～6 | 统计学 | 三 | |
| 社会个案工作 | 1～2 | 3～6 | 社会学及社会问题 | 三、四 | 外加实习(注②) |
| 社会团体工作 | 1 | 3 | 社会学及社会问题 | 三、四 | 外加实习 |
| 社会行政 | 1 | 3 | 社会事业概论 | 四 | 或称社会事业行政,或称社会机关行政 |
| 社会立法或社会政策 | 1 | 3 | 社会学、社会问题、社会事业概论 | 四 | |

① 疑此处应为 2 学分。——编者注

续　表

| 课程名称 | 应修学期 | 学分数目 | 先修课程 | 年级 | 备　注 |
| --- | --- | --- | --- | --- | --- |
| 机关参观及实习 | 1～2 | 2～4 | | 二、三、四、 | |
| 专题研究或毕业论文 | 2 | 4 | | | |
| 共计 | | 45～56 | | | |

注①：共同必修科目如英文、国文、论理学、哲学概论、中国通史、西洋通史、三民主义及其他社会科学或自然科学，可依照法学院各学系之规定。

注②：个案或社会个案工作为社会事业中之重要课程，但因我国教材缺乏，亦可暂与团体工作或社会团体工作合设一课程。

**表 3－4　社会事业系选修课程**

| 课程名称 | 应修学期 | 学分数目 | 先修课程 | 年级 | 备　注 |
| --- | --- | --- | --- | --- | --- |
| 社会保险 | 1～2 | 3～6 | 劳工问题 | 二、三 | |
| 公共卫生 | 1 | 3 | | 二、三 | |
| 劳工问题或劳工福利 | 1 | 3 | 社会学及社会问题 | 二、三 | |
| 社会政策 | 1 | 3 | 社会学及社会问题 | 二、三 | |
| 社会立法 | 1 | 3 | 法学通论 | 二、三 | |
| 家庭福利事业或家庭个案工作 | 1 | 3 | 家庭问题 | 三、四 | |
| 儿童福利 | 1～2 | 3～6 | 社会学及社会问题 | 三、四 | |

续 表

| 课程名称 | 应修学期 | 学分数目 | 先修课程 | 年级 | 备　注 |
|---|---|---|---|---|---|
| 妇女工作 | 1 | 3 | 社会学及社会问题 | 三、四 | |
| 社会教育 | 1 | 3 | 教育通论 | 二、三、四 | |
| 社区组织 | 1 | 3 | 社会学及社会问题 | 二、三、四 | 或称社区社务工作 |
| 心理卫生 | 1 | 3 | 心理学及公共卫生 | 二、三、四 | |
| 贫穷与救济 | 1 | 3 | 社会学及社会问题 | 二、三、四 | 或称社会救济 |
| 犯罪问题 | 1 | 3 | 社会学及社会问题 | 二、三、四 | |
| 监狱改良事业 | 1 | 3 | 社会学及社会问题 | 二、三、四 | |
| 合作事业 | 1～2 | 3～6 | | 二、三、四 | |
| 社会运动 | 1 | 3 | | 二、三、四 | |
| 精神病人服务事业 | 1 | 3 | 心理卫生 | 二、三、四 | |
| 医院社会工作 | 1 | 3 | 公共卫生 | 二、三、四 | |
| 娱乐问题 | 1 | 3 | 社会学及社会问题 | 三、四 | |

**续　表**

| 课程名称 | 应修学期 | 学分数目 | 先修课程 | 年级 | 备　注 |
|---|---|---|---|---|---|
| 行政学 | 1 | 3 | | 三、四 | |
| 农村社会事业 | 1 | 3 | 农村社会学 | 三、四 | |
| 公文程式 | 1 | 2 | | 三、四 | |

以上所列各种课程，尤其是选修课程中，因师资及教材的缺乏，现欲多加开设当非易事，但亦不妨按照目前需要及实际情形酌量增设，如属专修科性质，亦得酌量增减之。现在法学院社会学系之课程，教(育)部曾有规定，学生除修习原定之共同必修及本系必修课程外，已无多时可选读其他关于社会事业与社会行政方面之课程。基于此种原因，故似有添设社会事业系或社会事业行政系，及研究院之必要。不过由于师资与教材的缺乏，及学校行政上的牵制，目前推行亦不无困难。为顾及上述困难及目前需要，可在社会学系附设一社会事业组，或称为社会福利行政组、社会服务行政组，或社会事业行政组，或社会行政组，均无不可。一俟将来师资及教材的问题解决，即由组改系，改系以后，学生人数增加，各种社会事业如更须专门化，在社会事业系中亦可斟酌当时实际情形，再行分组。就作者管见所及，社会事业系发展以后，得视需要情形，可分为下列各组，每组可设下列各种课程，以供学生必修或选修(见表 3－5、表 3－6、表 3－7、表 3－8、表 3－9)。

**表 3－5 劳工福利事业组**

| 课程名称 | 应修学期 | 学分数目 | 先修课程 | 年级 | 备注 |
|---|---|---|---|---|---|
| 社会学 | 2 | 6 | | 一 | |
| 社会问题 | 2 | 6 | 社会学 | 二 | |
| 社会事业概论 | 1～2 | 3～6 | 社会学 | 二 | |
| 社会事业史 | 1 | 3 | 社会事业概论 | 二、三 | |
| 社会调查与研究 | 2 | 6 | 社会学及社会问题 | 三 | |
| 社会心理学 | 1 | 3 | 社会学与心理学 | 三 | |
| 社会统计 | 1 | 3 | 统计学 | 三 | |
| 社会个案工作 | 1 | 3 | 社会学及社会问题 | 三 | |
| 社会团体工作 | 1 | 3 | 社会学及社会问题 | 三 | |
| 社会机关行政 | 1 | 3 | 社会事业概论及社会事业史 | 三、四 | 或称社会行政，或称社会事业行政 |
| 社会立法 | 1 | 3 | 法学通论 | 三、四 | |
| 社会政策 | 1 | 3 | 社会事业概论 | 三、四 | |
| 劳工问题 | 1 | 3 | 社会学及社会问题 | 二、三 | |
| 劳工立法 | 1 | 3 | 社会学及社会问题 | | 有此课程社会立法可勿再开 |
| 工厂检查 | 1 | 3 | 劳工问题 | 三、四 | |

续　表

| 课程名称 | 应修学期 | 学分数目 | 先修课程 | 年级 | 备　注 |
|---|---|---|---|---|---|
| 社会保险 | 1 | 3 | 劳工问题 | 三、四 | |
| 失业问题 | 1 | 2 | 劳工问题 | | |

**表 3-6　儿童福利及妇女工作组**

| 课程名称 | 应修学期 | 学分数目 | 先修课程 | 年级 | 备　注 |
|---|---|---|---|---|---|
| 社会学 | 2 | 6 | | 一 | |
| 社会问题 | 2 | 6 | 社会学 | 二 | |
| 社会事业概论 | 1～2 | 3～6 | 社会学 | 二 | |
| 社会事业史 | 1 | 3 | 社会事业概论 | 二、三 | |
| 社会调查与研究 | 2 | 6 | 社会学及社会问题 | 三 | |
| 社会心理学 | 1 | 3 | 社会学与心理学 | 三 | |
| 社会统计 | 1 | 3 | 统计学 | 三 | |
| 社会个案工作 | 1 | 3 | 社会学及社会问题 | 三 | |
| 社会团体工作 | 1 | 3 | 社会学及社会问题 | | |
| 社会机关行政 | 1 | 3 | 社会事业概论及社会事业史 | | 或称社会行政，或称社会事业行政 |
| 社会立法 | 1 | 3 | 法学通论 | | |
| 教育通论 | 1 | 3 | | | 或可不开 |

续 表

| 课程名称 | 应修学期 | 学分数目 | 先修课程 | 年级 | 备 注 |
| --- | --- | --- | --- | --- | --- |
| 儿童心理学 | 1 | 3 | 心理学 | | |
| 儿童福利问题 | 1～2 | 3～6 | 社会学及社会问题 | | |
| 妇女问题或妇女工作 | 1 | 3 | 社会学及社会问题 | | |
| 教育心理学 | 1 | 3 | 心理学 | 三、四 | |
| 家庭个案工作 | 1 | 3 | 社会个案工作 | 四 | |

**表 3－7 社会服务及社会救济组**

| 课程名称 | 应修学期 | 学分数目 | 先修课程 | 年级 | 备 注 |
| --- | --- | --- | --- | --- | --- |
| 社会学 | 2 | 6 | | 一 | |
| 社会问题 | 2 | 6 | 社会学 | 二 | |
| 社会事业概论 | 1～2 | 3～6 | 社会学 | 二 | |
| 社会事业史 | 1 | 3 | 社会事业概论 | 二、三 | |
| 社会调查与研究 | 2 | 6 | 社会学及社会问题 | 三 | |
| 社会心理学 | 1 | 3 | 社会学与心理学 | 三 | |
| 社会统计 | 1 | 3 | 统计学 | 三 | |
| 社会个案工作 | 1 | 3 | 社会学及社会问题 | 三 | |
| 社会团体工作 | 1 | 2 | 社会学及社会问题 | 三 | |

续　表

| 课程名称 | 应修学期 | 学分数目 | 先修课程 | 年级 | 备　注 |
|---|---|---|---|---|---|
| 社会机关行政 | 1 | 3 | 社会事业概论及社会事业史 | 四 | 或称社会行政，或称社会事业行政 |
| 贫穷与救济 | 1 | 3 | 社会学及社会问题 | 三、四 | 或称社会救济事业 |
| 职业指导与介绍 | 1 | 3 | | 二、三、四 | |
| 职业心理学 | 1 | 2 | | 三、四 | |
| 劳工问题 | 1 | 3 | 社会学及社会问题 | 二、三 | |
| 娱乐问题 | 1 | 3 | 社会学及社会问题 | 三、四 | |
| 社会运动 | 1 | 3 | 社会学及社会问题 | 三、四 | |
| 社区组织 | 1 | 3 | 社会学及社会问题 | 三、四 | |
| 公共救助 | 1 | 3 | 社会学及社会问题 | | 有此课目贫穷与救济可勿再开 |

**表 3-8　犯人救助与监狱改良事业组**

| 课程名称 | 应修学期 | 学分数目 | 先修课程 | 年级 | 备　注 |
|---|---|---|---|---|---|
| 社会学 | 2 | 6 | | 一 | |
| 社会问题 | 2 | 6 | 社会学 | 二 | |

续 表

| 课程名称 | 应修学期 | 学分数目 | 先修课程 | 年级 | 备　注 |
|---|---|---|---|---|---|
| 社会事业概论 | 1～2 | 3～6 | 社会学 | 二 | |
| 社会事业史 | 1 | 3 | 社会事业概论 | 二、三 | |
| 社会调查与研究 | 2 | 6 | 社会学及社会问题 | 三 | |
| 社会心理学 | 1 | 3 | 社会学与心理学 | 三 | |
| 社会统计 | 1 | 3 | 统计学 | 三 | |
| 社会个案工作 | 1 | 3 | 社会学及社会问题 | 三 | |
| 社会团体工作 | 1 | 2 | 社会学及社会问题 | 三、四 | |
| 社会机关行政 | 1 | 3 | 社会事业概论及社会事业史 | 三、四 | 或称社会行政 |
| 社会立法 | 1 | 3 | 法学通论 | 三、四 | |
| 犯罪学 | 1 | 3 | 社会学及社会问题 | 二、三 | |
| 监狱改良事业 | 1 | 3 | 犯罪学 | 二、三 | |
| 犯罪心理学 | 1 | 3 | 犯罪学 | 三、四 | |
| 贫穷与救济 | 1 | 3 | 社会学及社会问题 | 三、四 | |
| 儿童法庭 | 1 | 2 | 犯罪学 | 四 | |

表 3-9　社会保健与医院社会工作组

| 课程名称 | 应修学期 | 学分数目 | 先修课程 | 年级 | 备　注 |
|---|---|---|---|---|---|
| 社会学 | 2 | | | 一 | |
| 社会问题 | 2 | | 社会学 | 二 | |
| 社会事业概论 | 1～2 | | 社会学 | 二 | |
| 社会事业史 | 1 | 3 | 社会事业概论 | 二、三 | |
| 社会调查与研究 | 2 | 6 | 社会学及社会问题 | 三 | |
| 社会心理学 | 1 | 3 | 社会学与心理学 | 三 | |
| 社会统计 | 1 | 3 | 统计学 | 三 | |
| 社会个案工作 | 1 | 3 | 社会学及社会问题 | 三 | |
| 社会团体工作 | 1 | 3 | 社会学及社会问题 | 三、四 | |
| 社会机关行政 | 1 | 3 | 社会事业概论及社会事业史 | 三、四 | 或称社会行政 |
| 社会立法或社会政策 | 1 | 3 | 法学通论 | 三、四 | |
| 公共卫生 | 1 | 3 | | 三、四 | |
| 心理卫生 | 1 | 3 | | 三、四 | |
| 营养学 | 1 | 2 | | 三、四 | |
| 医药知识 | 1 | 2 | | 三、四 | |
| 医院社会工作 | 1 | 2 | | 三、四 | |
| 精神病治疗知识 | 1 | 2 | | 三、四 | |

他如社会保险、社会教育及合作事业等组，亦可视其需要，酌量分设，他日如可能，设一社会事业学院，内设上述各系，更易收分工合作之效。

2. 社会事业人才训练的实习问题

实地练习在社会事业教育方面之重要，久已被人承认。实际说来，实地练习，应视为学校课程之一部。实地工作数量之多寡，可以影响到学校声誉之高低。此因社会事业人员的实际工作效能，有如医生一样，要影响人类本身的幸福，责任非常重大，课堂讲授，不过为训练人才工作之一部。社会事业人才一方面要有学理的基础，一方面要有实地的经验。在校所修习的各种课程，包括各项应用学科，多为理论方面的传授，缺乏事实的印证，理论与事实若不能融会贯通，则于实际问题难期有所补救，因只精于学理而缺乏经验，仍不足以胜任。是以从事社会事业者，除受有学校各项课程训练以外，在修业期间应有一个短期的实习，以培养其成为完善的社会事业人才。此系就原则而言，但在事实上，学生在实习期间也有不少的困难。学生的实习工作，必须在组织完备的社会机关与有实际负责人监督指导之下，应用适当的方法，必须如此，学生方能受到实益。关于学生实习的教育意义，社会事业学校当局与社会事业行政机关当局应有共同一致的认识。实习的效果如何是双方应负的一种责任，此类实习工作的推动，即在美国以往亦有不少的困难，其主要原因在于社会事业教育机关与社会事业机关的经验性质不一，于学生的实习工作不能有适当的配合。从理想方面说，社会事业专门学校，实地练习工作如同课堂的讲述一样，应含有深长的教育意义。但实际言之，实地练习工作是给予学生一种机会，观察一串不相关联的经验或事实，这些经验或事实，多少是一些连续的、单调的甚至毫无教育意义的工作。或者在较高的水准上，机关例行工作的机会当中，监督人员控制之下，使之得到最大教育价值的经验，但是这在监督人员自己并没有此种自觉的勉力①。

不过，此种情形现在美国正在改变，这大都由于各学校之重视专业的储备，全才的素养，实际工作教员教导能力的增进，及教育机关与事业机关对于社会事业的普通情形方面，承认其重要，尤其要紧的是由于学校与机关深深感觉彼此相互依赖之所致，若要专门学校的教育办得有效果，要一社区所赖以改进成功的社会机关能得到合格的人选，学校与机关实有互相交换资料与意见之必要。现在大多数的机关与学校莫不认为社会事业的专业教育，较之特定机关的业务训练更为重要。美国社会事业人员协会入会资格之一，规定必须有300小时之监督或领导下的实际工作，这一点必将

① Lee P. R. (porter), Mental Hygience and Social Work, New York, The Commonwealth Fund, Division of Publication 1929, 309.

成为今后提高实地工作训练标准最重要的因素之一。

关于各学校第一年及第二年之实际工作必修时数，社会事业学校协会虽规定第一年课程内，实地工作学分不要多于10学期或15学期的学分，即第一学年课程中应有22学期学分，或30学期学分的实际工作，但各校实际的情形仍不一致。

大多数的学校对于普通个案工作机关，至少要一个学分的实际工作，这是因为学生在这一类的机关里实习，可在较短的时期以内与各种不同的合作机关接触，对于社会福利事业的园地，能获得各种现有的知识。现在美国有各种不同的机关可予学校学生以实地工作之便利，例如各种儿童机关、医院及诊疗所之医药社会服务部、精神病人医院、儿童指导所、少年法庭及公立学校之视察教师服务部，等等，不一而足。由于政府救济事业之扩大，使入学人数日增，实地工作更加便利。各州各地方之福利部对于实地工作训练，亦日趋重要，这并非由于学校注册人数，及实地工作机会之增加，而是由于有赋税维持之公共救助行政及较新的儿童福利服务事业兴起之故，由于社会保安（Social Security）计划的实施，与农村区域社会服务之扩展，这些地方都予实地工作训练以相当的便利。

前面已经说过，社会事业学校协会所属各学校之实地工作分配并不一律，这是由于各学校的教育政策不同，及某种实际问题牵涉所致，实地工作在各学校的训练程序上及预算上，应视为训练方式之一种，与他种训练应具有同样的性质与意义，这样得来的实地工作学分方有价值，由于这种观点，实地工作练习的费用，似乎不能节省，且在学校预算上应列为项目之一。有些学校当局以为实地工作，不过是参加一个机关工作以期获得一些在课堂中不能获得的经验，需要较长的时间才能有些效果，这种效果的多少，还要看一个地方机关能否供给种种服务的机会与便利以为断。学校与机关的地点或在都市，或在农村，或在市镇，学生从事实习的便利与否或得益多少，学校与机关的所在地点及机关是否适宜于实习，这与学生的实地工作的实质都有关系。

各学校对于学生实习之计划，虽各有不同，而下列的三种方法，似有明显的分别，即：① 有些学校对于各社会机关监督指导学生之兼任人员，采取给付一部分薪俸的办法；② 有少数学校聘请实地工作专任教员，在指定的各种合作机关及一定的时间之内，指导学生工作；③ 有极少数之学校与选定机关有特殊合作关系，这种选定的机关，不仅对实地工作负监督指导责任，且对于费用方面亦负全责。

以上对于美国社会事业人才的实习情形，已经略述梗概。今后我国社会事业人才的训练亦不应以课堂讲授为满足，对于实地练习工作亦须斟酌实情，从速施行，不过目前我国社会事业人才训练的实习方面，问题颇多。第一，我国现有之社会事业机关，研究与实验工作有成效的甚少，若令学生加入是类机关实习，没有多大的教育价值。第二，即令有可以实习的机关，机关方面或亦不愿收容临时的实习生，因为学生来到机关实习，不仅不能对于机关方面有所协助，有时反足以妨碍机关事业的进行。第三，有学识、有行政经验的领导人才难得。长于理论与思想者，每缺乏实际行政的经验，富于行政经验者，又多无学识的基础，且未必能诱导初学之士。资质平凡，常识中庸，经验短少之人，殊难望其担负督导之责。第四，学理与实习难以互相沟通，以致学理自学理，实习自实习，理论与事实不能打成一片。

美国有些社会事业学校，对于学生的实习问题有各种不同的实验。学校当局有时介绍学生至某社会机关，作无报酬的服务工作。在实习时间，各种条件，由学校与机关互相商定，有时则聘请富有行政经验的人来校担任某种与实习有关之课程。例如美国斯密司大学(Smith College)[1]对于社会事业人才训练的实习方法，先用 8 个星期讲授各科学理，以后的 9 个月将学生送到某种公立或私立的社会事业机关去实习，等到实习期间完毕以后，再用 8 个星期作进一步的研究。在此研究时间，必须根据自己在 9 个月实习期所得的经验与

① Smith College，现多译为“史密斯大学”。——编者注

材料，写作一篇毕业论文。这种论文，比专凭收集现有材料作成的，价值自然要大些。有时并举行讨论会，学生可将实习得来的经验，及研究的心得提出讨论。最可注意的，学生在 9 个月的实习期间，并不完全抛弃理论方面的研究，每星期仍有 2 小时的理论课程，而且要时常温习以前所讲授的各项学科原理，并不时搜集材料，以充实毕业论文的内容，目的在使学生学而又习，习而又学，使其所学与社会需要相配合，免蹈一般学非所有之流弊。据说，他们的成绩很好。但是这种实习的方法，现在我国举行颇属不易。学校所在地点与实习机关的距离太远，交通不便，适合的机关与指导的人都不易觅。此后社会事业机关应设法与有声誉之医院社会事业部及社会服务机关互相联络，使学生得有实习的处所，如以前北平燕京大学之社会学及社会服务系之与北平协和医院社会事业部的合作，上海沪江大学社会学系之与沪东公社的合作，皆其先例。

3. 社会事业研究工作的推进与人才训练

研究工作对于人才训练之所以重要，因为训练内容的充实要赖有良好的教材，而良好的教材必须从高深的研究得来。“社会事业研究”一名词在以往的看法，与“社会研究”意义相同，但时至今日，此类名词之交替互用已不再容许了。年复一年，社会研究的含义日益扩大，社会研究的产量亦日益增加。在许多大学里及研究基金社中，社会研究包括经济学、社会学及政治学的整个领域，此与人类移动的原因、精神崩溃的流行或金本位的废除,无不有关。社会事业则不然,它是对人类的不幸加以解救,虽然,它的确切的界说尚未肯定。社会事业一名词的定义趋向于社会事业人员实际工作的表现,而社会研究则为社会事业人员对于某项人类、个人或社区的问题所用的方法或技术上的探究与考察。一个社区组织所采取的计划用以补救失业问题、传染病或各种灾害。一群公民发动对于残废儿童施以医药救济,以及社会安全(Social Security)节目中之庞大救济制度的行政方法,俱为社会事业范围以内适当研究的题材。

以社会事业研究为目的之机关,有时亦作普通社会研究工作。例如社会改良区(Social Settlements)有时或以分析社区中所产生之"党群"为目的,但这是社会研究,而不是社会事业研究,除非在社会改良区以内,处理"党群"的方法成为探究的题材。家庭福利机关有时研究在其附近区域以内之肺痨疾病的发生,这也不是社会事业研究,除非它对于贫民中之肺痨问题的补救计划有所策动。社会事业研究的界说必须限于专门社会事业组织及方法上的科学的分析,有所贡献。以社会事业为专业的人员,要对于他们本行所有的资料,能加搜集、估价并解释。因此将研究工作的推动,视为社会事业教育之一部分,实有其正当理由。自美国公共福利服务扩大以后,对于有价值的资料的科学估价,常为社会行政家及工作人员所密切注意。为求考验社会政策及行政程序的效果,研究方法的训练不当仅限于社会研究的专才。社会事业人员能对于研究方面有适当之准备,对社会研究及处理上的材料有适合之估价,在社会科学方面是一种重要的贡献。不过,此种研究工作常由有社会科学训练的人来担任,而对于社会事业的方法及历程并不熟悉。

有些学校授予硕士学位时,学生所作的社会调查或考察的某方面,常视为论文上的重要部分。不过,对于所有获得学位资格或证书的人,参加研究工作是否应视为重要事件之一,尚有不同之意见。此外,少数学生能留在学校等到毕业或获得学位,其余大多数的学生,出校从事社会事业,都是没有这类经验的。

美国芝加哥大学的教员及学生对于社会事业研究常维持一种连续的及显明的节目,并曾刊印许多关于个案、文件、资料及各种专著。自 1920 年起曾发行一种《社会服务季刊》(*Social Service Quarterly*),即现今之《社会服务评论》(*Social Service Review*),其中包括该校教授、学生及其他社会事业人员之研究报告。纽约社会事业学校有教授研究委员会之组织,并曾发行许多重要刊物,其中大都为教授们的著作。他如不利马学院之社会经济及社会研究部(The Bryn Mawr College Department of Social Economy and Social Research)[1]、西备大学之应用社会科学院(Western Reserve

① The Bryn Mawr College,现多译为“布林莫尔学院”。——编者注

School of Applied Social Sciences)[①]、国家天主教学校之社会服务系(National Catholic School of Social Service)、斯密司学院之社会事业系(Smith College for Social Work)、都纳大学之社会服务学院(Tulane University of School of Social Work)[②]均曾刊布受有高级学位之研究报告。斯密司学院亦曾发行一种季报,刊印教员及学生之研究报告(称为斯密司学院之社会事业的研究,Smith College Studies for Social Work)。其他学校亦常有教员及学生从事于各种研究工作。

综合言之,社会研究有许多学校并未视为教育节目之一,这大都是限于经费、师资及图书设备。还有些学校的主持人还不大相信,研究对于社会福利计划目的的重要有如课程的开设一样。

美国社会事业研究的机关组织,大概可分为下面几种:① 志愿服务的社会机关(Voluntary Social Agencies);② 大学及社会事业学校(Universities and School of Social Work);③ 研究基金社(Research Foundation);④ 公共福利部(Public Welfare Departments);⑤ 政府的委员会(Governmental Committee and Commissions);⑥ 社会事业人员之专业组织(Professional

① Western Reserve School,现多译为"西储大学"。——编者注
② Tulane University,现多译为"杜兰大学"。——编者注

Organization of Social Workers)。

(1) 志愿服务的社会事业机关的研究工作：大部分志愿的社会机关所作的研究工作报告，多陈列于图书馆内，未能印成书籍。因为经费来源的缺乏与限制，常使各种资料的提出与保存，不能有永久的价值。有一些大都市里的社会机关，亦将研究经费列在预算之内，但由各项文件所编辑的材料往往成于仓促，且常因经费短少，无法付印，各地方的文件等资料，亦只得用缮写方法供作当时某种目的之急需参考而已。因为一个地方的资料既不能付印成篇，别的地方亦无法可以利用。结果，使许多地方对于同一问题之研究工作难免重复，以致徒耗精力。地方救济机关及会议有时试将地方机关及会议之刊物目录印出，有时研究人员亦各乐于将缮写之材料互相交换。志愿的社会机关研究工作，除经费问题外，还有一个更大的问题，即因时间之限制，不容许有好的成绩表现。在行政机关之研究工作，每因时间急促，不能产生杰作。财政委员会对于机关研究经费预算之确定，及执行委员会对于机关合并之重要决议，似为志愿的研究机关真实科学研究关键之所在。要有充分之时间对资料之意义能作深刻的沉思，为任何研究工作重要因素之一。但在当前的地方社会事业机关，时在高度的紧张工作情形之下，要有真切而深刻之沉思，与文学的作品产生，是不可能的。政府机关社会事业人员大都不是忙于紧急的救济工作，就是为了

“等因奉此”消磨他们的大部分的时间，再加上研究设备的缺乏，如此而欲希望其有研究成绩表现，当然很难。社会机关的研究工作常因实地社会事业人员的批评而有所改进。当研究人员能够与社会事业人员的愿望保持一种好的均衡，运用研究方法，如同社区组织的方法一样，所有研究人员倾向于在适当环境之下，从事他们的研究，则有价值的研究或可有所成就。此因研究的方法，是由学习得来的一种技巧，与实地社会事业人员所用的技巧是不同的。研究人员与社会事业人员，在此两种的范围之内，互相尊重，互相认识，为社会事业发展上的一个主要因素。在美国各大都市如波士顿（Boston）、芝加哥（Chicago）、新西纳第（Cincinnati）[①]、费城（Philadelphia）、纽约（New York）及圣路易（St Louis）[②]之社会机关，均有庞大的社会研究节目，还有许多独立的研究机关，亦各视其能力所及，对于社区作重要之研究。社会改良区如纽约亨利街之改良区（The Henry Street Settlement）、芝加哥之浩尔住宅区（Hull House）[③]，对于此种研究，有特别良好的设备。全国的社会机关如美国家庭福利协会（The Family Welfare Association of America）、全国公共卫生护士的组织（The National Organization

① Cincinnati，现多译为“辛辛那提”。——整理者注
② St Louis，现多译为“圣路易斯”。——整理者注
③ Hull House，现多译为“赫尔馆”，是美国芝加哥市的社会福利机构。——编者注

for Public Health Nursing)及全国旅客服务社(The National Association for Travelers Aid and Transient Service),对于社会事业范围的研究计划及刊印,亦各有相当声誉。

(2) 大学及社会事业学校的研究工作。大学及社会事业学校教员及学生所作之研究工作,由于行政人员之敦促,多能按时完成。这类研究工作所能做到的而且最为有效的地方,如同他种研究工作一样,即研究人员之没有偏见,毫无私心或党派的动机。公共福利行政对于科学知识的贡献,及近年来社会机关对于方法之评价,如芝加哥大学社会服务行政系、费城(Philadelphia)之地方会议之研究联合委员会及白细大学社会事业学校(The Pennsylvania School of Social Work)所出之各种刊物,足以证明社会事业技术方面之学生,亦能征集有永久价值的材料,并能获得正确的结论。

(3) 研究基金社之研究工作。美国社会事业研究机关的经费,有许多是由于私人的捐赠,应用此类捐款成立之机关,通常称为研究基金社(Research Foundations),其意系指此类研究机关,乃一种私人的合法机关,其创立之目的,在于接受并拨派基金,而其本身并无利益可图。此种机关创立的经费,如为某一种人之遗嘱或其他法律之规定,通常称为基金社(Foundation);如属多人之捐赠,则通常称为社会托事部(Community Trust)。社会托事部曾有一个时期对于社会福利之影响，好像甚大，但近年以来，在数量上及基金上均已渐呈衰落之象。按照普通情形，捐赠之基金系归信托公司保管，而其支付则受委员会之指示，其中少数委员由信托公司指派，余皆由地方人士遴选。[①] 首倡此类研究工作机关者为罗素社稷基金社(Russell Sage Foundation)，从该社最近三十余年以来所出版之各种刊物内，可以令人回溯到社区问题、社会知识的需要及社会事业人员技术发展之变迁情形。该刊物所载关于社会事业的方法，实在(是)一种不可多得的参考资料。新西纳第之屈落司丁基金社(The Helen S. Trounstine Foundations of Cincinati)曾多年从事于社会事业技术上的研究，且曾为新西纳第及汉米尔登(Hamilton)县地方救济事业之研究部效劳。属于社区托事部之白华楼基金社(Buffalo Foundation)曾在白华楼城，执行同样的工作。1936 年 7 月，华伦基金社(Foundation Farun)发行之第 79 次报告，对于白华楼城之社会机关所作的社会事业研究工作的成绩有一概要的叙述，据一表中所列，自 1924 年 1 月起至 1935 年 9 月止，有 193 种研究已经开始或完成。并曾附带说明："10%以上的研究可以利用，这就是说，对于此种研究有感兴趣者，可向该机关购得一本，或向该机关曾担任研究之人员咨询，但其中

① Lindeman E. C. , Foundations in Social Work, Social Work Year Book of 1937, 180～181.

已付印成书者尚不及10%，他们所作的研究仅有少数机关，有此必需的印刷费用可以将其出版。”博尔基金社（The Bulh Foundation）曾提倡关于黑人的卫生、小法庭及儿童指导中心之研究，纽约国民基金社（The Common-Wealth Foundation of New York）对于犯罪的预防、巡回教师、儿童指导方法及精神治疗社会工作的研究，曾有所贡献。卜罗金司学院（The Brookings Institution）[①]最近注意于社会事业行政的研究，1935年，有米尔司保夫（Arthur C. Millspaugh）[②]著之《公共福利组织》（*Public Welfare Organization*）一书出版。全国经济研究局（The National Bureau of Economic Research）的任务，原来专为从事于一般的经济的研究，而在1928年出版有金著之《慈善事业的趋势》（*Trends in Philanthropy*, by Willford I. King）及1930年出版有威廉士及客纳士通合著之《社团对于有组织的社区福利服务的贡献》（*Corporation Contribution to Organized Commuity Welfare Service*, by Pierce Williams and Frederick E. Croxton）[③]。社会科学研究评议会（Social Science Research Council）中之社会安全委员会（Committee on Social Security）现在所担任的研究工作，趋向

---

① The Brookings Institution，现多译为“布鲁金斯学会”。——编者注

② Millspaugh，现多译为“米尔斯波”。——编者注

③ Williams，现多译为“威廉姆斯”；Croxton，现多译为“克罗克斯顿”。——编者注

于优良社会福利行政的方法的发现，特别是关于老年救助之省及地方行政方面。罗克菲列基金社（Rockefeller Foundation）[①]对于纽约社会科学研究评议会（Social Science Research Council）中之社会安全委员会（Committee on Social Security），公共行政委员会（Public Administration Committee），芝加哥大学社会服务行政系，加利福利亚大学公共行政局（University of California Bureau of Public Administration），哈佛大学公共行政研究院（Harvard University: Graduate School of Public Administration）及维京利亚大学之公共行政局（University of Virginia: Bureau of Public Administration）等，在1939年曾共补助2 027 700元。[②]

美国全国研究基金社之总数，现在尚不得而知，据说有一个时期将近400处之多，但现在从事工作者或在200处左右。实际上吾人能获得正确消息者仅在100处以下，其余之200多处，对于社会之影响如何无从查悉。有40个社区托事部，现在执行职务者不过半数而已。在1920年至1930年之十年中，有100个基金及托事部之用费总数大概有5亿元之多，若以5厘利息计算，在这个时期内各机关可以利用之总数，将近1亿元，下表所示为该100个基金社之研究费用总数大概的分配（见表3－10）：

① Rockefeller Foundation，现多译为“洛克菲勒基金会”。——整理者注

② The Rockefeller Foundation Annual Report of 1939, 259～293.

表 3-10　100 个基金社及托事部之研究费用总数大概的分配①

| 研究费用之目的 | 费用之总数 | 费用之百分比 |
|---|---|---|
| 教　育 | 223 000 000 | 43% |
| 卫　生 | 72 000 000 | 33% |
| 社会福利 | 75 000 000 | 14% |
| 行　政② | 16 000 000 | 3.1% |
| 娱　乐 | 9 000 000 | 1.7% |
| 宗　教 | 8 000 000 | 1.5% |
| 国际关系 | 8 000 000 | 1.5% |
| 法律与政府 | 7 000 000 | 1.4% |
| 种族关系 | 900 000 | 0.2% |
| 其　他 | 200 000 | ③ |
| 总　计 | 519 100 000 | 100% |

从上列基金分配与社会事业的关系立场而言，对于基金社与社区托事部，可得下列的推断：① 社区托事部对于各种计划所用的大宗款项，似皆可归在社会福利一类，而且其费用几完全限于补助地方机关的预算；② 基金社对于地方的社会机关，通常不予以经费的补助，基金社之补助，普通限于全国性质之机关，并注重社会研究工作，而不重视社会事业研究；③ 事实虽如上述，而所有基金社大都对于社会福利有所贡献，其用于社会福利方面的费用约占总数 14%。

① Lindeman E. C., Foundations is Social Work, Social Work Year Book of 1937, 181.

② 为基金社及托事部之行政费用。

③ 不及 1%之十分之一。

基金社与托事部有一共同相似之点，即其所在的地理区域、工作的方法、特别园地的选择，各有不同。有的工作仅限于其所在之都市，有的则带有全国或州立的性质，仅有少数带有国际性质。有的仅能支用主要捐款的收入或基金的利息，有的则可将其资金与收入同时支用，而且还有少数的资金通常限于25年至30年以内，将其总数用完；有的仅给予补助经费，并不正式设立机关，有的则聘请长期职员，处理一切事务。

(4) 公共福利部之研究工作。各都市与省府所设之公共福利行政部对于研究的设备，似不及各志愿社会机关，这或者由于公款很少用作社会事业实验方法的用途。操有财政实权之公共委员会，对于纯理的研究工作大都以为无足轻重。公共福利部之主要研究活动，为从社会机关搜集统计材料。有许多的省立公共福利部，如牛者西(New Jersey)、纽约，对于社会行政方面的研究也有些资料。而联邦政府的公共福利机关，近来对于社会事业研究反有不少的贡献。美国儿童局(The United State Children's Bureau)有许多的出版刊物，其中包括儿童福利的社会行政、婴儿及产妇死亡统计、儿童卫生、童工等方面的研究，美国的公共卫生服务所领导各种研究，如得病的原因、婴儿的死亡及心理缺陷，与社会事业的关系相当重要。美国劳工统计局(The United State Bureau of Labor Statisties)在最近数年以来，对于美国老年救助及盲人救助行政，曾有一些丛刊。联邦紧急救济行政（The Federal Emergency Relief Administration）对于公共福利行政方面的研究，亦出有大本的书籍。其所研究的范围，有关于受救济者之特点，救济适当与否的测验，各省的社会立法，及某种救济行政组织的批评与分析。

（5）政府的委员会之研究工作。在最近数年之中，公共福利机关设了许多公共福利考查委员会，收集许多有永久价值的公共福利行政方面的材料，虽然此举曾引起不少的批评与反对。例如纽约一州之州长的失业救济委员会对于纽约临时紧急救济行政及社会福利部的组织与行政，搜集了不少的材料，其中有一部已正式出版。此类文件的价值，不仅可作为社会改造的一时的用途，且可作为考察方法的发展的参考。但这类材料很少印成完整形式便于在图书馆收藏的。

（6）社会事业人员专业组织的研究工作。美国社会事业人员协会，对于社会事业人事方面的研究，曾有重大的贡献。有些地方分会，曾提倡供给以地方为目标之研究，有些研究曾用复写方法写成。美国医药社会事业人员协会（The American Association of Medical Social Workers）对于医药社会工作方面的科学研究，已将其所得之结果公之于世。在全国社会事业大会（The National Conference of Social Work）中，有许多是关于个人会员研究所得的结果报告，及对于技术成就上的专业估价的批评。社会事业人员在研究上最大的贡献，大都为政策及观点不同的分析陈述，这也许当归类于哲学，而不应属于研究。米尔贺大会（The Mildford Conference）[①]关于社会个案工作——普通的及特殊的（Social Case Work：Generic and Specific）的报告，即其一例。公立与私立机关的新界限的分析，在1934年纽约州之社会事业大会中，斯伟夫梯（Linton Swift）[②]首次对此发表意见，后来，美国家庭福利协会（The Family Welfare Association of American）将其刊出，乃对此类哲学陈述方面，值得注意的贡献。

4. 社会事业人员的修养

社会事业人员应具备之资格或条件，可分为普通资格及技术资格（General and Technical Qualifications）两种。前者所指的，为个人人格的修养或熏陶，后者则属于专门的技术，二者均有赖于在校时之训练。现代社会事业人才在方法上或技术上，固然要与一般人不同，而在认识上与精神上，也要与一般人有不同的表现，所以社会事业人才训练的方针，除理论技术而外，必须随时培养其服务道德。服务道德与精神本来在任何职业都很需要，而以从事社

① The Milford Conference，现多译为“米尔福德大会”。——编者注
② Swift，现多译为“斯威夫特”。——编者注

会事业者为更甚。依据美国康列芝基金社(Carnigie Foundation)[①]调查 7 000 个成功的工程师所得的结果：其成功的要素，普通或一般的资格占 75%，专门技术资格只占 25%。普通资格包括品性(Character)计占 24%，几占所有普通资格三分之一；判断力(Judgment)计占 19.5%；效率(Efficiency)计占 16.5%；了解人事占 15%；上述四项，普通资格占所有普通资格四分之三。此种测验未必十分准确，更不一定适合于社会事业人员，然亦由此可见普通的修养，对于一种职业成功之重要性。司屈理弟(Street Ellwood)[②]在其所著之《社会事业行政》一书中，则谓社会事业行政领袖，必须具备下列条件：领袖资格(Leadership)、智慧(Intelligence)、称职或多才多艺(Conpetence)、勤勉(Industry)、创新(originality)、远见或幻想(Vision)、创始(Initiative)、想象(Imagination)、实际(Practicality)、勇敢(Courage)、知识(Knowledge)、忠心(Loyalty)、性情温和(Evenness of ternper)，其他美德如公正无偏(Impartial in his judgment and fair to all)、建立善意(To built a good will)、有礼貌(Courteous)、机敏(Tactful)、谦恭(Modest)、善于顺应或有幽默的意味(Have a

---

① Carnigie Foundation，现多译为“卡内基基金会”。——编者注
② Street Ellwood，现多译为“施特雷特·埃尔伍德”。——编者注

sense of Humor)、准确(Accurate)、迅速(Prompt)、乐闻善言或胸襟阔大(Open-minded to suggestion)、诚恳与同情(Cordial and sympathetic)、直爽与诚实(Frank and honest)。[①]以上所述,为一个理想行政家应有的条件,普通一般从事社会事业者未必都应或都能具备。社会事业的范围颇广,社会事业人员实际所应具备之普通资格,当亦因事业的种类而异。据亚得利(Attlee C. R.)[②]的意思,同情、和悦、热心及忍耐,为一般从事社会事业者,不可或少的美德。[③]吾人则认为社会事业人员,无论从事何种工作,下列几种修养要素在训练期间,皆须加以培养。

(1) 同情。同情为社会事业人员应具的一种重要条件。普通从事社会事业者,多为知识分子或优异阶级,与一般受救济者的环境及机会大有不同。社会事业人员,全在能否设身处地,体会被救济者的心理反应,及各种生活状态。同情的了解与诚恳和蔼的态度,是获得人们同情不可缺少的条件。对于贫苦及其他种问题之人民,常能表露一种同情心或温和态度,在谈话时,显示一种亲切的语调,就是不实际地给以帮助,亦可予他们以不少精神上的安慰。同情对于社会事业人员工作的进行关系颇大,应该时加培养

① Street E., Social Work Administration, New York, Harper, 1931, 103.

② Attlee,现多译为"阿特利"。——编者注

③ Attlee C. R., The Social Worker, Chapt V., The Qualification & Training of the Social Workers, 126~256.

与发展。

(2) 热心。热心就是兴趣浓厚的表现。社会事业人员对于所经办之事业,兴趣要特别浓厚,方能始终如一。服务与牺牲的精神,多赖此热心为之驱使。惟有具有热忱的领袖,才能不怨待遇的稀薄,办事的困难。他们惟有一意向前,拯救人民于水深火热之中,勇气上腾,不可遏止。这类热心的人,非对于一种事业有坚强的信仰,是难于持久的。所以个人的社会哲学,与热心的美德,也很有关系。

(3) 忍耐。社会事业的兴办就即在欧美各国,亦非易事,何况我国,经济教育等条件远不如人,社会事业的举办,当然更有不少的困难,有时事业的推进非常迟缓,多年努力的结果也许看不出什么成绩。没有受过这类训练的人,他们的观念与心理不能与我们一致。还有许多事情,我们觉得甚为简单,而要向他们解释明白,极为困难。没有经验的青年,做事每每过于性急,年事过长的人,思想或嫌陈旧,能力或感不足。因之许多的人事问题,纷至沓来。主持或从事社会事业的人员,若是遇到这种环境,这种时候,最需要的就是忍耐。

(4) 廉洁。廉洁不仅关系一人的名誉与信用,且可影响整个事业的前途。从事社会事业者有一分廉洁,人民就可多得一分实惠。掌理社会事业者,如欠廉洁,不独与一人之名誉有关,对于社会事业前途的发展，亦可发生不少的阻碍。因为社会事业人员若不廉洁，日后社会的赞助将更不易于获得，人民对于社会事业本身的信仰，也要因而减少。所以今后社会事业人员的训练，宜多致力于廉洁的培养。

(5) 勤勉。勤勉对于任何职业的成功皆甚重要，社会事业当亦不能例外。社会事业人员职务纷繁，责任重大，处理各项业务，应勤勉从事，按部就班，有条不紊，敏捷正确，皆甚重要，凡此诸端，皆须勤勉从事，方能办到。能勤勉而后可以言效率，能勤勉而后可言负责任，是以勤勉亦为社会事业人员应具的修养要素之一。

(6) 创新。现代社会事业不仅在我国是一种新兴的工作，就是在欧美，也是比较时髦的。方法或技术，研究与实验，有如一座荒山，亟待开发。因为新的事业需要新的人才、新的机关、新的研究、新的实验、新的技术，这些都要靠从事社会事业的人，能推陈出新，发明新的方法。我国旧有方法，对于犯人、贫民、妇女、儿童的处理，实太陈腐，在须开辟新的路线，以补救以往的缺点。这种创新的能力或精神，要予社会事业人员以适当的培养。

人格的培养而外，身体的锻炼，当亦甚重要，所谓“健全的学问，必须寓于健全之身体"是也。社会事业人员要能吃苦耐劳，勇于负责，而此非有强健身体，不易做到。是以社会事业人才训练，对于体格的锻炼，亦不可不加以注意。

# 第六章　结　　论

综上所述，我们已经知道，人才训练对于我国社会事业的发展非常重要。所谓“得人者昌，失人者亡”“为政在人”“人存政举”“人亡政息”“徒法不能以自行”，都是说明人才决定一切。训练是健全人才、培植人才最有效的方法。一块粗铁经过一番锻炼可以使之成钢，一个青年，经过一番训练，可以使之成材，这也就是教育家应有的一种信念。但训练一事，不是“无的放矢”可以奏效，必先确定目标，认清对象。社会事业人才的训练，要有一定的宗旨，宗旨决定以后，才能谈到训练的内容。训练内容的要点，不外乎课程的开设，实习与课程连成一气，研究工作的推进，与夫人格的熏陶，及身体的锻炼，都是训练期间所应重视的。上面对于欧美各国，尤其是美国，社会事业人才训练的历史，有较详的叙述，从此可知欧美各国社会事业之所以能有今日的成绩，绝不是偶然的。他们对于人才训练，努力的种种经过，虽说我国的国情不同，但有许多的地方，可供作我们的参考。欧美各国对于社会事业人才的训练，虽已久著成效，而仍不断地谋求改进，现今之各种社会事业学校，与大学的联系，似乎比前更加密切，因为，惟有如此，方能收到美满的效果。欧美各国社会事业教育的发达，可以从受训练的学生及社会事业人员的数量上，得知其梗概。此类事业的发展方兴未艾，人才的需要，亦正与日俱增。由于时代的演进，现代社会事业无疑已成为我国抗战建国中一种重要事业了。现代社会事业的举办，对于我国抗战建国的可能贡献，兹就管见所及，计有：

第一，现代社会事业的举办，是利用较新的科学知识与方法，来补救各种社会病态，且对于各种社会病态的发生，莫不穷本溯源，细察因果，所以对于贫穷、劳工、犯罪及疾病等，有较深切的认识，可作解决各种社会问题的依据。

第二，现代社会事业的举办，可以提高人民生活程度。我国一般人民的生活程度，向来就很低，目前物价高涨，民不聊生，生活程度，就一天一天地显得更低了。此时如能兴办各项社会救济及福利事业，那么，大众的生活程度，便可以平均地提高。

第三，社会事业的举办，可以促进社会公道。在现行社会制度之下，易使富者愈富，贫者愈贫，贫富日益悬殊，此种现象之产生多由于社会缺乏公道，机会不均之所致。社会公道为社会革命最终的目的。社会事业系用和缓的方法，来谋社会公道的伸张。

第四，社会事业的举办，可以消弭社会乱源。贫民之所以需要救济，乃因贫困的结果，必致扰乱秩序，妨害国家治安。贫民众多，可为大乱之源，涓涓不塞，将成江河。许多社会病态，甚至历史上有名的变乱，常因贫民众多而产生。若是举办各项社会事业，不仅一般人民的生活程度可以提高，就是变乱的暗潮，亦可消弭于无形。

第五，社会事业的举办，可以协助社会立法。现代先进国家，对于社会弱者的保护，莫不定有种种法律，以期社会正义或公道的实现。社会立法是用法律的量来解决社会问题的。社会事业与社会立法，互相为用，不可分离。

第六，社会事业的举办，可以解除个人的痛苦。救个人即所以救社会，救社会即所以救国家。盖社会系一有机体之组织，社会机构脉络相通，人与人间的相互关系极为密切。社会一部分的机构如有缺陷，其他部分的功用必将因之动摇，所以救助个人即所以救助社会。

依上所述，可知社会事业的举办对于我国抗战建国的贡献是何等重大，但如何能使上述各点可以实现，我们的回答是必须先注意人才的训练。本来任何事业的推动，人才、经费、组织与方法，四者均为不可缺少的条件，为什么我们把人才的训练，视为举办社会事业的首要工作？理由就是，经费是由于人筹措得来的，组织是由于人创成的，方法也是由于人想出来的。

就过去的事实看来，我国之高等教育，对于社会事业人才的培养未曾注意，现在则有渐加注意之趋势。犹忆1939年临时全国代表大会通过之中国国民党抗战建国纲领，关于教育方法，计分三点：① 改订教育制度及教材，注重于国民道德之修养，提高科学的研究与扩充其设备，训练各种专门技术人员，予以适当之分配，以应抗战之需要；② 训练青年，俾能服务于战区及农村；③ 训练妇女，俾能服务于社会事业，以增加抗战力量。上述之教育政策，莫不与社会事业有关。社会事业教育既被认为是一种专门教育，则其制度与教材自应随时代而改进。提高社会事业的研究与扩充其设备，与社会事业教育的发展至有关系，亦当兼筹并顾。社会事业是一种专门技术，从事社会事业者是一种专门技术人员，此种专门技术人员在平时固应加以利用，而在战时尤当予以适当之分配，以应抗战建国之需要。农村服务及乡村建设事业，为多年来许多社会学者及社会事业家努力的主要工作。至于训练妇女，俾能服务于社会事业，无论在战时及平时，均极重要。美国之从事于社会事业者，四人中有女子三人，德国之从事于社会事业者亦多为女子，此或亦我国今后女子教育应努力的一种动向也。

总之，我们今后要使社会事业在我国能发生宏大的效果，达到上述各种任务，首先必得注意于人才的训练。但社会事业人才的训练，也不是一件简单的事情。因为社会事业是一种艰巨而繁重的工作，它对于每一工作人员的要求，也就比较地苛刻、慎重。担任此种艰巨而繁重工作的人，不仅要有服务的技能，尤其要有服务的精神。不仅要有理论的基础，尤其要有实地工作的经验。不仅要注意身体的锻炼，尤其要重视人格的熏陶。这样的训练，才算成功；这样的训练，才会产生最大的效果。

## 本编参考书目

1. Attlee C. R. The Social Worker. Chap. V. The Qualification and Training of the Social Workers, 126～156.

2. Atevater P. Problems of Administration in Social Work. Minneapolis, University of Minnesota Press (1940).

3. Brown E. L. The Professional Engineer. New York, Russell sage Foundation, 1936.

4. Brown E. L., Social Work as a Profession. press 同上, 1942.

5. Busch H. M., Leadership in Group Work. New York, Associations press. 1934.

6. Cabot R. C., Social Service and the Art of Healing. New York, Moffat, Yard and Co., 1912.

7. Conyngton, Mary, How to Help. Chap. IV. Social Workers. Requirements and Qualification, 22～23.

8. Devine E. T., Social Work. Chap. XVIII Preparation for Social Work, 298～314.

9. Flliatt, Lula Jean, Social Work Ethics,

Family Welfare Association of American: Personnel Philosophy and Practice in Family Case Work.

10. Hagerty T. E., The Training of Social Workers.

Chap. IV History of Training in Social Work, 39 ~ 60.

Chap. VII Graduate or Under Graduate School of Social Work, 70 ~ 93.

Chap. VIII Training of Social Executives. 99 ~ 116.

11. Kurtz, Russell H. (Editor), Social Work Year Book of 1937. 1939. 1941.

12. Macadam E. The Equipment of the Social Worker New York: Hott, 1925.

Chap. III Social Training up to the Presenttime. 1908. 1925. 33 ~ 49.

Chap. IV The Case for the University as the Center of Social Study. 50 ~ 57.

Chap. VI Practical Work. 78 ~ 111.

Chap. VII Training for Special Branches of Social Work. 112 ~ 150.

Chap. VIII Extension Facilities of Schools of Social Study. 151 ~ 172.

Chap. IX Education and Training for Social Work in America & other Cuntries 173 ~ 196.

13. Maciver, R. M. The Contribution of Sociology to Social Work.

National Conference of Social Work, 1938. 1939.

14. Narton W. J. The Co-operation Movement in Social Work. Chap: XIV Improving Standards in Social Work, 243 ~ 255.

15. Odencrantz L. C., The Social Worker.

Chap. IV Visitor Requirements & Qualification 49 ~ 59.

Chap. XII Medical Social Worker. Requirement & qualifications 211 ~ 219.

Chap. XIX Requirement of Qualification 334. 344.

16. Odum H. W. Public Welfare & Social Work.

Chap. II. The Equipment of Social Workers 38 ~ 49.

17. Queen S. A. Social Work in the Light of History:

Chap. I Professionalizing Social Work. 15. 30.

18. Shift S. H. Training in Psychiatric Social Work.

(The Editor) The Encyclopaedia of the Social Science Vol. 14. see Social Work.

19. Simey T. S., Principles of Social Administration. Oxford University Press London. 1937.

20. Steines J. F., Education for Social Work. Chicago, Ⅲ, University of Chicago Press. 1921.

21. Stevenson M., Public Welfare Administration. New York: Macmillan. 1938.

22. Street E., Social Work Administration. New York, Harper, 1931.

Chap. VIII. The Qualifications of an Executive 101 ~ 111.

23. Street E., The Public Welfare Administrator. New York, London, Mc Graw Hill Book Company, inc., 1940.

24. Tufts. J. H., Education and Training for Social Work. New York, Russell sage Foundation, 1923.

Part II Problems of Education & Training 89 ~ 212.

25. Wolker S. H., Social Work and the Training of Social Workers. Chapel Hill The University of North Carolia Press. 1928.

26. White L. D., Introduction to the Study of Public Administration.

27. White R. C., Administration of Public Welfare.

28. Williamson M., The Social Workers in Group Work.

29. 李剑华:《社会事业》第六章(世界)。

30. 陈凌云:《现代各国社会救济》(商务印书馆)。

# 第四编



# 社会个案工作

# 第一章　社会个案工作的意义及其特质

社会个案工作(Social Case Work)为现代社会事业(Social Work)中的一种专门工作或方法,其主要目的在对个人或家庭的失调加以详细诊断及适当处理,以发展个人的人格,使之重新适应于社会关系。就一般的情形说来,人类的基本欲望、物质生活及社会生活各方面的需要大体相同,但是,我们若细加考察,个人与个人间的内心与外界的需要亦复各有差异。当个人的内心与外界发生冲突时,有的能适应环境,以满足其需要而不致有问题发生,但有的就不能适应环境以满足其需要,社会失调(Social Maladjustment)现象,就因此而产生了。

普通所谓"穷人"或"依赖者"大都系指一个人在经济不能维持

他自己生活的个人，这种在经济上不能维持他自己的生活的个人，在表面上看来纯系一个经济问题，对于这类人若能予以经济的援助，好像就没有问题了。但细加分析，问题绝不是这样简单。依赖者的经济困难仅是他失调的可能征象的一种，而个人的困难所在，虽然经济因素也许是其中重要之一种，但绝不仅限于经济的因素而已。在社会个案工作未发展以前，有些社会救济机关视经济因素为个人失调唯一的征象，有时且误认为整个症结之所在，乃以经济援助为唯一的补救方法。而不知经济因素以外，个人的资质、环境、教育、职业、心理、生理等，有时还更重要。社会个案工作就是要对个人作一个详尽的社会诊断，失调的原因及个人的需要明了以后，然后对症下药，病根自然容易铲除了。由于上述原因，社会个案工作家每以医疗事业相比拟，社会个案工作中的社会诊断学，在性质上和重要(性)上与医生工作中的医疗诊断学可以相提并论。诊断二字，显然是从医学假借而来的。由于这种比喻，两者的类似，供给社会个案工作者和所有社会事业家对于社会科学整个领域的关系上一种很重要的指示。

社会个案工作与心理的分析不同，虽然个案工作有时也要注意到心理方面的研究，因为他的集中注意点不仅是在孤立的个人，但也不是仅仅注意于社会环境的分析，它是从多方面来了解一个人失调的原因。无论是社会的、经济的、心理的或生理的，等等，都要尽量地加以探究，就社会关系复杂的个人，个别地加以诊断与处理。当某种需要缺乏时，则设法满足其需要，信心不足时则设法鼓励其勇气，各种机会缺少时，则设法予以相当机会。

社会适应原为人生一种继续不断的社会历程。我们知道，社会一有变迁，必有许多人不能适应复杂的社会情形而致失调，此实因人的环境各异，资质不一，而机会又各有不同，一遇社会变迁剧烈时，有的幸而成功、前进，有的不幸而失败、落伍，此乃一种自然的结果。社会个案工作就是要在此种社会历程中予这些不幸分子以不断地考察、诊断、分析，并找出补救的方法，虽然这些方法不一定就能代为解决他一切的问题，而对于一人或一家的各方面，总可获得一些较多的了解与改善的途径。按照浩伯（Harper E. B.）[①]的看法，如果社会个案工作是以发展个人的人格，使之重新适应于社会关系为其目的，则必须借助于个人对社会控制的反应以及不能适应的程度来分析它的问题。基于上述观点，浩伯曾建议下列的分类：[②]① 先期适应（Pre-adjustment），即儿童对于社会团体，还没有养成一种习惯的社会情况；② 适应（Adjustment），即在团体控制和文化环境的适应里，个人要求社会赞许的愿望甚高，而且他的适应能与社会一般评价的标准相符合；③ 不能适应

① Harper，现多译为“哈珀”。——编者注
② Harper E. B. 个案工作中之新着重点“Social Forces”，Vol. Ⅸ. No. 4.

(Unadjustability),即个人因心理或生理等缺陷,不能适应于社会标准或团体要求;④ 不适应(Unadjustment),即个人欲求其愿望或冲动在单方面得到满足,而与社会控制在外表上相冲突时,即发生此类“不适应”之现象;⑤ 失调(Maladjustment),即个人忠心于两个评价标准互相矛盾的团体时,为避免心理上之冲突起见,往往强作各种适应,结果,每产生许多“失调”的病象如说谎、掩饰、幻想、犯罪,及过分的补偿行为;⑥ 重新适应(Re-adjustment),即个人的人格与态度之改善及团体评价标准之变迁,施行社会个案工作的结果,常可使个人重新适应于其所处的社会环境。所以,我们可以说,社会个案工作的主旨在对于上述之“不能适应”或“不适应”之个人及家庭的“失调”方面加以仔细诊断及适当处理,其主要目的在发展个人人格,使之“重新适应”于社会关系。社会个案工作的意义在此,社会个案工作的特质亦在此。[①]

① 参阅 Day Florence R. ,“Social Case Work”,Social Work Year Book of 1941, 517～518.

# 第二章　社会个案工作的起源及其发展

社会个案工作的创建者为英人贾尔梅(Thomas Charlmers，1780—1847)[①]。贾氏为一教士，对于神学及经济方面亦常发表其论著，他目击当时英国的救贫法及慈善行政之不当，乃于1822年在其所管辖之格勒思柯(Glasgow)[②]教区，严密地考察该区之救贫制度后，曾得下列之结论：① 救贫法之实施对于真正需要救济之贫民及无需救济之人民，未有甄别，于是一班无需救济之人民亦利用时机，请求公家救济；② 自救贫法施行以后，贫穷人数不仅没有减少，反而增加；③ 执行救济之人员，对于他们自己

① Thomas Charlmers，现多译为“托马斯·查默斯”。——编者注
② Glasgow，现多译为“格拉斯哥”。——编者注

的亲友邻里，不免有滥施或浪费之弊，而此种大宗公款之浪费，在许多情形之下皆非真正需要；④ 许多赤贫之形成，不尽由外界的原因，而由于浪费习惯、缺乏知识及其他类似的原因者居多。他根据上述各种经验对于救贫制度曾建议若干改善之处。第一，必须多多应用科学方法考察贫民的实际需要，凡无需救济之贫民来请求救济者，应予以有效制止。第二，停止公家救济经费，以避免滥施，而代以非由政府举办之机关，如贾氏所举办之教区救济制度。第三，对于贫民多多提倡教育，鼓励节约，及其他生活方面的改善。此种见解自贾尔梅启发以来，随后有许多人如翟利生（Edward Denison）①及喜尔（Octavia Hill）②等继承其运动。喜尔为社会改良区（Social Settlement）及房屋改善运动的先驱，后来又有罗氏（Charles S. Loeh）继承其后。他们对于1869年成立的伦敦慈善协会（Charity Organization Society）③的组织均极努力。该协会之主持者喜尔及罗氏等成为倡导社会个案工作之中心人物，从此实地考察便被视为服务个人的首要工作，他们认为一个人的贫穷及痛苦的原因颇为复杂，仅以金钱协助个人是无济于事的。从社会及心理等方面来研究被救济者的

① Edward Denison，现多译为“爱德华·丹尼森”。——编者注
② Octavia Hill，现多译为“奥克塔维亚·希尔”。——编者注
③ Charity Organization Society，现多称“慈善组织会社”。——编者注

个人生活，实有其必要。此外凡一地方的公私机关于个人方面的事实或消息，也要加以充分的利用。

自 1869 年慈善协会运动发展以来，英国的社会事业始踏入一新的阶段，即所谓现代社会事业是也，现代社会事业的主要特点，即在不断地对社会个案工作加以运用。社会个案工作的起源虽在英国，但后来反不若美国之发展，19 世纪末叶以来，美国的社会经济状况较之英国及欧洲各国为发达。美国的儿童法庭、卫生机关、精神病院等对于社会个案工作的贡献，已在 20 世纪里开了一个新纪元，就中有一最有权威的作者产生，即吕治孟女士（Mary Richmond）是也。[①]

吕治孟女士于 1917 年著有《社会诊断》（*Social Diagnasis*）一书，对于个案工作的内容及方法曾有较明确的规定与详尽的指示，这是社会个案工作的社会诊断方面一部初次卓越的贡献，无论是学习或教授社会个案工作的人，莫不奉此书为蓝本。[②] 这书所讨论的范围着重社会证据及社会诊断历程的分析，并未注意于社会事业（Social Work）的整个领域。此书尤其是只限于社会个案工作中之社会诊断的一部分，虽然有时在安排上的需要也论及社会

---

① Klein, P. , Social Case Work from "The Encyclopaedia of the Social Sciences", Vol. 14, pp. 173～175.

② Richmond M. E. , Social Diagnasis, Russell Sage Foundation, 1917.

处理、科学记录与管理技术等。

总之，自慈善协会成立以来，《社会诊断》一书问世以后，社会个案工作随着自然科学与社会科学的进步而日见发展，社会个案工作的处理亦必须根据生物学、心理学、教育学、医药学、社会学、社会心理学、精神病学等的知识，而惟有如此，社会个案工作的原理与方法方能日臻完备。对于个人人格方面的了解，心理卫生一科的知识，尤为重要。从研究技术的发展而言，大约在1920年时，社会个案工作又进入一个新的时期，是年吕治孟女士复著有《何谓社会个案工作》(*What is Social Case Work*)一书[①]偏重心理方面的分析，以发展人格为其最终目的，后来复趋重于精神病学的研究，即以精神病学上的原理来解释个人人格发展的历程，近来则不仅在治疗上根据精神病学上的原理而在研究方面亦重视社会及心理因素的趋向，这点鲁滨生(Virginia Robinson)[②]在其所著《社会个案工作中的变迁心理》(*A Changing Psychology in Social Case Work*)一文中，陈述颇为详尽[③]。就现时各地个案工作的技术及文献而言，大体对于心理与精神病的分析，仍是双方并顾的，浩伯(Harper E. B.)在其所著之《个案工作中之新着点》一文中，对

① Richmond M. E. , What is Social Case Work, Russell Sage Foundation, 1922.

② Virginia Robinson，现多译为“弗吉尼亚·鲁滨逊”。——编者注

③ Robinson V. P. C, A Changing Psychology in Social Case Work, University of North Carolina Press, Chapil Hill, 1934.

于社会个案工作过去发展的情形以及近来的趋势，均有简明扼要的叙述。浩伯谓：当1890年时，社会事业是属于经济学范围以内的。到20世纪初叶，一般人又以为生理方面或体质方面是发生一切困难的主要因子，于是社会事业的注意点便转移到医学、生物学和优生学了，同时所谓心理测验亦应运而生，社会事业家乃进而注意心理缺陷的重要，并提倡应用精神测量方法。精神治疗的社会工作开始于1915年至1916年之间，迄后范围渐加扩大，由医院中之精神病人的研究进而扩大至儿童及家庭福利工作。后来精神病学专家即渐渐认识所谓个人的“人格”(Personality)实与整个的社会情况有不可分离的关系，因此，也就渐次注意到社会的因素了。社会学研究在各种不同的文化背景和团体的情况之下，人格的养成受社会的影响有多少，态度的形成受社会的影响又有多少，以及个人对社会控制怎样反应，诸如此类的问题，在社会个案工作方面都有很重大的意义。这是因为个案工作的主要目标，在使个人能重新适应于新的社会环境，所以必须有分析文化模式与团体关系的社会学来帮助。已往的社会事业家颇怀疑于社会学能给他们多少帮助，因为社会学的历史较短，发展较迟，在过去实际上不曾有多大的贡献，但是近年来，社会学已逐渐走上科学的途径，种种新的进展已使社会事业家的原有观念与态度完全改变。尤其是在社会团体工作方面，得力于社会学上的研究，更属彰明显著。例如汤麦史所著的《不适应的女子》(Thomas：*The Unadjust Girl*)[①]、莫尔所著之《家庭解组》(Mowver：*Family Disorganization*)、高万所著的《自杀论》(Cavan：*Suicide*)[②]、克利福等所著之《犯罪区域》(Clifford，Shaw and Others：*Deliquency Area*)[③]、汤麦史及齐南尼基所著之《欧美的波兰农民》(Thomas and Znaniecki：*The Polish Peasant in Europe and America*)[④]以及林德所著之《中镇》(Lynd：*Middle Town*)对于社会个案工作，皆有很大的贡献。[⑤]

① Thomas，现多译为"托马斯"。——编者注
② Cavan，现多译为"卡万"。——编者注
③ Clifford，现多译为"克利福德"。——编者注
④ Znaniecki，现多译为"兹纳涅茨基"。——编者注
⑤ 参阅 Day Flerence R. ，"Social Case Work"，Social Work Year Book of 1941，518～520.

# 第三章　社会个案工作的范围及其种类

社会个案工作的范围颇难确定，因为在理论上，社会个案工作所用的方法，凡与个人有关之社会行为及社会适应的各种活动都能加以运用。诸如医疗及护病工作、学校教育工作、监狱及感化工作、法庭工作、社会个案工作方法，莫不各有其用途，因其用途广大，近世纪以来的社会个案工作的实施与方法不仅日益普遍与进步，而且各种特殊社会个案工作亦日益专门化。在方法上各种社会个案工作，虽有许多共同的基本原则与方法，而因各种特殊情形及机关的性质的不同，社会个案工作的部门于是又有若干不同的种类了。

就方法或技术上言，社会个案工作得分为普通的社会个案工作及特殊的社会个案工作(Generic and Specialized Social Case Work)两种：前者所包含的意思是，社会个案工作的概念及技术，可以广泛地应用；后者所指的是，社会个案工作，在各种特殊机关如医院、法庭、感化院或学校等机关的应用，普通的社会个案方法虽亦需要，但其用途是有限度的，各种特殊知识(如医学知识对于从事医院的社会个案工作之需要，法律知识对于从事法庭的个案工作之需要，教育知识对于从事学校的社会个案工作之需要等)必须各随其社会个案工作方法，发现其特殊技术。

就社会事业的性质而论，美国社会个案工作的部门，得分为下列数种：①

1. 家庭个案工作(Family Case Work)。家庭个案工作是在所有社会个案工作中发展最早而最基本的，他种个案工作大都从家庭个案工作胚胎而来。家庭个案工作的功用不仅在救助个人的贫乏，而其主要目标在使其能自力更生，以教育的功效改善其家庭生活，因此从前称为慈善或赈济机关的，今则多改称为家庭福利协会(Family Welfare Association)，推行家庭个案工作或福利的机关有各种公私立的家庭福利团体，如市县设立之救济科，州郡设立之母亲年金制、教会、旅客服务社及红十字会所举办之各种救济

① Klein, Philip, Social Case Work, The Encyclopaedia of the Social Sciences, Vol. 14, pp. 173～175.

工作。

2. 儿童福利工作(Child Welfare Work)。儿童福利工作一直到19世纪末叶,才被认为是一种专门的个案工作,这或者是因为在没有个案工作以前,原来就早有好的儿童保育机关的存在,特别是孤儿院一类的组织,在欧美各国早已树有优良的基础。1890年白笛为(Charles W. Birtwell)[①]在波士顿开始应用个案原理于儿童工作方面,后来1899年在芝加哥的儿童法庭以及被忽视的依赖者及犯罪儿童方面,亦均渐渐地加以利用。总之,儿童个案工作与其他个案工作,尤其是家庭个案工作方面颇多重复之处,因为研究或推动家庭福利工作,当然要连带涉及儿童方面。研究或推动儿童福利,当亦不能完全将家庭方面之各种因素置之不顾。所以儿童个案工作与其他个案工作的划分是不大容易,而且常易引起争论的。

3. 医药社会工作(Medical Social Work)。医药社会工作,有时称为医院社会工作(Hospital Social Work)。这类工作的推动,必须与医院、诊疗所及疗养院取得联系,方能收分工合作之效。医药社会工作于1905年发源于美国波士顿麻色朱医院(Massachusetts Ceneral Hospital),迄后发展极为迅速,在1925年

① Birtwell,现多译为"伯特威尔"。——编者注

的时候，其数约有500，至1932年其数又增加一倍之多，现时当已超过1 000之数矣。

4. 精神治疗的社会工作(Phychiatric Social Work)。精神治疗社会工作原为医药社会工作之一部，但自心理卫生(Mental Hygiene)发达以后，即渐成为一种专门工作。此类社会工作的推行初时只限于疯人院等机关，但不久即扩展至儿童(导指)诊疗所、精神病人诊疗所、法院、惩戒机关、心理卫生所及学校之儿童问题等，其他关于个人人格的研究及家庭福利团体等，精神治疗社会工作亦常被采用。

5. 犯人试释及假释(Probation and Parole)社会工作。此类工作已被视为一特殊个案工作领域，因为执行此类工作之人，必须具有相当之法律及刑法知识。在美国，犯人试释工作虽已发源于1869年，假释工作虽已发源于1870年，但实际的进展乃在最近二三十年间。在有儿童法庭的国家，试释工作均已执行，而于成人方面，则运用不多。美国对于儿童及妇女的假释工作多与惩戒机关常相联络。试释与假释工作似有分途发展趋势，以后在社会个案工作中或可成为一独立部门。根据此种趋势，在这一方面的领袖正努力于此类专门人才的培养，以期与他种社会个案工作并驾齐驱。

6. 农村社会个案工作(Rural Social Case Work)。农村社会

个案工作比较起来，可算是一种新的个案工作。美国的社会个案工作大部在都市方面举行，这是因为美国的财富一向集中在都市，都市的经济情形远胜于农村。迨至上次欧战结束，因红十字会工作移重于农村方面，农村社会个案工作始渐引起人们的注意，但其经费来源仍多由都市供给。从技术方面看来，农村个案工作似须注重农村心理(Rural Psychology)的研究，但此类研究至今仍无多大进展之可言。实际言之，农村社会个案工作所牵涉之范围颇广，从事农村个案工作者对于各种个案工作的原理与方法，均应加以研习才行。

# 第四章　社会个案工作的目的及其方法

## 一、社会个案工作的目的

社会个案工作的通常目的在增进个人福利，改善社会秩序。社会中有许多的个人，因为缺乏良好的指导，以致在生活上没有满意的成就，社会个案工作的目标即系集中于此类之个人。从事个案工作者，常常觅得此类缺乏援助，且感受种种痛苦之个人，予以物质上或精神上的援助。按理，在吾人所处之社会，每人当按其能力、兴趣以求满足个人的需要及适应社会的关系，但处此日趋复杂的现代社会，倘使个人全无一些他人的援助，就难以达到我们的或他本人的期望。个人的成就与失败的原因是多方面的，它不仅与个人的心理等因素有关，与家庭的生活、社会的环境与社会关系亦常有相互的影响。

社会个案工作的目的，就许多专家的文献中的说明，为协助个人发展其能力与机会，使个人的生活有所满足，并使个人的生活发生社会效用。[①] 其工作的重心在对于个人的人格方面作深切的考察，使人类生活上的复杂需要得以满足。

社会个案工作的知识与技术，在最近六十余年来，随着心理学、医学等科的发达而日益进步。据丽枝女士的意见，社会个案工作的主要目的，大致不外：[②]① 从心理及生理方面，以了解个人，找出个人内部及外界的需要；② 发展个人能力，使其能适应社会；③ 度量个人的能力，使其所担负的责任与其能力相当；④ 协助个人利用教育、医药、宗教等机会，以发展其身心；⑤ 使个人在各种社会关系上能互相融洽，而不致发生冲突。

上述各种目的的达到与完成并非完全可以分开，而是一种有连锁有相互关系的历程。

社会个案工作的实质，在目的上、方法上虽亦因人因时因地而各有不同，但在主要的处理形式上大约可分为下列三类[③]。

1. 直接的有关于个人的环境改善，帮助他如何充分地利用环

① Day Florence R.，Social Case Work，Social Work Year Book of 1941，517.
② Rich M.，Social Case Work，Social Work Year Book of 1937，454.
③ Rich M.，Social Case Work，Social Year Book of 1937，455～456.

境或改换环境，例如帮助其家人觅得工作，获得医药救护，协助儿童入学之类。

2. 改善个人的态度与关系，这一类的处理，社会个案工作者对于个人的环境因素方面亦不能忽视，因为环境因素的改变大有影响于个人的态度与关系的。例如一个青年女子获得奖学津贴，其自立自重的精神与态度固可增长，而由外界环境的改变，其内部的烦恼，亦可因之而减少或消除。

3. 关于当事人的情绪及感觉的了解。这一类处理工作的关系，多在工作人员与当事人的感觉及反应的相互了解，其主要方式则为访问或谈话。

上述三种之处理形式有时亦互相重复，不能全然划分。诊断的技术即在如何应用适当的方法，以适合个人的需要。总之，社会个案工作的重要目的在尽量地应用各种科学知识与方法，研究并处理个人或家庭失调方面的各项问题。

## 二、社会个案工作的方法及步骤

社会个案工作方法中主要的步骤为：[①]① 个案的社会研究(Social Study)；② 个案的社会生活史的编制(Preparation of the

① Klein, Philip, Social Case Work, The Encyclopaedia of the Social Sciences, Vol. 14, 175～178.

Social History)；③ 诊断(Diagnosis)；④ 设计(Planning)；⑤ 处理(Treatment)；⑥记录(Recording)。

个案的社会研究在调查个案的内容，为所有个案工作中最初而最基本的工作。社会研究在已往称为“考察”或“调查”(Investigation)，贾尔梅氏对于英国当时教区贫民之视察即用此类字样，至今还有许多人保持同样的见解，但是最近则多以“社会研究”一名词代替“考察”，因其含义较为适合与切实也。社会研究的开始工作为收集当事人的资料，发现他的困难及补救方法的线索。

当事人的社会生活史的编制也像考察或社会研究一样，通常在工作开始时即着手进行，而在处理期间，且须继续不断地加以编入，适当社会生活史包含的最简内容，由于社会学及心理学领域的广泛，社会个案工作专家以为应按个人处理的实际目标而互异。其中大概应包括生活史中的重要部分，现时的个人及环境资料，以及家世的、医药的、心理的、经济的、社会的各种资料。下面所列的社会生活史大纲，是由许多社会个案工作专家共同拟定的。[①]

1. 历史

(1) 家庭以内每人的生死及婚嫁的日期、地点和死亡的原因。

① Social Case Work Generic and Specific: An Outline, The Report of the Millord Conferences, Vol. Ⅱ of Series “Studies in the Practice of Social Work”. (American Association of Social Workers N. Y. 1929.)

(2) 进入本国的日期(如系自外移来)从前和现在的住所,公民权利和法律上的地位。

(3) 教育:所在学校的年级,专门的训练。

(4) 社会服务的资料,其他机关的记录。

(5) 法庭上的记录。

(6) 健康的记录,医生与医生所习知关于家中各个人的健康情形或精神病者的陈述。

(7) 家中各个人的发展史,出牙的年纪等。

(8) 背景:① 家庭的;② 种族的(民族的);③ 文化的;④ 教育的——过去的、现在的学校记录;⑤ 宗教的或教会的关系;⑥ 职业的——过去的和现在的工作记录;⑦ 娱乐和特别兴趣;⑧ 社会困难的分析;⑨ 曾有救济的计划;⑩ 对于救济活动的反应。

2. 现在的个人资料

(1) 结婚的现状。

(2) 社会的地位。

(3) 收入来源。

(4) 预算。

(5) 债务。

(6) 资本。

(7) 平常的职业和每星期的工资。

(8) 关系：① 在家庭团体内的——丈夫和妻子、父母和子女的相互关系；② 亲戚的关系；③ 雇主和同事的关系；④ 朋友和邻里的关系；⑤ 教师和学生的关系。

(9) 对于环境反应的根本变更。

(10) 人格的资料，个人日常起居饮食之习惯及其他：① 卫生；② 工作；③ 游戏；④ 教育；⑤ 性；⑥ 宗教的信仰；⑦ 个人的态度；⑧ 社会责任心缺乏的证据；⑨ 个人责任心缺乏的证据；⑩ 志向；⑪ 择友；⑫ 仪表；⑬ 兴趣；⑭ 才能、弱点；⑮ 嗜好、憎恶。

3. 现在的环境资料

(1) 住宅：房间的数目、房租的价值、房屋的情形、睡眠的状况、空气、光线、清洁状况等，邻居的情形。

(2) 社会的设备或设备不全的情形。

(3) 教育。

(4) 工作、贸易或职业的所在地。

(5) 学校。

(6) 团体关系、俱乐部工会、兄弟会等。

(7) 邻居的种族或民族的特征和冲突。

(8) 社会上的地位。

(9) 经济状况的变动。

(10) 一般环境上的根本改变。

(11) 邻里或本地的重要改革。

(12) 生活程序。

(13) 风尚。

(14) 家庭内各人相互接触的一般态度。

(15) 亲属对于家人或个人的态度。

(16) 对于规章法律的态度。

(17) 家庭团体活动的有无。

(18) 对于料理家务和家庭的程度和兴趣。

上述大纲所指示的范围颇广,其中最值得我们留意的,就是:① 资料的范围应包括必要的和有关系的各方面;② 向历史和目的不同的制度,如家庭福利机关、法庭、医院、学校等,也要尽量地去搜集各种消息。

诊断或社会诊断为社会个案工作中的主要部分。上面提到的吕治孟氏之《社会诊断》一书,全书虽分三编,而书中的大部分是着重于社会诊断时证据的搜集。她在诊断上面加上“社会”二字,大概是因为个人是社会的产物,个人不能离开社会环境而存在,所以她谈到证据时,也加上“社会”二字,称为社会证据(Social Evidence)。我们要知道个人的社会生活状况,了解个人的各种情形,最要紧的在搜集证据。她首先将社会证据与法律证据不同之点加以区别,这是因为任何有效用的证据之性质,要为用途的目的所决定。个案工作方面的社会证据，包括“关于个人的或家庭史上的一切事实，把这些事实集合起来，可以表明‘当事人’的社会困难的性质以及解决的途径”，这些集合的社会事实，比单纯的法律事实要复杂，而价值亦较大，对于个案的处理甚为重要。吕治孟氏曾谓社会证据之所以优于法律的证据者，正以其能包含若干鲜有在法庭上作证的价值的事实在内。倘使没有这个优点，社会个案工作就无法进行了。因为决定一个家庭或个人问题的动向，“比较单纯地去判断那原告或被告是否应受处罚的问题要复杂得多”[①]。法律的证据，在个案工作进行的程序中，虽亦须寻求和承认，但必须加以严格的考察和谨慎的选择。同时也要知道，社会证据不应为法律的证据的范围所限制，法律证据之所以采用较为狭窄的范围的原因，一则以法庭上的行动多受先例的拘束，不像个案工作可不因成例而有所限制。一则以法庭的职责大都止于消极的惩戒，不似社会个案工作还要注意于积极的社会改进与个人及家庭的福利。因此之故，前者对于证据的搜集特别主张从严，以避免滥用法律；后者则赞成从宽，目的在多多增加改善社会的机会。因为如此，所以社会个案工作者与法庭上的裁判官所持的证据观点各有不同。今举吕治孟氏所示之实例以说明此点：[②]

① Richmond M. , Social Diagnosis，39～40.
② Richmond M. , Social Diagnosis，41～42.

“有3个得了骨痨病的儿童，一个7岁，一个5岁，一个3岁，最大的儿童在4岁的时候就不能走路。第二、第三两个在3岁的时候便弯折了腿，走路费力，大的儿童在3岁半时，虽被一个从事社会事业的人送入医院，但这父母却忽略了把其他的儿童也同样地送入医院接受诊察，这位从事社会事业的人，访问他们7次，催促他们从速诊治这两个小儿童。他们虽然每次都答应照办，但是他们却认此为干涉他们的私事，而这位从事社会事业的人，解释此事为父母的怠慢，呈请法庭出面干预，以便保护这两个儿童。”

“但是在他方面，法庭必不出面干预。因为如果没有一个医生，提出确切的证明，说这父母二人没有遵照医生的意见照管他们的孩子，以致发生危险的影响，即令两个儿童的腿已弯折，法庭也是不能接收一个外行人的判断，因为倘若此事构成先例，以后许多案件便难处置。关于这种事件，一个外行的意见不如医生的意见，因为一个医生的意见要代表他的职业负责任。并且，即令提出此种意见者为一个内科医生，法庭都难以此种懈怠作为判案的根据。凡是为父母的，只要在他们的能力以内，照顾了他们的儿童，法庭便不能强行干涉。这个法庭，因为他恐怕连医生的意见也不一致，所以他不肯遽然对于那虽然愚昧但是怀着善意的父母，强施以一种可批评的待遇。”

由于上例，我们可以晓然于社会证据与法律证据范围之不同，并且可以看出法庭搜集证据的方法，对于一种案件的侦查取材过狭，对于一件事实的真相，不能有彻底的了解。现今欧西各国社会事业机关，每以其所获得的新社会证据，补救法律证据的缺点。依常理而论，法庭为主持正义的机关，法官为解决社会纷争的公断者，搜集与利用证据的方法，应当是很高明而精确了，而自社会个案工作中的社会诊断技术发展以来，我们知道，法律家搜集证据的方法，实远不及社会个案工作家的进步。

社会证据虽较法律证据为进步，但二者也有根本相同之点，因为在取材上每都不是根据已有训练的观察人的意见来作资料，而大都是根据证人的陈述形成证据的主要部分，因此二者所得来的证据，不能即认为就是事实，而还须重新估量其可靠程度。再则法庭的历史较社会机关的历史悠久，其估量证据的价值的经验，有许多的地方可为社会个案工作者取法，因之法律证据的分类也是很值得作为参考的。

法律证据普通分为三种，即：[①]

(1) 真实的证据(Real Evidence)。

真实的证据，就是亲眼所看见的证据，亲眼所看见的事情，可谓“真凭实据”，无可掩饰。例如某人有某种犯罪的行为，被人拿到

① Richmond M. , Soical Diagnosis, 56～63.

法庭在法官面前审判，而他始终不肯承认，但有人曾亲眼看见他所为的一切，证人若把当时的实际情形向他申述一番，于是他没有法子搪塞抵赖了。真实的证据，即系属于此类。社会个案工作者由直接观察所得来的事实，足以解答他所诊断的问题或事件的社会资料，都是属于这类的证据。如果我们要知道一个家庭的卫生环境情形，最好是出其不意亲自到其所住的房屋内直接视察若干次；要知道一个人的饮食营养状况，最好是同他一块吃饭或亲自看他吃饭若干次。这样得来的事实，大致是很可靠的。

(2) 口头的证据(Testimonial Evidence)。

口头的证据是一种口供或由传闻而得来的证据。在社会个案工作上对于一件事情，供给证据的人，只是所闻某人看见，或只是所闻某人怎样的说，那就是谨慎地估量他所说的一切，因为传闻失实的事情很多，不可轻信。所以法庭审判案件时，法官对于证人首先要问的就是"这件事情，你本人亲眼看见没有?"如果他说:"我没有亲自看见，是一位张太太告诉我的。"到二审的时候，法官一定要把张太太传来，问她是亲眼看见，还是听人说的，如果她也是听人说的，法官一定要继续追求，一直到获得那亲眼看见的人为止。口头的证据虽明知不甚可靠，但社会个案工作所处的情况，与法庭的审案不同，传闻的证据不能完全拒而不用，它至少可以供作其他事实方面的一些参考，不过，要特别小心地应用罢了。

(3) 偶然的证据(Circumstantial Evidence)。

偶然的证据就是偶然发现的证据，集合许多偶然的证据，虽不能说完全可靠，然总可供给一件事情的参考。有许多须待证实的事件，既没有眼见的证据，又没有口供作凭，只有找出一些偶然的事情来证明。例如有某家被窃，并没有看见何人偷窃，但当窃案发生之后，该家有一女仆面露恐惧之色，举止慌张，于是被视为有偷窃之嫌。法庭所认为嫌疑犯，都是属于这类的证据，但法庭不能依此以作判决的根据，因为仅有嫌疑证据，诉讼理由无由成立，从此可知，偶然证据的应用在法庭上的价值是有限的。不过，社会个案工作者，则不能因为他的可靠性不大就置之不理，因为许多偶然的证据的集合常能发生证据效用的。

社会证据的来源和分类，与法律证据无多差异。但证据无论属于何种，还有许多其他因素可以影响证据的程度。顾及到各种因素来估量证据的可靠程度，是社会个案工作者最要谨慎从事的。影响证据的因素颇多，其中有几种是与心理因素有关。估量的方法，虽不一定要如历史家那样严格，但下列的心理等因素是要随时留意的：

(1) 注意(Attention)。凡遇一件事情发生时，假定有若干人同有了解这事件的机会，但因各人的注意程度不一，这时，有人能聚精会神地注意该事件发生之始末,也有人对此事件置若罔闻,或漠不关心,将了解这事的机会轻轻放过。例如有一汽车遇险的事件,在都市中繁华区域的十字路口上发生,同时看见这件事件发生的人很多,而因各人的了解机会与注意的程度之不同,作证的效力就很有影响了。又如有一个妇人的丈夫,似有一种精神病象,她把他送到医院里去诊治,但后来医生打听她的丈夫的病状及得病的经过,她都不能作答,这是因为她平时未注意她的丈夫的病症。由于上述的两个例子,我们可以知道,当一件事情发生,当场的人,若是以为无足轻重或漫不经心,若遇了这类的证人,就要加一番更深切地考察了。个人的经验、教育、思想与传说等都与注意有连锁的关系。

(2) 记忆(Memory)。注意的程度固可以影响证据的效力,而记忆能力的高下,亦可影响证据的可靠性。记忆力太弱的人,固然可以闹出许多的笑话或错误,就是记忆力很好的人,若时间相隔太久,也不能一一回忆。因此估量证据的效力时,作证人的记忆能力如何,是一件不可忽略的事体。

(3) 提示(Suggestibility)。第三种因素影响于证据效力的为提示。即令一个人的注意专一,记忆良好,但有时还有待于他人的提示、启发。我国俗语有云:"聪明齐颈,要人提醒。"这就是说,一个人的才智无论怎样高超,还得要有别人来提示。下面的例子是说明一个人的行为，是时时受提示的影响的：

“某儿童保育机关，对于一个十余岁，很聪明伶俐的女子曾有下述之努力经过。她是受两个年纪较长而品性不良的女子的影响而长成的，她每每遵照她们的提示到街上去拉客人。同时她又在一个很有影响的机关视察者领导之下，而显出改善自新之行为。在一些可敬爱而有智识之人群中，她已能振作向上，但一受不良引诱之机会，就故态复萌……这个女子亦明知提示力量影响之大，但是，她也没有法子可以控制自己。”

上面的例子是说明提示力量影响之大，这也是社会个案工作者在搜集证据或处理个案时所应知道的。他如问话的引导，语言的表达，能力、个人及种族的偏见，教育的偏见，自尊的心理，家庭的娇气等都可以影响证据的真实性。

吕氏《社会诊断》书中第二编（十四章）全在讨论获得证据的历程，她对于诊断历程计划和搜集证据来源的部分有很详尽而具体的描述，下面所列举四种历程，是社会个案工作者作社会诊断时必须依次进行的：[①]① 与当事人作详尽的谈话；② 仅先与其家属接触；③ 从家属以外，须作较深的洞察或透视（Insight）和探寻所需要的各种合作来源；④ 对于所搜集的各项证据，要谨慎衡量其相

① Richmond M., Social Diagnosis, 103.

互关系，并加以解释。

吕氏以为初次与当事人会谈，是构成社会诊断的重要历程。依照她的意见，个案工作者与当事人首次见面谈话时，必须注意下列各点：① 要心平气和，使被访问者有充分陈述的机会；② 须设法树立相互间之同情与谅解，免致格格不入；③ 注意获得一切较深切的资料，使其困难处及可能解决的方法，皆易于发现或显露；④ 在被访问者的奋斗范围内，当启发其自助的态度。同时个案工作人员的态度，也要从容不迫，不可性急。会谈的地点，以幽静为宜，最好是没有第三者在旁，使他放心说话。问话要问得得法，不当问的话，宁可略而不问。搜集消息的线索可从被访问者的亲族医生、卫生机关、学校、以往及现在的雇主和邻居方面打听。对于被访问者所抱的希望、将来的计划和人生的态度，更要了解。在谈话的时候，当面用笔记录，易于引起对方的反感，于心理方面不大相宜。或用暗记的方法，或于事后补录亦可。在临别以前，要加重希望得到帮助，并准备下次有再见面的机会。

与被访问者的家属接触，当可获得一些关于个人的消息，尤其是儿童时代的生活。个人为家庭中的一分子，家庭的历史可包括下列各种事实，如种族、婚姻史、本人的父母历史、家中的人口数目、人口死亡的原因、家人嗜好种类、家人的特殊疾病或身体缺陷、遗传病症以及其生理上的缺点等。另外，其他机关所保存有关个人家庭的记录，都要收集。个人长成的历史，如婴儿和儿童时代的习惯，身体的结构与生长，母亲在怀胎期间所处的健康卫生和职业状况，儿童时代的疾病及营养情形，能爬、走、跑及说话时期，何时入学，少年时代做事有无恒心和身心上特殊之处，亦须注意。家庭的物质环境如房屋、生活费用、收入概况、食物习惯、卫生情形，也要加以考察。

与被访问者的家属接近，对于上述各种情形，当可收集不少资料，不过有关个人的特殊事件，家人亦常不愿尽情吐露，对于好的方面，难免过分宣扬，且有时不免有些偏见，缺乏社会价值的观念。这是从其家属方面收集资料时，不可不注意的地方。

从案主或当事人的家属以外，探寻各种消息是非常重要的，因为被访问者的社会关系，不仅限于家庭方面，家庭之外，还有社会机关、教会、卫生机关、学校政府机关的记录、邻里等，都是供给消息的重要处所，至于这些处所，何者应当先行搜集，何者可以放在后来搜集，最好根据下列原则进行：① 先行尽力向历史方面进行；② 先从历史材料较丰富的地方收集，然后向合作机会较多的地方去搜集；③ 仅先搜求直接或眼见的证据，没有直接的证据，再找间接或传闻的证据；④ 注意递补消息来源的特殊价值，这就是说，在第一次与被访问者见面或几次同他的家属接触后，忽然发现了以前所未得到的消息，这种消息要特别加以注意；⑤ 采访社团，找出新证据或消息的来源。

医院、医生和其他卫生机关，常能供给关于个人有价值的消息，因为他们的态度较客观，偏见较少，所以一个社会个案工作者，应该从医院或其他卫生机关去搜集下列资料：① 病况的诊察、病势的预测、得病的经过和结果等；② 选定最好的证据，并充分加以利用；③ 务须寻求直接的证据，不宜专凭医生的话；④ 留心初诊时期的证据；⑤ 留心一般人对于医药的意见；⑥ 有些医药上的证据，没有方法可以知道的，只好去找医生从中帮忙；⑦ 向社会方面报告关于医药的事件须特别留心。

从教员方面得来的消息不大可靠，因为教育制度尚不完备，教员与学生的接触不多，彼此相知不深。从雇主方面得来的消息，虽有些可靠，但限于本身性质，缺点也多，不过旧雇主没有新雇主那样多的偏见。同样，从旧邻居和旧店主那里得来的消息，比从新邻居和新店主得来的消息要可靠些。社会个案工作者除搜求上述各种消息之外，并须细察各项文字上的记载。文字上的记载如生育、死亡、结婚、离婚、居留地、财产、移住和其他行为等项，都可从文件上参考而来。例如关于生育一项，在欧美各国有生育执照、受洗凭证、移民记录、入籍证件、保险凭单、宗教记录、法庭记录、医院记录、儿童局的记录，及各种社会机关的记录文件，虽说价值各有不同，但为比较及参考起见，均可利用。死亡一项可依卫生局的报告和医院的记录为凭。结婚一项可依结婚执照、婚礼报告为凭,居留地可依地方居民之姓名住址职业记录、选举名册、兵役记录、警察区记录汇款收据、坟墓志等为凭。财产方面可依不动产、遗产保险、银行存款、养老金及坟地记录等为凭。此外各种簿册如电话簿、商务局报告、工厂记录等,都可拿来参考。不过,上述各种记录中,现在我国有许多尚无法找到,这是我国举行社会个案工作困难的地方。

诊断与设计为社会个案工作中之一部,于个人的品性陶冶亦有影响。诊断是根据于社会研究所得来的事实,但可能的诊断,不仅根据这种得来的事实而已,运用经验、判断力和技巧来估量各种不同事实使成为诊断的整体,尤属需要。此种社会诊断不是一种最后的陈述(Statement),凡遇有新的事实发现,应即加以修正,并扩充其资料。同时应留意于资料的组织及各种陈述之关系,能在形式记录上,陈述明晰,毫不含糊。在设计方面,须显示与诊断之关系,并须注意诊断以后之各种发展,整个设计工作的修改及处理个人的项目,须顾及到各种便利,技术的精熟,以及其他各种特殊情形。处理为个案工作者的最后目标,与其他各种牵连的步骤应互相印证,不过,此种处理工作虽极需要,但常依一个地方之经济情形或经费来源等条件而定。

每一种社会个案工作概念的改变,常产生新的意义与目标,于是处理的方法及程序当亦因之而有所偏重。社会个案工作的最初目标,纯在救济贫民,使一般经济方面之能自助者,不致援例请求救济。考察个案的内容、适宜的补助、友谊的访问、医药的供给、职业的介绍、儿童娱乐机会的获得、节约的鼓励、良好习惯的养成,为处理工作方面的主要任务,但到后来,渐渐重视心理方面的分析。自从个案工作扩展到医院及儿童法庭,又增加了许多新的目标及新的行政要素,发现经济的援助不是惟一的需要,于是在处理方法中,心理的考察又特加重视,同情的了解、教育的使用、劝导、教育娱乐及卫生便利的供给,以及各种机会的获得,在处理方法上均占又新又重要的地位。由于精神治疗社会工作的出现,儿童指导及儿童安插,心理卫生及心理分析理论的传布,人类的素养及外界情形的紧密交互作用与生活程度的提高,社会个案工作机关的增加,心理内容及技术方面便需要重新的调适。研究范围亦扩展到社会心理遗传等,处理的方法亦从医药及心理扩展到精神病人服务与心理分析指导,因之增加了不少的技术程序。由于态度的转变,复杂的情绪生活,心理的分析,引起人们的高度注意,这或者可称为心理个案工作(Psychological Case Work),以别于社会个案工作。

由于现代社会及政治哲学问题的兴起,在社会个案工作技术上必须予以考虑者即何者为社会所需,何者不为社会所需,实为所有社会工作首先应有的判断。但此种标准实难得到各人同意,例如关于生育节制、婚姻问题、儿童监禁、儿童教育、劳资争议等处理上，尚少一定的原则可以遵循，而且容易引起许多的争论，这些基本哲学问题当然可以增加工作上的困难。

记录是个案工作的最后步骤，其对于个案工作者的重要，如同实验室对于实验科学的重要一样。在很多的步骤上，个案工作人员对于当事人的继续服务或监督，所有的经过发生于任何时期，对于个案，皆甚重要。可靠的事实，个人生活史，诊断、设计、处理的结果，谈话及当事人对于服务的反应皆须有翔实的记录。完备的记录通常包括：① 面页(The Face Sheet)，即个案的基础记录，常放在全部记录的表面作为第一页，所以通常称为面页；② 历史记录(History Sheet)，即将服务的经过，撰成一篇有首有尾的编年史，这种编年史与面页连缀在一起，所有各种事实如谈话、文书的收据、通电话的次数、家庭事实、通信、医院及学校记录、法庭等机关的记录，皆须一一载明，以备存查，记录的整理组织与使用，需要相当的巧妙与机敏。经验告诉我们，记录的实质如何可为个案工作成就的指数。

我们知道记录大都要靠表格及文字。通常文字的记载，每有两个缺点：第一，就是易于记忆，而不甚正确；第二，就是虽然正确，但不易使人记忆。要使我们所获得的消息，在文字记载上，既能使人易于记忆而又正确，就必须留意下列两个原则：① 记载要依科学的方法,有公平的判断,且须合于简明的定律。凡能用数量表明者应表明数量。除非不得已,不宜用"是""否"或"甲""乙""丙""丁"等字样来答复所问的问题,因此类字样所包含的意义过于模糊,空泛而不正确;② 记载要合于标准的定律,如各种度量衡单位等须有一定。自然科学如物理、化学上所用的名词、词句,莫不有其确切的意义,社会科学的知识,虽则不能如自然科学确切而有标准,而近世纪以来,也渐渐地科学化与标准化了。

按照卢那夫(Ralph)[①]女士的意见,一个从事儿童保育工作的人,用文字记载时,须注意下列几点:[②]① 见面谈话后,应立即把访问者的观察及访问者的陈述记录下来;② 书写固有名词时,要留心记载是否正确;③ 年月日的记录要正确可靠,连续或新的记录要随时加入;④ 记载访问的经过、日期、被访问者的姓名住址、他的亲族,或他自己与小孩或家庭的关系、会谈的重要事项、访问者的姓名;⑤ 用词语表达评判时,如"好""坏""可以"等记载,和那些意义含糊的词句如"难以改良""不道德"等,应避免不用;⑥ 未能调查之事项,要注明为何不能调查出来;⑦ 关于亲族证人和团体会员等,各人的完全姓名、住址,要详细记载清楚;⑧ 关于需要

① Ralph,现多译为"拉尔夫"。——编者注

② Ralph G. G. , Elements of Record Keeping for Child Helping Organization, 112～124.

专门或专门知识决断之处，应详细记载其来源；⑨ 除填写表格问题外，访问者应再作一详细的书面报告；⑩ 访问被保育之儿童时，应按期去视察，遇有重要发展或变动时，应摘要记录之；⑪ 所有的记载，以新近的情形为佳。

实际说来，所有个案工作大都由机关执行，由机关延请专家负责推动，而不是一种独立的职业，所以个人技术的娴熟，与机关技术（An Agency Technique）的完备，两者缺一不可。如何使个案工作的理论与实际沟通，如效率的增加、时间的经济等，在估价上皆应注意。个人技术上如谈话，观察机关技术上如行政、个案会计（Case Accounting，包括个案的开始与结束经过调换指派工作及个人履历等）、机关的联络（Inter-agency Relationship），均颇重要。

现代社会个案工作的新近发展，渐渐放弃其一成不变的固定而没有伸缩余地的刻板方法。这就是说，无论在工作或处理的程序上，必须时时顾到国人的特殊情形与需要。这些需要不仅在决定时要能客观，而且在处理上也要分别加以注意。社会个案工作人员，不是一个平常的书记。他们的工作方法和进行程序，第一步就是调查，即个案的社会研究。调查的时候先从其个人及家庭开始。不仅要研究这些人的人格和现在所处的环境，并且要考察他们过去的生活状况，经过一次或多次的研究以后，再来推测他们所有的问题的症结所在及问题发生的原因。这一步的工作手续，就叫诊断。有了详细的诊断以后,然后加以设计,怎样为他们减除痛苦。处理及记录是全部工作的完成,而社会个案工作乃是一种继续不断的历程,直至使他个人能完全独立自助,适应社会各种生活为止。做这一类工作的人员要有丰富的常识与想象的能力,且能设身处地地体会当事人的生活环境与心理反应。此外,要使此类工作易于成功,担任工作者要对于别人的生活,尤其是贫苦人民的生活,不断地发生浓厚兴趣。①

① Day Florence R. ,"Social Case Work", Social Work Year Book of 1941, 521～522.

# 第五章　社会个案工作人员的训练[1]

社会个案工作在美国近来最显著的发展，即为工作的日趋专门化，凡从事此类工作的人员必须受有专门训练。据美国丽枝(Margaret E. Rich)女士的看法，社会个案工作人员的训练尚在过渡时期，此类人员的需要正与日俱增，现有之人员与实际需要，相差颇多，所以美国之社会事业学校，对于此类人才之培养特别注意，而其标准亦较其他社会事业人员为高。从事斯业者，须有丰富的文化基础及各种社会科学知识，如社会学、经济学、精神病学、社会个案工作等科的知识。此外尚须实习于有声誉之机关，以期与

① 参阅 Day Florence R. , Professional Education of Social Case Work, Social Work Year Book, 522.

所习得之学理融会贯通。对于人类行为,社会关系与个人有关之各项知识均须有相当准备。其入学程度标准,亦渐提高。个案工作人员欲与当事人建立一种好关系,必须对于这类工作具有坚强之信心与深切的认识。如果缺乏此种信心与认识,则于个人的救助恐是徒劳无补。

# 第六章　社会个案工作在社会服务方面的应用

社会服务工作大致可分为两大类：① 从事于团体的社会服务工作，又叫社会团体工作(Social Group Work)；② 从事于个案的社会服务工作，即本篇所讨论之社会个案工作。

社会团体工作注意于团体活动与团体生活，他们要借各种社会团体如娱乐、体育以及青年会一类的组织来激发人格的发展和事业的完成。社会个案工作则每以个人或家庭作服务的单位，其在社会服务方面的贡献与应用，姑以医院或医药社会个案工作为例，试略说明于下。

近百年来医学的进步超过已往数千年的成绩。19 世纪以来医术的昌明，确是一日千里，殊足惊人，正在医术最发达的时候，忽然发生一种疑问，就是一个人只靠医药的治疗，能否达到完美的治疗目的。(这)引起(了)许多人的关心。一个贫民得了疾病以后，他的迫切需要自然是医生的诊断、治疗和护士的照顾，但是单靠医生的诊疗和护士的照顾，个人的病根能否得以完全解除，当然是有问题的。这就是说，治疗一个病人，医药固不能少，但是他的需要不止于此，这是因为有许多病人的病因不尽是属于生理方面的，生理以外，他们的职业状况、生活环境、心理情绪等，有时反为促成疾病的主因。这些主因若不于事先或事后加以改善，仅靠医生的"妙手回春"与护士的日夜看护，病因一定会仍旧存在。纵令一时的痛苦得以解救，但根本的治疗还是没有做到。例如我国农村一般人民之所以易于得病，常因环境的不卫生及卫生知识缺乏所致。又如都市的劳力工人，每因经济压迫，投入污秽的工厂，拼命工作，终至精疲力竭，疾病丛生。还有许多人因为心理的影响及情绪的不宁，以致身体或生理机构发生阻滞。像这类的病人，若是不在生活环境、职业及心理上得到解救与安慰，徒然"头痛医头，脚痛医脚"，真正的病根，是永久不会解脱的。进一步言，即令其生活环境、职业状况与夫心理情绪不是他们得病的主因，而不良的生活环境、职业状况与心理情绪，总是医药治疗上的阻碍。更有许多病人要能从速治愈，必先完全停止工作，改善营养，才能收效。例如有心脏病及肺痨病的人，就必须长期休养，才有复原的希望。但此种情形医生虽言之谆谆，可是病人因生活环境、职业状况等的关系，不能一一遵办，结果，往往致于死亡。这时医生和护士，并非不知道生活环境、职业等状况对于病人的身心有相互的影响与密切关系。他们也并非不知，在医治病人时，仅顾到了病的本身而不问及其他，很难达到完满的治疗目的，但是他们终日忙于处理分内的任务，无暇再去访问病人的家庭、经济、心理等状况，由于上述各种情形，一般识见较为高远的人，才深深地感觉到医疗工作非与社会事业，互相联络推行，终难达到预期的效果，于是社会个案服务工作就应运而生了。

医药社会工作的产生为时不过四十余年，在四十余年以前，曾有若干仁慈的教士和热心的妇女，自动地到医院去安慰与照顾病人，使病人得到物质上的协助与精神上的安慰，这种服务仿佛与现今之所谓医院社会服务相似。不过，那时他们的服务完全出于自动，仅能以一部分的时间从事此种工作，而且服务时间又无规定，更没有固定的目的和适当的方法。医院社会工作，直到 1895 年，才有视为一种专业的趋向。1895 年罗治(C. S. Loch)[①]在英国皇家医院(The Royal Free Hospital)首先提倡应用个案方法与社会诊断，此为医院社会服务工作的发端。1905 年，克搏(Richard C.

① Loch，现多译为“洛赫”。——编者注

Cabot)[①]在美国开始提倡并创立医院社会服务，此种工作在英美等国尤其是美国极为普遍。此点前已言之，不再赘述。

现在国内各大医院中有社会服务一部者颇多，例如前上海之中山医院、上海之中国红十字会第一医院、南京之鼓楼医院、重庆之宽仁医院及北平之协和医院等，其中以北平之协和医院，办理较有成绩。北平协和医院于 1921 年设立社会事业部，迄今已有 20 年的历史。该部的主任为普鲁易女士(Miss Ida Pruit)[②]。

以上说明社会个案工作在医院社会服务方面的应用，社会个案工作在其他社会服务方面的应用，亦复不少(参阅第三章)。兹限于篇幅，不及备述。由于社会科学的发展，社会个案工作的地位亦渐被重视，而在效用上彼此且有各种相互的贡献。第一，社会或个人的病理与个人的社会失调概念，由于个案工作的发展，更加重视。我们知道，社会学是注意于社会行为及团体生活的，要知社会团体之集合为个人，个人如能一一得以解救，所谓社会问题自亦迎刃而解了。社会学家每喜把各项社会问题如贫穷、犯罪等病态，分别加以讨论，并用各种不同性质的机关来补助，每一个病态看作一个特殊的范围。而从个案工作者的经验看来，发现这种解释与方

① Cabot，现多译为“卡伯特”。——编者注
② Miss Ida Pruit，现多译为“艾达·普鲁特女士”。——编者注

法,不很妥善,且从个案分析的各种累积的结果,社会病理严格分类是不大合理的。我们若是将各种社会事业机关的个案加以分析,以团体的概念来看的话,事实上的表现是大同小异,而以个人的概念来看,则大异小同。社会个案工作者,由此得一结论,当事的个人不是社会阶级中的一个标本,而是对于环境及心理状况的特殊连锁(Particular Concatenation)与不完全适应的一个例子而已。每一个当事人为繁复社会病态中的一部分制造者。他的失败,必定由许多原因促成。了解这些不同的原因,是个案工作任务之一,此种任务已渐被人认识其重要了。

个案工作的第二种贡献,是对于社会研究方法的增进。个案方法注重"质"的分析,大有助于统计方面"量"的分析之不足处,个案方法并不是与统计方法完全相反,而实相成。有的时候,个案方法亦间常列举较简之统计数字,但不注意于相关(Correlation)与数学公式的枚举。他是从少数的项目上作较精的分析。此种方法亦常被视为社会调查方法之一部,因为调查社会"质"与"量"的分析,是应双方并顾的。诸如犯罪的研究、文化的变迁、社区组织、劳工问题以及移民等方面,个案工作的应用也日益普遍了。

个案工作的第三种贡献为社会情形与效果的总体衡量,可以个案工作做试验。"这种贡献"不在其特殊技术,而在其各种机关的例行工作方面可以引起大众对于社会问题的兴趣及大众幸福的提高。在欧西各国有许多的社会立法与教育立法的资料，是从个案的例行工作上得来的。他如公共卫生、教育、社会卫生、心理卫生、司法制度、犯罪、安全立法、工人年金、童工、最低工资立法以及其他社会运动的发端与改进，莫不与个案工作有关。总之，社会的计划与改进，不能全与个人分离，个人得救，社会即增加一份力量，至于因个人病态严重引起社会大众的注意而加以预防（如肺痨预防之类），其对于大众幸福之增进，实在不是数字所能表达的。

# 第七章　社会个案工作的评价

社会个案工作发展的情形，在各国不尽相同。大概地说来，此种工作的效果，尚未获得普遍的认识，因此社会个案工作的推行与估价，尚在一种实验阶段。现在我国之从事社会事业者，能认识其重要性的固然不多，即在欧美各国非难之者，亦不乏其人。现在我国有许多人对于此类工作之意义与内容，不是莫名其妙，就是以为“多此一举”或视为“无足轻重”。还有些人以为这类工作是替资产阶级或统治阶级做一种“掩饰”工作，借以维持现时社会秩序，缓和阶级斗争或转移急进思想者的视线。

本来，要客观地对于社会个案工作来作一番公平的估价，不是一件易事。如何判断社会个案工作的效果？这些效果有什么方法来测量？假使有效果的话，有多少是从个案工作产生的，又有多少是从环境的改变(如经济、教育及社会立法等)而产生的?还有人相信,一般经济的因素如果没有改进,社会个案工作无论怎样进步,也是徒劳无益,枉费心机。此种评价之所以困难,一方面由于许多事实不能全用数字来表明。另一方面,由于搜得的材料不尽可靠,科学的价值与标准,因此无由获得,是以现时最感需要者为如何确定客观的标准,以补统计方法之不及。在这一方面,估价的方法与技巧的范围虽有很大的进步,而各种个案记录方法的研究及社会个案的分析与解释,在处理不曾结婚之母亲,无母亲之家庭,委托家庭及机关照顾之儿童时,方法及技巧的考虑与结果的估价以现有的知识与技巧而论,似仍缺少精确而令人满意。拿严格的标准来说,个案工作估价的方法,虽不能尽如人意,但从另一方面看,个案工作人员对于个案历史资料的收集,则显有进步。此类资料,对于个人、家庭及环境的改造,裨益实多。社会个案工作人员与大多数的个人和家庭,时相接触,从潜伏的资料上,增加了许多关于了解人格的知识,这种社会关系的范围与研究有如一座荒山,尚待开辟。

不过,社会个案工作,要有一批受有此类专门训练的人才、丰裕的经费与便利的环境,如美国那种社会经济教育等状况,方易推动。即在平时,我国的社会经济教育物质等状况,与美国相比,已大有不同,况值此抗战时期,情形更有差异。我国现在继续抗战期间,社会服务情形与美国所处的环境,不可同日而语。美国的社会服务事业在注意如何使人延年益寿，如何讲求个人及公共卫生。目前我国的社会服务事业恐怕只能注意到如何救命，如何止痛。从专家的眼光看来，社会个案工作对于社会服务是何等重要。但是因为社会经济等情形的不许可，加上此类专门技术人才的缺乏，我国社会个案工作的举办，在目前大概不易奏效。但吾人以为，现在社会个案工作的提倡与运动，对于我国今后科学化社会事业与社会行政的推动与发展，是确有其需要的。

## 参考文献目录

1. Bristal M. C. , Handbook on Social Case Recording, University of Chicago Press, Chicago, 1936.

2. Beck J. E. and others, Family Case Work Services for Refugees, The Family Welfare Association of American, New York, 1941.

3. Cannon, Antainetle and Klein, Philip, Social Case Work, Columbia University Press, New York, 1933.

4. Hamilton, Gardon, Social Case Recording, Columbia University Press, New York, 1936.

5. Hamilton G. , Theory and Practice of Social Case Work, Columbia University Press, 1940.

6. Hallis F. , Social Case Work in Practice, Family Welfare Association of American, 1939.

7. Klein, Philip, Social Case Work, The Encyclopaedia of the Social Sciences Vol. 14, pp. 143 ~ 183.

8. Kurtz, R. H. (Editor): Social Work Year Book of 1939. 1941, Russell Sage Foundation, New York, 1937 ~ 1941.

9. Lee and Kenwarthey, Mental Hygiene and Social Work, Commonwealth

Found. ,1929.

10. Lawry F. ,Readings in Social Case Work 1920 ~ 1938, Columbia University Press, 1939.

11. Marcus, Grace F. , Some Aspects of Relief in Family Case Work, Charity Organization of New York, N. Y. , 1929.

12. Mcclenahan, B. A. Manual for Training in Social Case work. University of Southern California Press, Las Angeles, U. S. A.

13. Rich, Margaret E. ,Social Case Work, Social Work Year Book 1937, Russell Sage Foundation, New York, 1937.

14. Richmond, Mary E. ,Social Diagnosis, Russell Sage Foundation, 1928.

15. Richmond, Mary, E. , What is Social Case Work, Russell Sage Foundation, 1922.

16. Robinson V. P. A. ,Changing Psychology in Social Case Work, University of North Caralina Press, Chapil Hill, 1930.

17. Reynods, Bertha, Capen. Re-thinking Soical Case Work, 1938.

18. Strode J. , Strode P. R. ,Introduction to Social Case Work, Harper and Brothers, New York, 1940.

19. Towle, C. , Social Case Records from Psychiatric Clinics, University of Chicago Press, Chicago, 1941.

20. Wilson, G. , Group Work and Case Work Their Relationship and Practice, The Family Welfare Association of America, New York, 1941.

21. Wilson, R. S. ,The Short Contact in Social Case Work, Vol. 2 pp. 42, National Travelers Aid Association, 1937.

# 第五编



# 社会团体工作

# 第一章　社会团体工作的意义及其特质

团体工作(Group Work)为 20 世纪初叶以来许多从事团体活动者所常采用的一个名词,虽然它的定义至今仍未十分确定,而应用则颇为普遍。健全的社会生活在现代社会中仍属罕见。由于此种健全社会生活机会与经验的缺乏,一般人民似常为现代社会经济政治等问题所困惑,甚至有如迷途羔羊,无所适从。因此有些从事社会事业及社会行政者,每欲借助于团体工作方法,使个人能免除这类困惑,在思想上、行动上有所依归与领导,以完成健全的社会生活。从事团体工作者,每以为此种健全的社会生活与团体经验乃供给个人以适应社会及发展社会化的态度(Socialized Attitude)的一种重要媒介。团体经验及社会活动机会的增加,可以使个人的社会生活、知识与技能,日益丰富而美满,对于社会的功能,亦甚宏大。由较小之团体活动所获得的各种经验与知识,可作参加较大团体的训练和教育基础,从这方面看来,团体工作实富有很大的社会意义与教育价值。

团体工作有时可作社会机关团体(A group of social agencies)工作的统称,有时系指注意于团体活动与团体生活之工作,例如利用社会教育、娱乐事业、体育工作及其他闲暇时间的活动,来激发人格的发展和促进事业的完成的团体工作;而有时则仅指社会事业或教育事业上的一种方法而已。此种方法,或应用于上述之社会教育、娱乐事业及体育工作等机关,或应用于惩戒、医院、学校等机关,莫不各有其用途。凡应用此种团体工作方法,努力于社会目的之完成者,均可称为团体工作。这类团体工作的对象虽似仍在个人,然莫不带有重要的社会意义,故以称为社会团体工作(Social Group Work)较为相宜。

用社会团体工作一名词,作为社会事业中的一个部门,有人不大赞同,因为有些负有社会事业宣传及社会行政财政上责任的人,感觉此种名词殊属含混,不便以此向公众请求协助。社会个案工作虽亦犯有同样的毛病,但社会个案工作在社会事业分类上仍不失为专门工作之一。还有许多从事社会事业已久而富有经验的人,当其从事某种团体工作时,则属于团体工作的园地,而在他种事业上，此种名词则不能适用，此因他们的机关在工作上常运用各种不同的方法，团体活动不过为其中方法之一种。但吾人亦不能因此即断定社会团体工作一名词不能成立，因在社会个案工作上、社区组织（Community Organization）或社会福利计划（Social Welfare Planning）中，同时亦常运用其他各种不同方法故也。关于讨论社会团体工作之专书，虽较社会个案工作为少，而在西文书籍中，近年以来亦出有多种，其在社会事业领域中占有重要地位，似已无甚问题矣。

社会团体工作至今虽尚无一公认之定义，而下列定义，似能指示社会团体工作的含义，并包括近人从事团体工作者所注意之点。

博施（Busch H. M.）[①]在其所著之《团体工作领袖》（*Leadership in Group Work*）一书中，谓："团体工作通常是当闲暇时间在社会机关领导之下所执行的一种教育历程的工作，其目的在帮助个人在团体以内获得知识、技能与态度，或指挥有关建设及娱乐性之活动。"[②]

柯易尔（Cayle G. L.）亦谓："社会团体工作乃一种教育历程，通常为各种志愿服务团体在闲暇时间从事或推动一种或多种带有

① Busch，现多译为"布施"。——编者注

② Busch Henry M. , Leadership in Group Work, New York Assicoation Press, 1941, 11.

社会活动意义的工作，此种工作每有团体领袖为之领导与协助。其目的在利用团体情境中的相互作用以发展个人的人格，同时并创造此种情境以完成团体合作行动，达到共同目的。”①

李伯满（Lieberman J.）②在其所主编之《团体工作的新趋势》（*New Trends in Group Work*）一书中谓：“团体工作是站在卓越的地位，帮助个人适应现代社会生活的复杂情形——并且或者能够帮助人们克服进步的威胁，甚至文明本身的各种困难。”③

又有人谓：“团体工作系一种活动，其目的乃用一定的及满意而有目的的团体活动，使个人社会化。参加之人员多系出于自动。团体工作的功用可以帮助人格的发展，鼓励情绪的健全，影响社会的关系，使每人在其所处的社会得有较好的指示，且教人在其有组织之社会中习得各种风俗、模式及原则。”④依上述的说法，对于社会化的概念，似应加以解释。鲍格度（Bogardus E. S.）教授谓：“社会化乃共同合作，发展团体责任的一种历程。可使一人或他人的幸福，或一团体与他团体的幸福，纯粹地趋于一致。”⑤社会化的

① Kurty Russell H. , Social Work Year Book of 1937, 461.

② Lieberman，现多译为“利伯曼”。——编者注

③ Lieberman, Jashua, (Editor) New Trends in Group Work, 1938.

④ Meclenahan B. A. , The Group Work Field, Social Forces, Vol. 104 May, 1936, 566～567. 参阅 Hendry, Charles E. ,“Social Group Work”, Social Work Year Book of 1941, 523.

⑤ Bogardus, Socialogie, 1934, 80～81. Fundamentals of Social Psychology, 229.

历程，一方面保全个人的特点，一方面鼓励人们的创造，结果，可使个人的生活丰富与扩展。由此可见社会团体工作的特质系着重于社会化，此点可从个人及社会两方面加以说明：① 从个人学习如何与人相处来看，团体工作能协助个人在团体中互相配合，使其对于团体福利能有所贡献；② 由于个人生活的发展与成就来看，团体工作常能协助个人发现较满意的生活。

总观上述几种定义，我们可以知道，团体工作富有社会及教育的意义，通常系利用闲暇时间，在团体领袖指导之下，协助个人获得知识与技能，发展个人人格与社会化态度的经验（Experience of Socialized Attitude）。此类团体活动之参加，多系出于自愿，其主要目标在增进个人的社会适应能力，提高个人的社会发展。

社会团体工作一名词，有时易与正式教育（Formal Education）及地方团体生活相混，为求明了团体工作之真实意义起见，其与上述几种事业不同之点似有稍加说明之必要。

正式教育，无论是对于儿童的或成人的，在重视教以既定之题材，很少顾及个人临时的与特殊的需要。而团体工作则常须随时顾到个人的兴趣及人格的相互关系，而不是按照教师或机关决定的题材与计划来施行的。

娱乐与团体工作虽亦常交替互用，其实二者亦有不同之点。个人亦有独自娱乐的习惯，其非团体工作固甚明显，即普通的集体游戏与民众娱乐亦不能称为团体工作，因其主持人或领导者，对于参与之个人，并无充分的认识，而于个人的社会发展，亦全未顾到，此与团体工作的基本概念不符。从另一方面说，团体娱乐活动，有曾受训练者为之领导，从事各种游戏，游戏的种类随个人的兴趣与智能等的差异为转移，方法亦不一致，在此种情形之下，亦可称为团体工作。总之，娱乐与团体工作，有时难免混淆与重复，其差异之点，在视其所用之方法及执行之目的与有无训练之领袖为之领导而定。

团体工作与各种地方团体生活如俱乐部、委员会、政党、宗教等组织，也是应有区别的。这一类的结合在完成团体中某一种或多种的共同目的，而没有注意到控制团体环境因素对于参加者的教育影响。控制环境的因素，是任何教育方面的一种情况。儿童们在街上结党成群，是一种团体生活。将这些儿童移到另一个区域或机关，配合一个领导者，用教育的历程指导他们的生活，就是一种团体工作。上面已经提到，团体工作除富于社会的意义外，并具有教育的意义，团体工作当然与教育的历程及方法有关，但是这与政治团体及其他组织方面的执行人员所用的方法和欲达到的目的，是不尽相同的。

# 第二章　社会团体工作的起源及其发展

团体工作自 20 世纪初叶发端以后，在欧西各国，尤其是美国，似有显著的进展。社会团体工作与社会个案工作相较，虽有望尘莫及之感，而近三十年来之发展，颇有独树一帜之趋势。大致地说来，现在应用较广的为私立社会机关利用闲暇时间的活动，例如男女青年会、夏令营、社会中心协进会以及其他类似的团体。而在公共娱乐机关中，也有些较小的团体从事这类的活动，还有许多公立学校亦常运用此种方法执行课外的活动。此外还有一种新的趋势，就是儿童保育机关、感化院、医院等与团体工作的发展，亦有连带影响。不过，有许多团体活动，虽有团体工作之名，并无团体工作之实，因其与以上所述之教育哲学及方法的质的方面不相符合故也。

自团体工作发端以后，团体工作方法亦随时代而进步，社会团体工作一名词，虽仍有人反对，而实际上已渐渐获得大众的认可，其所获得大众认可，分析言之，计有下列几种原因：① 由于社会学、心理学及精神病学各科的发展，研究个人与团体的关系，使近代社会科学家注意于团体行为的心理及教育等方面；② 由于前进教育的发展，教育思想与概念渐重视根据个人思想自由活动及兴趣，借以领导其团体行动；③ 近年以来有些个人对于一种或多种团体工作技术的研究，曾发生浓厚的兴趣。例如集体思想的研究（The study of group thinking）及人事管理的实验等；④ 行为派之兴起，在经济、政治、社会及职业方面发生显著的影响。由于上述各种原因，使从事社会事业者渐渐注意于社会团体工作。现今美国的社会事业学校大都有此科之开设，全国社会事业大会开会时，亦分组讨论此种方法，在文献方面，近年来也添增了不少这一类的材料。[①]

① 参阅 Hendry，Charles E. ，Historical Perspective of Social Group Work，Social Work Year Book of 1941，524～525.

# 第三章　社会团体工作的目的

现代社会事业的实施，多半集中于个人。社会团体工作随着社会个案工作的发展而发展，社会个案工作的集中注意点是在个人固不必说，社会团体工作，顾名思义，好像是注意团体，其实还是注意个人。即以社区组织而论，其主要目的亦在增进一社区内的个人福利，帮助个人的发展，供给个人的各种便利与机会。团体工作系注意于各种活动，而团体工作中的主要对象仍是个人。团体中的个人，每各有其不同的人格，个人的特殊人格或行为习惯，对团体方面影响很大，同时团体方面的节目，亦不时影响及于个人的思想、态度与行动，团体工作人员乃成为个人与团体间之主要推动者。依据此种观点，所以有人常说，团体工作的目标仍在个人。还有人讨论团体工作时，指出团体活动与团体历程之重要性，其中包括个人在一团体以内所参加的活动，以及达到某种目的的合作功用。个人与团体一致的团体感觉，和团体精神为此种团体工作历程之重要表证。同时，人格的发展与团员社会化经验的获得，以及个人接收对团体负责所产生的结果，则为个人参加团体活动以后所常获得的各种成就。

从社会价值的观点看来，团体工作的目的亦有各种不同的解释，例如品格教育的熏陶，个人适应能力的培养，情绪的平衡，犯罪的预防，职业的选择与协助，成就由于友谊的获得，闲暇时间的利用，用同样的社会心境的态度对待所有的同人或下属，以社会共同承认价值的标准作为个人立身处世的法则，这些都是团体工作较明显而可能达到的目标。但实际论及团体工作的目的，似乎须作更进一步的探讨。

“成熟”(Maturity)，为教育过程中一个重要目的，社会团体工作的用意，亦在使人成德达才。柯力(Cooley C. H.)[①]教授曾谓：“一人之成熟与否，从一人的能力上可以证明，此种能力我们在较大的团体中易于发现。”美国格列迪女士(Cratty Mabel)曾经告诉我们，一个伟大的领袖永不会把一件事情看作“地方性”的。团体工作的目标，不仅在帮助一人扩展其经济团体或任何特殊兴趣的

① Cooley，现多译为“库利”。——编者注

窄狭范围，同时，还可以发现若干其他重要价值，如使人能从整个社会的观点来看自己的问题，识见不囿于一隅，使一切过于集中联系，不致存在。实际说来，社会建设运动的要点，就要看我们能否将分离我们情绪上的偏见的障碍，予以免除。有人相信，社会进步中最严重的障碍，在于我们各有其固定的兴趣，蕴藏于幻想之中，且常坚持此种幻想而不变。结果使我们难于从整体来看一切情形，并使个人自己不能与整体相配合。在许多情形之下，无论吾人属于哪种阶级，当一种事件与人发生关系时，特别是在经济与职业方面，大都只知从我们自己的特殊兴趣来看问题。这种偏见的消除，团体工作似能予以一些帮助。

团体工作的目的，无疑地在发现机会，从积极的基础上建立较广泛的忠心，向社会共同的目标去努力，而不是各自分离与各行其是。带有全国性质团体工作机关的组织，固可视为一个实例，即以地方为单位之组织，如省县以下之各种组织，甚至带有国际性之同类机关，彼此密切的联络，亦具有同样的意义，盖经验知识等之互相交换，每足以互补长短。较广泛的忠心，更远大的目标，每为许多社会、教育或政治团体所追求的一种理想目标。

有人间尝论及，领袖资格的养成，为团体工作目标之一，团体工作对于这一方面的成就，我们现在还缺乏适当方法加以测验，因为领袖时常更换，地位的高低亦不免时有变动。并且从团体工作人员方面说，领袖的意义并不是说高高在上，有如盘柱上之本偶雕像，而是说领袖必须有洞察的能力、透彻的认识，发现他人之长，并能鼓励他人能力的表现，集中团体活动于某种特殊事业。特殊事业的节目，始由团体所发起，终仍须由团体所决定与接受。

此外，团体工作还有一种可能的目标常被忽视，即闲暇时间之利用与增加是也。闲暇时间的利用，如有适当的安排与计划，确可增进人类不少的幸福，但是，我们是否需要一种方法，才得有闲暇？欣赏闲暇与获得一些休息，目的是否相同？我们的闲暇时间的运用是否必须极度紧张？这都是值得作进一步的探讨的。

生活是一种艺术，团体工作可以协助人们增加并享受此种艺术的生活。团体工作能培养人们的创造能力，使人在一社区或团体以内获得较好的仪表、习俗、文学、哲学等。在职业等方面，因社会接触的关系，使人明悉帮助人们的可能性。此亦或可视为团体工作的目标。

团体工作另一方面的价值可使个人获得人们的尊敬，从社会关系的观点看来，每人不仅是家庭中的一分子、俱乐部的一会员，或合作社的一社员，而且同时属于许多其他团体之一分子，此种交互错综的联属，可引起人们的互相认识和尊重。尤其是在孤寂和不愉快的都市与农村环境之中，此种联属更有其需要。团体工作是完成这类联属的一个主要方法。

# 第四章　社会团体工作的种类

社会团体工作的种类，大体言之，有下列数种：①

1. 团体娱乐工作

娱乐为自动参加不受酬劳的一种活动。在放任主义的社会里，娱乐几全为个人或家庭之私事，但在今日，娱乐的需要与满足已成为一种社会问题，而引起政府及其他社会机关的注意了。有组织的团体娱乐，已视为补助心理上的缺陷及公民教育的重要方法。山中森林的任意砍伐，河流湖沼及海岸的随意损毁，都市人民的拥挤及都市设计的缺乏，现代都市生活的紧张，工作的机械化，个人闲暇时间的增加，商业化娱乐之多，贫穷、道德标准

① Hendry C. E. , Social Group Work, Social Work Year Book of 1941, 525～526.

的低落与破坏，都是促成娱乐成为社会问题的主要因素。在这种情形之下，现代文明国家每设立许多娱乐机关或团体，来弥补这些缺点。

从娱乐的种类或方法上看，有业余运动、公园游赏、水上运动、音乐会、夏令营、社会娱乐（Social Recreation 指男女共同参加之各种娱乐）、艺术欣赏、山水游览、戏剧观赏、家庭娱乐、教堂娱乐、劳工娱乐、农村娱乐以及商业化的娱乐（即以营利为目的之娱乐）等，其中有些与团体工作有密切的关系。

2. 青年男女社团工作

青年男女社团工作之目的与功用，在以有组织的方式，利用闲暇时间，运用适合青年男女之兴趣的娱乐的教育、文化及个人指导，以增进德、智、体、群四育之发展。此类组织，在美国有大哥哥与大姐姐联合会（Big Brother and Big Sister Federation）、美国男童子军俱乐部（Boys Scouts of America）、男青年会之男童工作部（Boys Work Division of the Y. M. C. A.）、女子营火会（Camp Fire Girls）、女童子军（Girls Scouts）、女青年会之青年女子工作部（The Y. W. C. A.'s Work for Younger Girls）等。我国近年以来，青年会、童子军、夏令营等社会团体亦渐兴起。这些青年男女社团，如欲使之完美，总要运用社会团体工作方法及社会个案工作方法才行。

3. 成人教育(Adult Education)工作

成人教育的意义,普通包括学校以外的男女老幼之教育的、文化的以及娱乐性质之活动,其目的在使其心胸开展,智力发达,生活丰富。此种教育之含义,并非使其获得职业上的专门训练,增进物质上的需要,仅为一种无定期的参加听听演讲、观赏展览、观看游戏及往图书馆随意阅读。成人教育的种类,亦随机关的性质与内容而各有不同。有时与卫生教育、劳工教育、亲职教育、职业指导亦有关系,总之,大概地说来,成人教育是很少带有强迫性的,此与普通学校教育不同,因其很少有强迫性,从领导此类工作者的一方面看来,比较是一种困难的工作,优良领袖或师资的选择,不仅为成人教育成功之本,且为维持任何团体人数之重要因素。在经济情形落后之国家,失业人数众多,成人教育与社会事业的举办,关系颇为密切,因失业者惟有多从教育方面注意,始易于获得职业也。监犯的成人教育,自1930年以后,已引起美国监狱改良专家及社会事业人员的注意。

成人教育的推动,有时固可采取个别方式,但为节省时间及培养团体生活之训练,用团体工作方式,有时效果更大,因之社会团体工作的原则与方法,在成人教育方面,效用亦为不少。

4. 社区中心(Community Center)工作

利用公共或类似公共屋宇之额外时间,以作教育娱乐及其他闲暇时间之活动，现在欧西各国已见普遍地推行。此种屋宇常用作各种不同的活动，作为各种活动推动之中心，故又可称为社区中心，社区中心之指导者，协助各种团体的组织，指示个人觅得适合团体及凑成完备之节目。此种组织在欧西各国之大都市颇多设立，小城市及农村之中，亦渐有此类社区中心，我国近来各都市亦间有此类组织，但不若欧西各国之完备耳。欧西各国很完备之社区中心，每年有特殊周密的计划，关于地点的选择，设备之充实，以及其他诸种便利，俱视为社区中心之重要问题。社区中心之会所或为学校、或为工厂、或为教堂、或为商店、或为地方俱乐部之未被占用之房屋，均无不可，但其所在地位，最好是在意气相投之邻里与交通中心，以便会员易于参加。社区中心之目的与节目，最好是根据大众的兴趣与理想而选定。组织务须严密，行政管理须有人为之负责，社区中心之成功与否，与领袖之选择最关重要。领袖的才能、机敏、热心、效率、善于应付、判断能力等均为不可缺少的条件。社区中心的团体工作之能否推动得法，须视领袖具有上述各种条件与否以为断。邻保团体工作（Settlement Group Work）与社区中心工作意义虽有类似之点，但工作种类颇有不同。邻里关系之改善、家庭服务、成人活动、文化教育、娱乐与运动、儿童与教育、地方服务，均为邻保事业之重要工作。

5. 其他与社会、政治、宗教有关之团体工作

社会团体为提倡某种社会运动，政治机关为求实现某种主义，宗教团体为求某种信仰之普及，近多运用团体组织的力量，以求达其目的。此类团体组织的目的，若同时顾及个人的特殊情形，似亦可称为团体工作。

# 第五章　社会团体工作的原则与方法

社会团体工作人员为求达到各种目的，常利用各种不同的活动与方法，此类活动与方法，大概是随着团体领袖及团体中人的知识能力及兴趣而各有不同。关于团体活动的方式，社会适应能力的培养，亦常因团体的需要、领袖的认识，以及机关的政策与领袖的社会哲学而有差异，因此，现在来讨论团体工作的原则与方法，却是一件很困难的事体。依照墨克林汉（Mcclenahan B. A.）的看法，团体工作的基本原则，似有下列数种可以申述。[①]

团体工作第一个基本原则，就是团体工作人员，对于当前社会

① Mcclenahan, B. A., The Group Work Field, Social Forces, Vol. 14 May, 1936.

变迁的情形须有丰富的知识兴趣，伦理亦须同时顾及。许多旧有传说与习俗的变迁，使团体的忠心日形减少。各种团体的结合与分离每不是全由于地理上的接近与对于地方的忠心不同，而大都是由于共同的兴趣的差异，结果，初级团体的价值或其控制，对于团体的联络，未尝予以重视。团体中人往往从一种关系上彼此相知，而于他种关系则颇多忽略。任何自愿组织的方式，指示并保全初级的社会理想，必须给予团体中人的不同兴趣与不同能力者一条出路。团体的具体计划，必须使个人有参加的权利，对于个人及社会的完整，均应同时加以发展。“伦理与团体活动是不可以分开的问题，若是品性的价值要有结果的话，伦理的实质，一定要透入所有的活动。”①

团体工作的第二个原则，应发现充分而满意的机会，以发展领袖资格。领袖资格是一个社会所重视而极可宝贵的，他们的成就也就是社会的成就，所以应该有联络、计划或组织，协助其发展。社会上有许多的团体是受限制的，有许多领袖资格是任其投闲置散的。或因缺乏联系，或因组织过多，领袖资格的需要，集中于少数人，使其他的人没有适当的发展。或因节目不能随会员人数之增加而增加，或因对于新事业的推动而缺乏新经验，都是促成领袖

① Busch, Henry M. , Leadership in Group Work, 3.

资格不能有自然的发展的重要原因。如何可使所有的团体工作机关,对于领袖资格有适合的发展机会与配合,这是团体工作方面所应注意的问题。

团体工作的第三个原则,就是要注意会员对于参加团体活动的态度。加入团体的人愿意继续地参加,此与个人的态度极为有关。会员的愿意继续参加或中途退出,亦必各有其缘由。一个会员之所以愿意活动,大都相信团体之宗旨及个人的感觉对于他所费的时间、精力与金钱能有相当的收获或补偿。不过,其中有些人中途退出,并不是依其理智性的判断,而仅有一些片面的感觉而已,若是问他为何中途脱离,也没有肯定的答复。所以社会机关及团体工作人员,欲使团体工作发展,须将节目内容多加充实,然后才能收到事半功倍之效。

团体工作的第四个原则,则涉及行政方面。团体工作人员,不仅在行政技术方面须有专门的训练,而在社会哲学上亦应有相当的素养。团体工作之能否成功,是与执行领袖行政的才能大有关系。经费的筹措及经费的预算、会员的经济状况,在行政上是当特别注意的。其他如集会地点虽不必过于富丽堂皇,而在可能范围内,物品陈设亦须艺术化,使人一见而能生愉快之感。

团体工作的第五个原则,就是团体及会员的利益,不应被他人或机关所侵犯,团体中的会员均应各有地位与价值。团体活动不能仅以参加之人数作为一机关的成就，也不当全由工作人员把持一切。社会化的人格是团体工作人员所最需要的。

团体工作的第六个原则，即对个人方面必须予以重视与考虑，不可使个人在群众之中被人忽略。此种原则在团体工作上所采用的社会个案工作方法中，可以求得。据许多社会事业人员看来，社会个案工作及社会团体工作，在技术上并非相反，而实相成。社会个案工作人员与社会团体工作人员的探究方法虽有不同，而其目标则无甚差异，两者同为增进个人的适应能力与社会化。团体工作的领袖常须运用他的技巧，鼓励团员的联合活动，而在鼓励团员联合活动的计划当中，也不要忘记每个会员的不同的需要。

社会个案工作人员与团体工作人员的联系有什么原则应当遵守？两种工作人员，首先应当注意的，就是要知道一些彼此工作中所用的方法及术语。每一种工作人员也须知道每一种工作的限度及其困难，因此必须互相联络，以补长短。所获的资料与消息，必须互相运用。随时坦白地承认自己技巧的限度，这是专家态度的一种证明。当团体工作人员考察个人的失调问题，分析个人的人格态度及社会情形时，他最好转请社会个案工作人员负责代作个案的研究，并请其建议关于个人的社会处理，或即请其代为执行处理的工作。当社会个案工作人员发现个人不能适应环境、缺乏团体接触、与社会生活隔离时，他就应该将其介绍到团体工作人员之前，令其加入团体生活。按照美国社会事业的趋势，社会个案工作与团体工作日形接近，社会个案工作机关承认与团体工作人员互相商洽、合作之价值。团体工作机关亦常聘请社会个案工作人员为顾问，并处理团体工作人员所不能处理之各种问题。

博斯(Busch)告诉我们，由于现代生活闲暇时间的增加，团体工作日见重要。团体工作与正式教育不同，似已渐被大家承认。值此经济及社会危机日加剧烈之时，利用闲暇维持个人的品德，增长个人在社会的效用，团体工作实为一种社会计划(Social Device)。个人参加团体活动以后，使团体节目格外生效，有许多具体的成就是由此产生的。

社会个案工作方法，在近世纪以来确有许多进步，社会个案工作人员，现有若干关于讨论社会个案工作原理与方法的专籍可供参考，说到原理与方法的发现，社会团体工作实较社会个案工作为落后。现在欧美各国之从事及研究社会团体工作者，亦正努力于方法或技术与工具等之研究，以期对于团体工作有所贡献。在讨论工作的方法以前，对于工具(Tools)、计划(Devices)、方法(Methods)及技术(Techniques)似应加以区别。在外科医术中，医生利用各种器具(Instruments)或职业上所需要之工具，当其利用工具时，必须遵守医术上所示的各种原则，此种原则之实施，与工具配合应用起来，即成为技术（Techniques）。工具即其所用之器具如钳子、剪刀等，技术即系一种方法，用以操作并产生专家的杰作者。各种职业所需要的工具与技术各有不同，一种职业之成败，与其用工具的好坏、技术的熟练与否甚为有关。但在社会事业方面，要把工具与技术划分清楚，颇属不易，因为社会事业的对象为人类及人类的活动。测验社会事业人员的成绩，不能如测验外科医生的成绩一样。外科医生成绩的测验，至少可以依病人的身体健康情形为断。许多社会事业人员的服务工作的推动，有赖于个人的信心、希望与幸福的增进，及满足上述各种可能的条件的配合，而这种情形颇难以尺度来测量。

在社会团体工作中，我们可以观察一个领袖所领导一些个人的联合活动，这些领袖，有似参与的顾问，或观察的顾问，或为旁观的指导者。此种团体领袖每为发动某一种社会事业的机关所指派。他的成就，有一部分要看他能否利用固有的领导能力，了解及帮助个人的需要，及鼓励团体行动等。当我们研究团体行动时，我们或者要问领导者所领导的团体成一单位时，有什么工具、计划、方法及技术可资运用，使团体工作产生显著的功效。节目如何选择？用何种方法来发现团体中的个人的特殊才能？如何培养个人对于社会负责的感觉？如何使团体学习为地方而服务？个人的品格、道德及公民责任之应如何养成？这是几种显著问题，足以指明社会团体工作工具及技术的重要。“工具”一词在团体工作中，或者可以译为“特殊计划”(Specific Device)方法与技术，可视为意义相同，无甚差别。所有团体工作机关，都要运用工具或计划作为有效的推动，以达到最近或较远的目标。社会事业人员所用的方法与技术，有时是以“原理”(Principle)一词解释的。此点至少在团体工作人员的专家词汇上，是常交替互用的。

团体工作机关每有其特殊目的与使命，团体工作人员所用的原理与方法，大都是要受团体既定的目标所左右，这是我们应注意的一点。

社会团体工作人员，不论其为被雇的或自愿的，有几种人格特点，对于了解及运用他的工具及技术方面，是很重要的。例如健康与体力、热心、幽默、善于辞令、悦耳的音调、机智、想象、敏捷、创新、仪表、忠心、能接受他人的批评、客观、诚实与友爱等，对于团体工作领袖的条件均极重要。

社会团体工作的方法种类颇多，每一种工具或技术之应用莫不各有其目的，本章不及详述，不过所用的工具与技术必须与目的互相呼应，否则工具与技术将成为机械的和无意义的了。因此团体工作人员的心目中，必须明确保持一些基本理想，以完成团体工作的主要目的。例如发展完善的人格，使人接受公民责任观念，乐于参加团体活动，训练民治的精神与方法等，皆甚重要。下列的分类大纲可供团体工作人员在工具及方法上增加一些参考。①

1. 组织的程度

(1) 成立团体工作机关，并设立执行委员会，邀请专家参加。

(2) 对于各种个别团体，设立顾问委员会。

(3) 征求并训练志愿参加服务之领袖。

(4) 登记会员并组织各种分团或支部。

(5) 介绍专家及志愿服务之领袖于各种特殊团体。

(6) 介绍会员。

2. 自愿参加服务领袖的准备或配合

(1) 遴选领袖以大学社会学系、政治学系、经济学系、生物学系及心理学系之毕业生为佳。

(2) 开设训练领袖之课程，并举行讨论会与会议。

(3) 开设各种艺术、技术及特别训练之课程，以提高各种艺术及技术的才能。

(4) 搜集团体的参考书籍。

(5) 准备节目资料。

---

① Mcclenahan B. A. , The Tools and Technique of Social Group Work, Sociology and Social Research, Vol. XXX, No. 4.

3. 志愿服务领袖及专家对于各种团体的监察

(1) 观察。

(2) 批评与建议。

(3) 正式咨询。

(4) 商议与劝告。

4. 志愿服务领袖及团体应同有的准备

(1) 探悉发动机关组织的宗旨。

(2) 调查当地邻近的各种情形,发现其财产与债务,或优点与缺点。

(3) 熟悉地方的各种资源(邻近以外)如公园营地等。

5. 团体活动与节目

(1) 普通工具:注意会员的参加与分配及推动民主式的各种程序。

(2) 特别工具:① 目标的确定;② 规章的拟定;③ 团体控制与纪律的发扬;④ 符记、徽章、制服、规章的选定;⑤ 礼节与仪式;⑥ 事务会议;⑦ 预算团体经费,期与所配合的节目相符合;⑧ 征求会员的发起与宣布;⑨ 俱乐部房间的利用与照管;⑩ 全体会员聚议或各机关会议;⑪ 研究并讨论各种选定的题目;⑫ 手工艺之训练;⑬ 戏剧、音乐会、跳舞会之举行;⑭ 宴会野餐之举行;⑮ 运动、游戏、娱乐;⑯ 徒步旅行郊游;⑰ 俱乐部间功能之发展与竞争;⑱ 地方服务。

6. 机关及团体对于器具或设备之利用(不论是自有的或属于他人的)

(1) 游泳池。

(2) 园有空地。

(3) 网球场及游戏场。

(4) 俱乐部之房屋。

(5) 戏园。

(6) 营地。

7. 利用地方各项资源补助机关设备之不足,以完成各个会员之节目与服务

(1) 公园、游艺场、娱乐中心。

(2) 博物馆、美术馆、音乐会。

(3) 卫生机关。

(4) 家庭及儿童福利服务机关。

(5) 职业及儿童指导所。

(6) 公私教育机关及其服务场所。

(7) 教育及宗教团体。

(8) 演讲人员、音乐家、其他各项专家之聘请。

8. 领袖的特殊工具

(1) 个人知识及技巧的运用。

(2) 家庭、学校、教堂的亲自拜访。

(3) 认识个人的需要。

(4) 个别忠告。

(5) 认识自有能力与资源限度,及更技巧的服务专家,咨询或参考其他材料。

(6) 请求职员委员及全体会员共同计划。

(7) 核对名册等。

(8) 奖赏,推荐建设性的批评。

(9) 运用恐吓、嘲笑权威、布道等的技能以控制群众。

(10) 以情感动人。

(11) 以理智化人。

(12) 职责的委派与确定。

9. 记录

(1) 议事录。

(2) 记录: ① 俱乐部会员及其历史;② 个人记录——个人的事实,人格的发展及个人在俱乐部的成就;③ 家庭记录(特种家庭个案历史对于团体工作人员最多服务的指示)。

在英文里面有三个字(即单词)可以表明团体工作的主要工具或原则,即共同参加(Participation,对团体而言)、民主精神(Democracy,对各种关系及程序而言)与领袖资格(Leadership)。

从一方面看，领袖资格最为重要，从他一方面，会员之共同参加与精神亦极重要。团体工作领袖的成功基础，在能善于运用各种方法及工具及其补助团体各种技巧与经验，使其各种可能的机会与兴趣扩大。团体讨论与决议，合作行动，均系由于民主式的程序而产生，而不是由于领袖命令的指定。同样的民主式的历程，可以鼓励社会理想及个人行为规则的重新估价。理想的领袖对于一切规章须富于容忍的精神，但同时对于自己的领袖资格标准的保全，须具有无畏的勇气与信心，否则领袖与追随者难有相互的了解与尊重。有一点我们应该注意，就是会员中人不一定都是善于追随的人。专家及委派志愿服务领袖，如确有才能表现，领导者是每愿意承认并鼓励其为当然的领袖的。

由于共同参加及民主式程序的结果，团体会员均被鼓励发现个人及团体的潜伏能力，发展个人的技能，以达到自律及团体控制的目的，同时在各种有计划的活动中，各人亦得献其所长，以供大众的欣赏。

测验团体工作成绩的方法，一方面可从普通的联络及发展上，看看领袖及会员之间，是否能继续彼此满意。另一方面可看会员人数之增减情形及与其他团体联络程度的深浅以为断，但后一种的测验方法是难于获得领袖的同意的。

# 第六章　社会团体工作人员的训练

社会团体工作人员的训练，在美国各社会事业专门学校及大学之社会事业或社会行政系早已注意到。此类训练，有许多学校专设一科与实地工作打成一片，还有些学校分设若干科目，予团体工作人员以各种特殊的训练，此类科目，除团体工作原理一科外，尚有团体工作监督方法，各种团体工作特殊技术如戏剧、音乐、工艺、跳舞及团体游艺、成人教育、团体讨论、团体工作机关的行政等。有几个学校不仅授予学员以团体工作之学士学位，而且授以硕士学位。此类科目常与娱乐问题有关。团体工作的特殊训练，乃近二十年间之事，此种新的趋势，使将来团体工作课目，有益形专门化的可能。[①]

① 参阅 Hendry C. E.，Social Group Work，Social Work Year Book of 1941，527～529。

# 第七章　社会团体工作的评价

近世纪以来，社会团体工作虽不若社会个案工作之发展，而在社会事业中已占有重要之地位，在欧美社会事业较为发达之国家，已有许多专家及学术团体从事研究与执行，社会事业专门学校及大学之社会事业系或社会行政系，已有此类科目之开设，社会事业人员，亦随时尽量运用此种技术于各种团体活动，其于社会关系之增进，人类生活，尤其是集团生活之改善与调适，实大有裨益。不过此种工作价值的评判，不能专就以往的成绩而论，前已言及，此种工作的对象，为人类及其社会关系；社会关系之调适，个人观念的改变，均难以数量表明。人类幸福之增进，有多少是由于团体工作而来，恐亦非从事团体工作者所能置答也。吾人倘能承认，人类生活及社会关系之改善与调适，有助于人类幸福之增进，是则团体工作之功能，当亦不可泯灭，将来此类工作功能之表现，一方面固须有善于领导之领袖为之推动，一方面要看参与之个人能否共同合作，善体团体工作对于人类社会之重要。他如工具方法或技术之应用，使之更能进步而完备，亦为不可减少之条件。以素称"一盘散沙"缺乏集体生活之我国，"比较善于顺应环境而不善于征服环境，善于保守而不善于进取，善于模仿而不善于创造，洁身自爱而不善于互助合作，安分守己而不善于组织领导"的中国人[①]社会团体工作，似更有提倡之必要了。

## 本编参考书目

1. Articles in Mid—Monthly Survey：（1） Burgess I. , Stewort, "Kinds of Group Work" May. 1936 （2） Coyle, Gracel, "What is this Social Group work", Way, 1935.

2. Busch, Henry M. , Leadership in Group Work, Association Press, New York, 1934, 305 includes bibliographies.

3. Coyle, Grace L. , Studies in Group Behavior, Association Press, New York, 1937.

4. Coyle, Grace L. , Social Process in Organized group, 245, 1930, includes bibliography.

5. Kaiser, Clera A. （Editor）, Objective of Group Work, Papers and Discussions at the National Conferenees of Social Work, 31, 1936.

① 引用沈有乾氏之语，见竺可桢等编《科学的民族复兴》第 207 页（中国科学社发行）。

6. Ringman and Sidman (Editor), "Some Principles of Group Work", 51 ~ 31, in Manual of Settlement Boy's Work, National Federation of Settlement, 1935.

7. Lidberman, Jashua, New Trends in Group Work, Association Press, New York, 1938.

8. Linderberg, Sidney, Supervision in Social Group Work, Association Press, New York, 1939.

9. Leigh, Robert D., Group Leadership, 259, 1936, includes a bibliography.

10. Mccaskill, Joseph C., The Theory and Practice of Group Work, 165, 1930, includes a bibliography.

11. Newstelles, Wither, "Boys and Girls Clubs", in Encyclopaedia of the Social Service Vol. 2, 1930, includes a bibliography.

12. Queen, Stuart A., "A Socialogist looks at Group Work", in Midmonthly Survey, November 1935.

13. Swift, Arthus L. Jo, Research Methods of Evolution in Group Work, 1936.

14. Wilson, Gertrude, Group Work and Case Work, The Family Welfare Association of America, New York, 1941.

# 第六编



# 社区服务工作

# 第一章　社区服务工作的意义及其特质

欲知道何谓社区服务工作，必须先要知道何谓社区。社区(Community)一词，是代表社会学上的一个概念，它所指的是在一定区域之内，人与人间、制度与制度间所形成的各种结合。社区服务工作或社区组织(Community Organization)是社会事业中所采用的一种方法或工作，与社会个案工作及社会团体工作有同样的重要。现今美国之从事社会事业者，大都承认，社会个案工作、社会团体工作与社区服务工作，是现代社会事业中三个主要的方法或工作。[1] 不过，社会个案工作与社会团体工作，都与个人问题的

① King C.，Community Organization for Social Work，Social Work Year Book of 1940，128.

处理有关①,而社区服务工作的含义不是属于个人问题的处理,亦非仅指一个团体以内的关系,而是包括一个社区以内社会福利的设计,社会事业行政机关的组织、调整与联络以及各项工作上的配合,等等。

社区组织(Community Organization)是最近二十余年来社会学及社会事业界所常用的一个名词,但至近年以来,有许多从事于社会事业者感觉这个名词,不大满意。理由就是,组织(Organization)不过是社区服务工作着重点之一而已,现代社会事业的推行,除须着重于组织的健全以外,社会福利的设计、工作技术的配合、行政与事业机关的联系与调整等,亦殊关重要,所以就现在美国的社会事业家看来,社区组织一词用在社会事业方面,似较陈旧,且不能表达其中应有的含义,但从另一方面看来,至今还没有发现一个较好而令人满意的名词,可以代替。近人有将其改称社会福利设计(Social Welfare Planning)、社会组织工作(Social Organization Work)、社会福利组织(Social Welfare Organization)或团体间的工作(Intergroup Work)者,但这些新的名称至今尚未获得社会事业界的公认②。所以现在美国大都还是沿用

① 参阅第四编之"社会个案工作"及第五编之"社会团体工作"。
② Kurty, Russell H., (Editor) Social Work Year Book of 1941, 121.

Community Organization，现在我国社会学界所沿用之社区组织一词，系由 Community Organization 移译而来，而组织二字，实际不能概括其中应有的含义，理由已如前述，因之改称社区服务工作或为较妥。一个社区的社会事业，要能推动有效，不仅要有健全的组织，而且要有通盘的筹划、密切的联络与合作，以及各部门工作技术上的配合，等等，才能产生效果。社区服务工作就是朝着这种方向而努力的。许多社会生活的改善、民众福利的增进，大都有赖于此项工作的推动。

前面已经提到，社区是在一定地域之内，人与人间、制度与制度间所形成的各种结合。既称为社区，而不称为社会，地域的观念是比较易于理会。地域的观念，如桑梓或邻里观念、地方观念近来虽则因为物质交通方面的进步，已经有不少的改变，但是地域的观念，尤其是在我国的今日，势力仍是不小。人与人的结合，不仅要受空间的影响，而且与时间也有不可分离的关系。地域、时间、制度、事业，都是社区服务工作不可忽略的因素。按照华莱（Warner W. L.）[①]的看法，社区服务工作似乎是凡属于同一地域的团体，其中包括许多个人的社会互动作用，以及各团体间的各种技术、社会

① Warner，现多译为“华纳”。——编者注

等方面互相依赖的制度。① 不过,制度与制度的相互依赖与配合,在社区服务工作中固甚重要,而社区以内社会建设方面的各项活动,运用社区以内的组织、事业及适当时机,来接近各种社会问题,发展各种节目以充实社会生活,是社区服务工作的很重要之点。

社区服务工作,原来是被忽视的一种工作;社区组织问题原来是被忽视的一个问题,于今则从两种观点加以注意。② 一为直接的观点,即从人民参加社区的活动及节目方面,借建立公社以组织社区。这类的例子就是学校社区中心,学校成为地方集会的主要处所,其中包括娱乐、成人教育或其他有关公民任务的各种团体活动。社区组织应多邀集人民参加各种活动,但此类学校社区中心节目,常不能包括各种兴趣不同的人民。社区服务工作,似须多多邀集邻里附近兴趣不同的人民,共同参加。领导游戏场所之领袖,借娱乐节目,发展人民的合作精神,亦常可使社区服务工作获得广泛的赞助。农村社会学者,常观察农村社会生活,每每缺乏生气,农人的无组织现象,是到处可以发现的,所以社区服务工作在农村生活中的需要,也是随时可以发现的。第一种直接观点之显著特

① Warner W. , Lloyd, Social Anthropology, "The American Journal of Sociology", Vol. Ⅺ Ⅵ. No. 6 May, 1941.

② Steiner J. F., Community Organization, The Encyclopaedia of the Social Sciences, Vol. 4, 106～108.

点，是社区服务工作的推动直接与许多人民发生关系，而不是由任何机关代为处理他们的事务。

第二种社区服务工作的观点，是重视一社区之内的社会机关的相互联系，借以避免特种组织的混乱、浪费与重复。在美国，首先执行此种任务之组织，有官方及社会机关代表所组成之中央会议运用委员会的方式建议处理各项问题。迄后，自联合募捐组织成立之后，于都市社会服务工作的划一，曾获得广泛的赞助与采纳。当联合募捐运动发动之初，有人认为是一种危险运动，理由是恐怕财政权力将集中在少数人之手，或社会服务政策受少数人的支配。但从以往的经验看来，此种恐惧与危险并不存在。联合募捐是否能使社会事业发展成为专业，固有可以辩论之余地，但因联合募捐的结果使私人所举办的社会事业得到不少经济上的援助，是很显然的事实。不过，联合募捐对于社会事业经济上的成就，固不可磨灭，而对于社会事业各方面所需要完成的事业，并没有完全达到。

综合以上所述，我们或者可以说，社区服务工作是运用组织的力量，联络地方的有关机关，配合各种事业、制度技术与时机，直接或间接地为社区之内的人民，从事于各项服务工作，特别是注重于社会福利的设计、组织的健全与机关的联络与调整，以及社会生活的改进。

# 第二章　社区服务工作的起源及其发展

社区服务工作的意义已略如上述。运用社会单位的社区事业来接近各种社会问题，首先渊源于公社或邻保事业（Social Settlement）。各种社区服务工作的活动与节目的发展，大都是受了公社的影响。现在的社区运动（Community Movement），可以说就是公社运动的别名。

公社的起源可以追溯到1884年英人巴纳梯（Samuel A. Barnett）①在伦敦所创设之唐恩比馆（Taynbee Hall）②。英国在1760年至1840年的产业革命时期，发生的社会病态甚多，贫穷、

① Barnett，现多译为“巴奈特”。——编者注

② Taynbee Hall，现多译为“汤因比馆”。——整理者注

犯罪、疾病成为社会的普遍现象。巴纳梯曾充当圣遮地(St. Jude's)的牧师,圣遮地是伦敦东角受产业革命影响最深的区域,人民的生活至为悲惨。巴纳梯从他的经验看来,觉得那时实业及都市的变迁,对于英国当时教区制度的建立,有莫大的妨碍。慈善团体及教会学校对于这类区域居民的公民及教育上的领导工作,并没有尽其应尽的责任。为求解决各种社会问题,改造人民生活,他于是发现一种新的方法,此种方法有类于大学教育推广(University Extension)工作,当时推行此种工作之人员颇多,巴氏为其中最活动人物之一。此种运动概念的理论根据,一方面是得自 19 世纪初叶贾尔梅(Thomas Chalmers)治理格纳斯哥(Glasgow)教区的地方原理(Principles of Locality),承认地方团体与地方关系对于社会改造的重要。另一方面,是得自 1860 年谭利生(Edward Denison)在青年丛集之区改善其不良住所之例。从写公社运动史者之吴士(Robert A. Woods)[1]看来,巴纳梯在旧日社区生活崩溃之际,他的努力结果,培养了国家的元气。他曾受了前期社会理想主义者的影响,基于精神的感召,笃志于社会改良事业。他曾邀集一些牛津及剑桥大学的毕业生在伦敦之 Whitechapel 区建立一个富有社会及教育意义的唐恩比

① Woods,现多译为"伍兹"。——编者注

馆以纪念壮志未酬之同志唐恩比(Arnold Taynbee)。盖首先倡导此种事业者为唐恩比,唐恩比约在30岁时去世,事业遂致中断,后由巴纳梯继承其事业,于1885年成立唐恩比馆,为公社事业开一新的纪元。1883年巴纳梯在剑桥大学有下列一段的演辞:

“从社会状况调查所得来的结论,使我们知道,这类的调查,如果没有民众合作,几乎不会有什么收获。任着贫民住在不能忍受的住宅里,而贫民居然能心满意足,这是他们自身上‘缺乏生命’。以许多的人,不知何为清洁,在他们的工作场所的卫生情形,一点也不留意,或者在精神的享受上,也没有人关心,这也是他们自身上‘缺乏生命’。这种‘缺乏生命’的状态,若是有受过高等教育的人们相与接触,似乎可以很快地将其改变。知识、愉悦、信仰、希望,是每一阶级应有的,友情是转移所有阶级的途径。各阶级的友情若不能融洽,就是有距离了。所以到贫民中居住,就是暗示人们服务的一个捷径。人们倘能以充分的生命和丰富的思想,来与贫民合作,就可以克服贫乏的祸害了……”

创设唐恩比馆者及从事此类公社工作的人们,曾领导对于随产业革命带来之各种不良势力奋斗。他们不仅组织了俱乐部、识字班、演讲会、音乐会,以及扩展文化教育娱乐等方面的活动,并且被选为社区行政人员,参加社区各项实际改进工作,研究社区的需要，凡是在唐恩比馆寄居过的人，对于当时的劳工状况，早已注意。关于是时英国的劳工生活，蒲慈（Charles Booth）[①]曾在伦敦作有长期的调查与研究。[②] 当公社工作发轫之时，担任此类工作之人物，常留意到公社事业的地位，避免与其他机关作严格之划分，因而在其服务工作的过程中，渐能获得人民之信任。公社的任务，原是以经济地位及教育程度优越者对于经济地位及教育程度低落的人予以适宜的救助与良好的指导，人民信心的获得是很重要的。英国那时公社事业之所以日渐发展，一方面有若干舍己为人之领袖为之倡领，一方面正切合于那时社会经济状况的需要，这正可以说明公社在英国旧日社会所以发达之主要原因。自唐恩比馆创立之后，公社运动乃成为英国社会改良运动的一种新的潮流。据客罗格（Paul V. Kellogg）的研究，自英国模范公社的唐恩比馆成立以后，在 6 年之内有 6 个公社中心组织设立[③]（即 Oxford House in Bethenal Green，The Women's University Settlement in Southwark，Mansfield House in Canning Town，University Hall，Bermondsey Settlement，founded by Mrs. Humphry Word

① Booth，现多译为"布思"。——编者注

② Charles Booth，Life and Labour of the People in London，2 Vols，and Appendix，London，1889～1891；Rev. ed. ，17 Vols；1903.

③ Kellogg，Paul V. ，Social Settlements，The Encyclopaedia of the Social Sciences，Vol. XFV，158.

and Mewman House)。这些组织,其中原来也有附带着不同宗教的色彩,公社事业的起源虽然不能说没有宗教及道义的动机,但是,巴纳梯及其徒从始终不承认其有宗教的目的与派别。又据德国皮阿梯(Pioht)的调查,在 1890 年间英国计有公社 11 处,至 1900 年计共有 45 处,其中有 39 处在英格兰(内有 27 处在伦敦),5 处在苏格兰,一处在爱尔兰。[①]

英国的公社组织,自 1914 年以来,复有增加,据调查所得,1934 年之总数,计有 72 个,计可分为两种团体,即英国住所公社联合团体(The British Association of Residential Settlement)及教育公社团体(The Educational Settlements Association)是也。新近英国公社的发展,显示此类事业的势力,已扩展及于矿业不振之区及新兴住宅区域之实验。这些区域原来是很缺乏基本的社区生活的。在加拿大方面计有 12 个以上的公社,以及澳洲的公社都是受了英国本国的唐恩比馆的影响而产生的。

公社在英国创立以后,未久即影响到美国,到英国初次参观唐恩比馆工作的美国人即成为美国公社组织的发动者。美国的公社组织始于 1886 年,例如纽约的邻保公所(The Neighborhood Guild)就是 1886 年成立的。未久,郭易梯(Stanton Coit)[②]及司徒

---

① 李世勋译(小岛辛治著):《邻保事业》,中华社会事业研究会出版。

② Coit,现多译为“科伊特”。——编者注

维(Charles B. Stover)[①]在纽约创设大学公社(The University Settlement)。1889年,亚丹士(Jone E. Addams)[②]及司达(Ellen Golls Starr)[③]在芝加哥城开设哈尔馆(Hull House),同年,鲁滨士(Jone E. Robbins)及范茵(Jeam Fine)[④]在纽约创立大学公社(The College Settlement),司密司女子大学(Smith College)亦在纽约创设公社学院(Settlement College),1891年杜客(Williams J. Tucker)[⑤]及沃士(Robert A. Woods)在波士顿首创波士顿公社、安斗威公社(Andover House)及南端公社(South End House)。

美国公社发展的原因,如同英国一样,有许多重要人物为之推动。此种事业之进展与推行工作者之人格至有关联。就中对于此类工作有特殊贡献者在纽约方面有华尔德(Lillian D. Wald of Henry Street Settlement)、伊利阿第(Mary K. Elliot of Hudson Guild)、星柯味滋(Simkhovitch of Greenwich House)、怀梯(Gaylord S. White of Union Settlement);在芝加哥方面有泰罗(Graham Taylor and Lea Taylor of Chicago Commons)、墨克多

① Stover,现多译为"斯托弗"。——编者注
② Addams,现多译为"亚当斯"。——编者注
③ Starr,现多译为"斯塔尔"。——编者注
④ Fine,作人名时多译为"法恩"。——编者注
⑤ Tucker,现多译为"塔克"。——编者注

维(Mary E. McDowell of University of Chicago Settlement);在克列为伦(Cleveland)方面有白纳米(George A. Bellamy of Hiram House);在费城(Philadelphia)方面,有台维士(Anna F. Davis of College Settlement);在彼滋堡(Pittsburgh)有郭白(Choarles C. Cooper of Kinsley House);在纽阿伦斯(New Orleans)有墨克满(Eleanor Mcmain of Kinsley House);在旧金山(San Francisco)方面有阿喜(Elizabeth Ashe of Telegraph Hill)等,都是办理公社有成绩者。

公社事业移植到了美国以后,内容颇多改变,已渐由单一教育机关式的范畴,形成广泛的社会改良运动。男女共同寄住于一公社之内,这在英国那时是不许可的,但在美国的大学多系男女同学,所以没有什么问题。在美国的社会,以往颇重视阶级的分野,今则趋重于种族的同化及地方事业的发展。大量移民到了美国之后,往日美国的公社首先教授移入人民之英文及公民知识,并从成人教育方面鼓励保存民族艺术。

从前的公社是在一所房屋当中分成为若干寓所或房间,今则发展成为一群邻舍,甚至包括都市全街之四面住宅或新式建筑之高楼大厦。俱乐部、诊疗所、健身房、图画室、社交馆、夏令营以及戏院等均在整个公社规划之中。娱乐虽每被视为公社的中心工作,但其远大的目标已在哈尔馆的规章上说得很明白:"本馆系高级公民与社会生活的会集中心，创设并维护各种教育及社会事业；同时，考察芝加哥工业区域以内的状况，以期有所改善。”大学公社上的会章有云：“本会的任务在使受有教育的妇女们，特别是为本市劳动阶级的相互利益上，增进密切的关系。本会愿在劳工阶级区域之内，做些援助的工作，或对其他有志之士，设立住所，并维持其事业。务求在其附近区域，为民众的社会上及教育上的目的，设立若干集会室。”安杜威公社的报告上曾说：“本社唯一目的在研究所在地内之各种状态，并推动各种事业，并期待其事业的实现。……整个的目的及动机似有宗教的意味，但在方法上与其说是宗教的不如说是教育的。……为全体民众创设会所，作社会的研究、讨论及组织。”为求达到以上所述各种目的，从事公社之工作人员对于邻里或社区各项福利事业如卫生、教育、娱乐、住宅及劳资关系，均曾加以注意。他们大都反对童工、血汗制度、污秽的厂房、低廉的工资、妇女的过度工作，以及其他市政上及工业上的缺陷。综其结果，有些影响及于地方事业的改进，有些对于社会立法方面有所协助。在哈尔馆设立之后，曾任美国全国消费联社之秘书季利(Florence Kelley)[①]联合各种团体对于实业上的劳工剥削曾作有力的反抗与实际的建设，其结果对于童工立法及工厂检查

① Kelley，现多译为“凯利”。——编者注

有很大的影响。美国联邦政府所设立之儿童局，创始于华尔德女士(Miss Wald)[1]等，她们曾在哈尔馆寄住过。第一次世界大战及大战以后，公社事业的范围日见扩大，都市的公共建筑及区域设计、社会保险甚至国际和平运动，都列在此种事业范围之内。以往各地的公社事业运动，力量不甚集中，但是都市的、全国的及国际的组织，反而发生较大的团结力量。美国的全国公社事业联合会成立于1911年，根据该会的报告，在1930年有160(例)公社房屋登记，其中计有1 500名职员，7 000名志愿服务人员。又有局部人口清查统计告诉我们，是年有10万以上之人口，曾受到此种工作的影响。这些统计数字尚未包括300个不同派别的教堂及其他号称公社的混杂组织在内。

大致地说来，美国的公社事业有很普遍的发展，当其发展初期，志愿服务人员占很重要的地位，就是现在有许多公社，还是要靠志愿服务人员协助。不过，现在有些组织的执行责任及特殊活动，常指定受有训练及有俸给之人员担任。经费的来源，有些是由于自由捐助，或直接由托事部与主持人劝募，或即属地方联合募捐之一部。会员及团体的会费间亦可补助经费的一部分，但由于私人的捐赠，为数不少。公社的委员通常系从整个社区中遴选而来。

① Wald，现多译为“瓦尔德”。——编者注

从各俱乐部而来之公社领袖，男女的数目似有均衡的趋势。每一公社的工作的动向，并没有预定的节目，工作的推动大都是随着当时的情况而改变的。这类工作，有时称为服务，有时还有其他名目。此种倾向及领导者观念的分歧，不仅使公社事业种类繁杂，而且在各种公社方面，产生不同的标准与动机，结果引起人们对于此种运动整个的批评。因此，一方面有人以为，公社工作是肤浅的、表面的，不过为经济争夺中之残余工作而已；另一方面，有人以为此种工作之进展，完全由于社区的公立学校及社会节目自然发展的结果。类此的批评，公社工作人员自己也常想到，并曾加以分析，他们很迅速地求其改进，以图挽救，这当然也不是很普遍的情形。

公社工作与个案工作的性质不同。公社工作人员，从一方面来看，他们是整个团体计划中之普通执行业务者。从他们自己的寓所开始，到所有社区的团体为止，公社工作人员的社会活动，与社区的整个生活有关。公社不仅是一个地方各项需要交换之所，而且要联络各种不同的人物，种族及兴趣不一的人们，在教育文化、娱乐的主要节目上，表达热烈的社会意识。职是之故，俱乐部很自然地成为公社工作之通常活动处所。从带有娱乐意义的青年俱乐部到成人的社会团体，均成为讨论社会、政治与经济等问题的中心，其对于公社事业协助，是有很大的影响的。

美国公社事业方面的卫生工作,起初即注意到卫生教育、身体检查、疗养家庭、儿童卫生中心、幼儿习惯养成所、心病诊治所及食品改良等工作。亨利街公社所举办之访问护士服务,其影响几遍及全球,学校护士及都市护士因而产生。自“公共卫生护士”一名词创用以后,那时华尔德女士早就看到护士实即社会事业人员,其在社区服务工作方面的发展可能性是颇大的。

在教育方面,公社曾介绍或引导许多新的事业如公立学校、游戏场所、幼稚园、育幼所、家政班、手工训练、职业介绍、访问教师、读书室及识字班等。成人教育方面,对于移民的训练,在市府或州府管理之下,曾有宏大的计划。在最近二三十年间,民众闲暇时间,或因失业,或因工作时间缩短而增加,因之,公社工作人员常利用民众闲暇,对于文化、艺术等活动,产生很多新的意义。在这一方面,曾任全国公社协会之秘书克列第(Albert J. Kennedy)[①]氏,是居于领导地位最重要的一人。

音乐及艺术的欣赏与公社的活动,关系颇密。在美国除掉 50 个音乐系之外,尚有 28 个公社音乐学校。团体合唱与团体游戏,音乐集会时的独唱与合唱的实验,以及他种音乐的效力,均曾获得广泛的赞美。从以往的事实看来,公社对于乡土的节日、舞蹈及民

---

① Kennedy,现多译为“肯尼迪”。——编者注

族艺术的发扬，是居于领导地位的。缝纫商店久已鼓励移入的妇女保存她们的原有技术。现在公社艺术学校、儿童美术博物馆、陶器班，以及各种艺术产品，随在表现着创造的天才。美国之小小戏院（The Little Theater）运动，是受哈尔馆之演员及亨利街公社戏院之影响而形成的。

公社工作人员，于推动事业之余，亦常从事于调查与研究工作。公社工作人员之寓所，大都密集于都市房拥挤之区，便中即从事于产业上所发生之主要社会及经济等问题之研究。自哈尔馆出版了《地图及论文》（*Maps and Papers*，Chicago，1825）、《南端住宅研究》（*South End House Studies*）、《都市之荒野》（*The City Wilderness*，Boston，1898）及《美国人民的进展》（*American in Process*，Boston，1902）以来，美国公社工作人员对于社会研究方面，有不少的贡献。金斯列公社（Kingsley House）在马爵（William H. Matthews）[1]领导之下，帮助了发动《彼得斯堡的调查工作》（*The Pittsburgh Survey Findings*，6 Vols. New York，1909—1914），这是有关美国钢铁生产区域一个劳工生活的调查。在1926年时，全国公社协会曾推举了一个研究委员会，华尔德女士担任主席，曾收集有关禁酒方面的社会事实，结果出版了《禁酒

① Matthews，现多译为“马修斯”。——编者注

是否可行?》(*Does Prohibition Work*? by Martha Bensley Bruere, New York,1927)一书。第一次世界大战之后,美国曾有一度的繁荣,但不数年后,随着就发生严重的失业问题,予公社工作人员以发展事业的良好机会,虽然社会方面并没有此感觉。1928 年,适值经济恐慌开始之前,全国公社举行会议时,失业救济委员会推举哈尔(Helen Hall)为主席。1930 年有一部通俗著作,书名《有人不愿工作》(*Some Folks Won't Works*, by Clinch Calkims, New York,1930)曾重版四次,1931 年又出版了《个案的失业研究》(*Case Studies of Unemployment*,Philadelphia,1931)一书,为研究失业问题较早的文献。迄后又有很多关于失业人之家庭及其集体救济研究,就中有哈尔女士(Miss Hall)曾研究英美的失业保险制度与紧急救济的差异。公社工作团体,曾应华府之委托,派遣一批社会事业人员参加联邦政府所举办之救济工作。他们曾督促联邦政府发动三种失业救济节目,即稳定工作、失业人服务与失业保险是也。在地方情况变动与地方事业发展之中,须多方运用新的知识与新的方法,公社工作人员对此实负有联络与推行的原动力。

社区服务工作在美国曾经过不同的阶段与实验,其中有一个实验工作,就是爱阿瓦计划(Iowa Plan),此种计划,有一中央组织管理社区的私人慈善事业及公共救济经费。又有一个新新纳第的社会单位(The Cincinnati Social Unit)计划,乃社区服务的一种新的组织，用以推行卫生及社会福利的，其对于社区服务工作原理有不少的贡献，虽然此种原理还没有影响到所有近今的社区服务工作。人民参政会依据街道分段制度，及职业团体所推选的代表的混合组织，对于公共的管制力量颇大，同时，对于社区中领袖的服务技巧亦能加以运用。富有民主精神的社会单位的组织，能指挥社区所有社会福利的活动，似乎特别适合于应付机关重复所发生的各种问题，也并没有遇到武断管制的危险。

就社区服务工作的近今趋势看来，(其)特别重视由土地价值、天然界限及文化要素所组成的自然区域。在社会建设方面，邻里及较小社区节目发展的困难日渐使人认识其重要性。社区组织中之原有邻里哲学已不能适用于今日，因为此种势力可将较小社区之重要单位予以割裂。此类事实，益使吾人相信，社区间的相互联络与社区以内的团结是有同样的重要性的。社区服务工作的将来，必须适合于变迁的情况。区域研究(Regional Studies)兴趣的增加，指示吾人许多改变的观点，此种观点使社区服务工作的概念必须随时与变动剧烈及交通发展的时代而适应。

就以往社会事业联合团体所受的限制看来，有许多的问题不易获得圆满的解决，除非各种特殊机关都能放弃独立存在的观念，合组一个中心机关如联合局之类。美国社会事业人员对于联合各种独立机关的努力，都不甚同意，因为这类组织的优点，似可由联邦政府而获得，但是由于特种社会事业机关数量的增加，社区服务工作的加强，似乎需要比联邦政府更切实与更彻底的活动与节目。美国近年以来在这一方面有些重要的发展，就是有数州曾经设立州或府之公共福利部，依照立法的规定执行一切社会福利事业的活动。此种新的发展，即是使力量集中，但也不一定就是专断的管制。

公社运动在欧洲大陆方面亦曾发生普遍的影响，在 1934 年时，法国的公社计有 59 所，荷兰有 51 所。第一次国际公社事业会议于 1922 年在伦敦唐恩比馆举行以后，又于 1926 年在巴黎举行，1929 年在荷兰举行，1932 年在柏林举行。法国有此公社的发轫，尚在英国有此种运动之前。法国最早的家庭联合社（L'union des Famille）是在普法战争以后普列爽塞夫人（Madame de Presense）所发起的。如同荷兰一样，法国的公社中心并非住所式的，法国住所式的公社直至近世纪以来才始出现。1902 年维阿伦（Viallet）创立工作互助社（L'oluvre du Maulin Vert），其对于个人的补助较多于家庭。1903 年巴黎复有几个区域在莫德夫人（Madame Le Fer de La Matte）领导之下，继起此类活动。当第一次欧战之中或以后，法国有若干公社在都市及乡村成立。1932 年有 25 个不分派别的会社与法国公社联合会（The Fed' eration Francaise de Centres Socioux）取得联系。此种联合包括北部铁路区之村庄，其中工人自己就是原来的发起人。法国的公社运动对于圣西蒙(Saint Simon)、傅利雅(Fourier)[①]及李普列(Frédéric Le Play)等的思想都有影响,其对于法国社区生活的改进是很有关系的。

德国的公社事业目前虽无多资料足资参考,然其事业之成绩亦有可以申述者。据云:在欧洲最有声誉最成功之公社,是在德国柏林,这个公社就是1911年西格母休而策(Friedrich Siegmund-Schultze)所发起的社会工作社(The Soziale Arbeitsyemeinschaft)。这类组织在德国的工人区,鼓励人民自动主持,同时,在公共福利系统之下,志愿服务人员亦能互相配合。德国自1933年,纳粹开始掌理政权以后,公社事业亦受摧残,而不如往日之活跃矣。公社运动不仅在欧洲发生了普遍的影响,即在亚洲亦有其潜伏的力量。公社运动的精神传到了日本、印度及中国以后,对于社会改造方面都各有其作用。特别是印度的公社,对于阶级观念的化除与种族偏见的避免,要占极重要的地位。

日本公社事业的发展,无疑是受了英美的影响为多。按日本昭和二年出版的《全国社会事业年鉴》所载,日本的公社,在东京有19处,大阪有7处,神奈川有9处,山形、秋田、冈山、歌山、德岛各县各有1处,广岛有3处,计共有42处公社事业的设施,但这些公

① 现多称"傅立叶"。——整理者注

社也有些名实不符的，其中的大多数是在大正七年的米荒及大正十二年的关东大地震之后产生的。其产生的主因不是源于思想的背景，而是由于社会的及自然的偶发事件的需要。公社人员既没有纯正思想的背景，所以缺乏真实的领导精神；为偶发事件而成立之组织，原属救急任务，经营方法虽各本其经验而有不同，然大都没有什么特色，不免单调，没有创造，颇与受官僚统治的例行机关相近似。

我国的社区服务工作对于公社一类的组织，以往，甚至现在，没有多人予以注意，据作者所知，约在 1931 年间，除私立沪江大学在上海杨树浦设有沪东公社及私立大夏大学在该校附近设有大夏公社外，其他以公社为名之组织，尚不多见。那时沪东公社的主持人为钱振亚先生[①]，钱先生曾在美专攻社会事业，沪东公社的工作内容与方式，多少也是受了美国公社的影响。沪东公社在钱氏主持时期对于民众教育的补习、妇女家政的训练等工作，殊为努力，钱氏不幸于 1935 年间去世，沪东公社事业遂渐不振。

我国以公社为名之组织虽不甚多，但社区服务的工作，自民国成立以来，类似公社的性质而为民众服务者亦殊不少，其中发展最

① 钱振亚，籍贯地生日不详，卒于 1933 年，曾任沪东公社主任，著有《日本社会事业之概况》《社会个案对于学校训育上之贡献》等文章，对沪江大学和沪东公社的社会工作教育与实践贡献颇多。——整理者注

普遍而最重要者莫过于民众教育工作。

我国近代民众教育发展的历史，可以回溯到“五四”运动时期。1919年五四运动之后，北京各校学生为唤醒民众起见，曾组有宣传队，深入民间，从事宣传。但是时领导宣传工作的人，深感一般人民知识水准太低，不易了解宣传的意义，乃举办平民学校或义务学校，招收人民入学受课，以提高其知识程度。功课的教授，全由各校师生义务担任，并赠给学生书籍文具。其所授之功课为国文、算学、常识等。首先倡办此种工作者为北京大学，其他各校亦相继举办，一时风声所播，几遍及全国。1920年以后，中华平民教育促进会即努力推行平民教育，曾在各省邀集各级学校师生参加工作，成效颇著。该会曾选定河北定县[①]作为实验区域，对于人民的生计、公民、家庭及文艺教育，推行甚力。1927年，自国都南迁后，政府对于识字运动、社会教育极为注意，并遍设民众学校以扫除文盲，同时，并令各省设立民众教育学馆。迄后，学校兼办民众教育之风气，日渐普遍，1938年5月教育部曾通令全国各级学校必须兼办社会教育，并订有各种推行办法，数年以来，成效颇著，其对于社区服务工作，自有相当影响。自社会部于1940年改隶行政院以后，对于社会服务事业亦颇重视，因之，各地之社会服务事业亦相

---

① 河北定县，今河北省定州市。——整理者注

继设立，其他机关如各级党部、三民主义青年团、振济委员会、新生活运动总会等，亦曾在各地举办社会服务工作，目前因为材料及事实搜集的不易，综其成效如何，自难有正确之判断。社区服务工作实质的发展，虽尚未达到社会的期望，但社会服务之意义及其重要(性)已渐引起人们的注意了。

# 第三章　社区服务工作的内容及其种类

社区服务工作的内容，固随时代而有改变，而其工作种类，亦因环境而有不同。现代社会事业之所以有长足的进展，就是因为工作方法日有进步，工作的内容与种类较前新异。社区服务工作的含义，除如上述重视社区的福利计划、组织的健全与机关的调整以外，尚有其他着重之点，兹为更加明晰起见，一并再申述其要义于下：

1. 社区福利的设计

设计是现代社会政治经济及教育等方面所常采用的一个名词。设计二字的简单解释，设就是设施，也就是计划的意思，所以设计亦有人称作计划者。一个人、一个家庭或一个国家想要把一个时期的事务处理得法,不可不有计划,所谓“一生之计”“一年之计”“百年大计”等,都是说明计划对于一个人或一件事情成就的重要。历史上有许多彪炳的事业,大都是原始于“鸿图”“硕划”“良谋”“上策”或“方略”,这些“鸿图”“硕划”等实含有设计的意义在内。

社会设计(Social Planning)也是现代流行的一个名词,随着经济设计、国防设计等,引用日益普遍。近十余年来,社会变迁甚为剧烈,人类社会生活,因无适合之计划,以致人类社会精力之耗费甚大,产生人类种种不幸现象。社会科学家为求减少人类的烦苦,获得优裕的生活,于是有社会设计的呼声。社会设计者即系根据社会科学的知识,拟定人生合理的计划,以期满足人类的需要,实现人类的优裕的生活。求生存是人生的第一任务,人类因为求生存,于是有各种需要,为求满足各种需要,于是有各种活动,要使人类社会的各种活动,有合理的配合、健全的组织,就不得不事先有严密的计划、深长的考虑。社会设计即为人类社会图谋福利,满足需要,求得优胜的生存的一种计划工作。

社区福利的设计意义,虽较社会设计的意义为狭,但其中设计应有的基本要素,大致是相同的。很明显,社区的福利设计不过是社区服务工作的初步。设计在未实施以前,尚是一种理想,经过实施的过程以后,始由理想成为事实。严格地说来,通常专家所拟订之计划与实际的执行不是一件事情。就一般的情形看来，专家为设计而从事研究所采用的方法或技术，与整个社区服务工作所用的方法相同之点是不会多的。从研究资料所拟成之计划，往往在实行的时候容易发生若干问题及困难。但是社区福利的设计，一面固然要顾到事实，一面也要具有理想；理想太高，执行的时候固然会做不通，理想太低或者是平凡，则不能适应现实的需要。

与社区服务工作有关之社区福利设计，亦可分为二种：[1]一种是出自专家之自动的研究，如各学术研究机关及各种委员会所担任之专题研究工作，从客观的立场，发现各项问题的要点及其症结所在，这一类的研究，虽然有时近于理想，甚至有些错误，或者还不免肤浅，而对于社区服务工作，则常认为是很重要的参考资料。此种设计研究的主要目的重在说明事实，其所得结论或由专家亲身所获，或出自专家之指导，要皆对于社区服务工作有启发的力量，对于社区福利事业有不可磨灭的影响。要使此种专家之研究与社区福利计划能互相配合，不致离开现实太远，就必须有组织和有计划，研究计划的确定，可以说是社区福利设计之一部，因为研究工作必须在有组织有计划之下进行，才有效率。我国过去有许多社会研究工作，大都是没有什么组织和计划的。当然从一个社区某

① King C., Community Organization for Social Work, Social Work Year Book of 1941, 128～133.

一个或各个研究机关的单位上看来，似乎都各有组织，各有计划，但从整个的社区看来，就不能算有综合的计划，其结果，不仅不能收到分工合作的效果，且不免时常发生许多无谓的冲突，有许多亟待研究的重要问题无人过问，但同时又有些社区问题，有许多人都在那里研究。如何使社区福利研究计划，在整个社区服务工作的福利设计上互有联系，互相配合，是社区的福利设计首先应当注意的。为求避免研究工作的重复与冲突及研究计划之能于实现，下列几个条件，似为进行社区福利设计时所当重视的。第一，担任研究及设计的人，最好能参加一些福利事业机关的工作。专作研究及设计的人往往有一通病，就是徒具理想，以致所拟出计划“大而无当”，不切实际。研究及设计者要能多多了解福利事业机关的性质、困难及其应改善之处，而这些问题，绝对不是单靠参考材料可以获得完满答案的。如果能参加一些福利事业机关的讨论、会议或负点实际行政的责任，从切实体验行政生活中来认识社区福利问题，比专凭参考资料而从事设计或研究的，一定是比较可靠。我国当前社会事业的推动困难甚多，有许多的事情在他国是毫不成问题的，而在我国却都成为问题，如果能对于这些不成问题的问题，要有一些认识，非参加工作或实际负一点责任，是不易做到的。第二，要多多地深入民间，了解现实的社会生活。社区服务工作的主要对象是人民，是社会，一般人民及社会生活的了解，是社区福利设计中应有的知识,否则无异隔靴搔痒,是无济于事的,现在社会机关有许多的施政情形与一般人的感受实况,不是长在学校深居简出的人所能完全了解的。人民的隐痛、社会的黑暗,皆有赖于研究或从事设计的人深入民间,以获得亲切的认识。第三,要有丰富的参考资料以作借鉴。完善的研究与设计,一方面要有行政的经验与学理的基础,一方面要有良好的图书与各种资料设备。参考资料若是缺乏,完备的设计是难于做到的。普通所作的社会调查或社会研究,虽属社区服务的初步工作,但以往这类很可宝贵的材料,就常在图书馆中可以获得。近年以来,我们间常见到从政府者将关于行政实情写成从政录或报告书,我们也很盼望今后的社会行政人员,能常将个人的经验、见解和心得一一编写成册,以供他人参考,如此则丰富宝贵的材料,可望日渐增加。

另一种社区福利的设计,就是社区福利事业的联合设计(Joint Planning)。在一个社区以内,大都有各种社会福利机关,都各有各的计划,这类计划可以说是单独的、个别的,而不是整个的、全盘的。从各个机关的福利设计本身来看,各个机关的计划也许合理,但从整个社区的观点来看,就不见得都能互相配合,成为一个良好的完整的综合计划,即此就可以看到社区福利事业联合设计与严密联系之重要性了。在欧美各大都市中,属于福利事业有所谓联席会议与社会服务交换所一类的组织,共同商讨工作的进行,拟定联合计划,避免无意义的重复与竞争或冲突,这与整个社区福利事业的促进,是有很大的效果的。

社区福利设计应当注意的事项很多,而其中最值得重视的莫过于设计与经费预算的配合,因为设计与预算若能互相配合,则其他一切应行与设计配合之因素,自可迎刃而解。一个福利设计的主要因素,不外时期、人事、物资与经费几种。就各国各项社会机关设计之时期而言,虽间亦有二年或三年以上之计划者,但通常系随国家编制预算之年度,有一定之范围。人员之本质与数量、估量(包括报酬在内)是否准确,对于事业之推动影响甚大。物资之购置与经费之支出,息息相关,都是设计时不可忽略的重大问题。至于经费用在社区福利事业的总数,可以说就是一个社区福利事业发展的指数,与社区其他事业的比例,是值得吾人格外留意的。

社区福利事业经费的预算,如同整个社区福利设计一样,每一个机关的本身固然要能配合,所有社区的机关也要能互相配合。要达到上述目的,自有赖于各机关之通力合作,权衡轻重缓急,统筹经费分配,从整个社区福利设计来透视预算,由预算对照各项计划,任何事业都有确定的经费,如此就不难达到设计与经费预算相配合的目的了。不过,此种理想的综合的预算编制,当然不是一件易事,一方面要顾到整个社区的需要,一方面要能抛弃个人的私见,有至公至正的态度、统筹全面的头脑,才能使理想的设计与预算有成功的可能。

2. 社区服务工作的组织(Organization)

社区服务工作的推动,一方面要有良好与合理的设计,一方面要有健全与严密的组织。所谓健全与严密的组织,固然也没有绝对的标准,而大抵以能切合地方的需要,适应社会的环境为最佳。社区服务组织的运用,人的条件固甚重要,而优良政策的确定实为一先决条件。地方的需要、社会的环境、优良的政策,亦有其时代的背景,所以论社区服务的组织,也不能离开因时因地因人制宜的原则。大致地说来,社区服务事业之范围愈广,则社区服务的组织愈扩大,现代社会事业发达的国家,社会福利团体日见增加,而严密的组织更属需要。不过,社区服务组织的性质,亦常随领导者的观念而各有不同。所以社区服务组织中有两个重要原则,应加留意:①第一,间接的领导者比直接负责的领导者,较为经久而有效。负有一时声誉之直接的领导者所拟订的各项计划及所举办的各种事业,若是没有稳固的基础,直接领导者一经隐退,公众对其计划及事业的赞助,恐即因而消失。间接的领导者,虽不负实际行政之责,他们的人格,一经社会默认,其在社区组织中的势力,每较经久而有效。第二,组织不过是一种工具而已,组织能否发生效力,在

① King C., Community Organization for Social Work, Social Work Year Book of 1941, 130.

于各部分的执行人员。运用的责任，不仅是领导者或组织者所能单独负起的，一个通常的职员，一个社会个案工作人员，重于社区服务组织，都各有其责任。

3. 社区服务机关的调整或协调(Co-ordination)

关于社区服务机关协调，可有两种不同的意义：一种是关于机关本身内部及其附属机关的协调；另一种是关于社区之内各种社会机关的协调。前者所注意的为机关组织内容各部分的协调，盖社区服务组织的运用是否灵活，全视组织内部能否分工合作、互相协调以为断。例如各部门权责的分配、业务的划分，以及人员、物料的分配，有一不当，则其组织的运用，不易达到协调之目的。又社会福利行政机关的施政，每须假手于其附属机关，然后便于为人民直接服务，是以社会福利行政机关必须与其下级机关互相协调，然后组织的功用方能发挥。

社区服务组织，除须与机关本身及其附属机关能互相协调外，尚须与同级及同类机关发生协调之关系。近世纪以来，社区服务工作常在提倡特殊节目，此类节目之提倡，大都由中央或地方机关之行政人员领导，因之不免带有竞争或各自为政的现象。在美国方面，自联合募捐发动以后及社会机关联席会谈产生以后，公私社会机关的联络较前为密切。就是有许多社会调查工作，亦多联合各社会机关合作举办，以期达到互相协调的目的。此种社区服务工作之协调，不能仅赖公文往返、会议协商，以至联席会议，均甚重要，如此，则重复滥施之弊端自可避免，即冲突攻击之事件亦可不致发生。社区福利事业的举办，如果不能为一般人民所了解，则见从事社区服务工作者，当负有解释或说明之责，以期增加地方人士的认识与合作的程度。

4. 各项参考资料及社会事实的收集与运用

社区服务工作系以人民为对象，一切设施不能离开社会事实，尤其是所拟订的各项计划，要能发生实际效果，更不能凭空杜撰，所以社区服务工作，必须多多从事于各项资料及社会事实的搜集，以供参考，同时，并须善为运用。凡从事社区服务工作的人，要切实相信，事实是最可靠的证据。惟有真正的社会事实，方可产生深刻的社会认识；惟有深刻的社会认识，才能产生正确的和行得通的计划。所以社会调查、社会统计与社会研究所得的结果，都是从事社区服务工作不可缺乏的资料。这些资料，现在我国尤其是在此抗战时期，产生不多，比较欧美等国，实不可同日而语。同时，还有些人以为调查统计与研究是属于学术方面的工作，对于社区服务工作不大重要。所以李景汉先生①曾说："不少的人，尤其是有权威的人中间，对于调查研究有一种似是而非的观念。他们总以为

① 李景汉(1895—1986)，北京通县(今通州区)人，中国著名社会学家，社会调查专家，代表作为《定县社会概况调查》。——整理者注

调查研究不过是属于学术方面的工作，其对于社会国家的实际用处，是不很重要的，至少是不急需要的。这就是与人类幸福最有关的政权是落在政客的手里，甚至于‘疯人’的手里，而不是在社会科学家的手里。不是在‘社会工程师’的手里的主要原因，也就是造成今日社会及国家如此纷乱，人类生活如此悲惨的根本由来。……时至今日，热烈的情绪、坚强的意志，固属重要，而清明的理智、正确的判断，尤为重要，可是清明的理想，是从事实的了解产出来的。”[①]由此可见，调查统计与研究，不纯是学术方面的工作。不过，从社会调查统计与研究工作获得真正事实，也不是一件轻而易举的事情。担任这类工作的人，不仅要有深刻的认识、知识的准备，更得要有坚决的信仰、浓厚的兴趣，不是率尔操觚者所能做得好的。

5. 社区服务工作标准的提高与实质的改进

社会事业在欧美各国早已视为一种专业，既为专业，当然须有此类专门的训练与职业团体的组织，因为这与工作标准的提高至有关系。现在美国，社会事业人才训练的内容与职业团体组织的标准日渐提高。社会事业人员的地位与其他专门职业地位，可以等量齐观。据 1936 年 7 月间之统计，美国社会事业学校协会特许

① 李景汉：《边疆社会调查研究应行注意之点》，《边政公论》创刊号，第 58～59 页，1941 年 8 月 10 日。

加入之学校会员有33个。1941年1月，增至41个。因为该协会之资格限制甚严，故有若干社会事业学校未能加入。职业团体的组织及其入会资格的限制，对于职业精神的培养、知识的交换、人员的品质及社会事业教育的本身，常有影响。美国社会事业人员协会于1921年始正式成立，其宗旨在联络同志，提高职业标准，发展社会事业，保障社会事业人员，推进工作研究等。据美国1930年之人口普查，全国社会事业人员有42 500余人，而加入该协会者只有4 657人，至1932年7月1日增至7 500人；至1936年1月1日则已增至9 552人。此外，科学知识的进步、方法技术的改进、研究工作标准的提高与社区服务工作标准，都有层层相依的关系。

社区服务工作的推动，不仅要注重数量的增加，尤其要注意实质的改进。有许多人常讥笑美国人有一种“数字狂”或“数目狂”，这就是说，普通的美国人常常把数量看得十分重要，他们每喜欢把捐款的数字、机关的多少、各项事实上的数字，夸耀于公众之前，总是以为数量多就是成绩好的表现。我国近年以来也慢慢地受到这种影响。社区服务工作人员，对于数量上的增加，固然要注重，当现代社会事业甫在发端之时，有些事业的兴办，可以说“多多益善”，但同时不要忘记了实质，民众所受到的“实惠”究有几何，尤其值得注意。换句话说，我们所当注意的，不仅是某地的社会服务处、劳工福利社以及合作社的数目有多少，而这些机关的内容如何,实质如何,尤当加以注意。我们固然希望社区服务工作日渐普遍发展,但是更希望社区服务工作能对于人民多有切实的贡献。

6. 社会教育的举办

社会教育乃改造社会生活,增进人民知识的一种最重要的工作。现在我国,社会教育久已引起社会人士及教育当局之注意,社会教育似已独树一帜,成为一个特殊的部门或专门的学科了。但就美国的社会事业家看来,社会教育,尤其是成人教育(Adult Education)乃社会事业之一种,或亦可视为社会事业方法之一。此种方法就是运用社会教育的方式,以改进社会的生活,增加人民的知识。社会教育的意义,依照马宗荣氏[①]的说法:"国家公共团体或私人,为谋全民的知能与生活向上发展,设有多式多样的机关与设施,供给社会全民,在其实际生活场中,而得自由地广为扩充其文化财产的享受,使影响及于社会全体的作用,叫社会教育。详细地说,国家公共团体或私人,设法使教育的范围扩张,使他社会化,在家庭和学校以外,另设多种多样的永久教育机关与临时的教育设施,应用种种方法,使一切男女老幼贤愚贫富全体民众,能不离开其实际生活,从学修体验,而获得文化财的享受,以增进社会

① 马宗荣,1896 年出生,卒年不详,贵州贵阳人,著名教育家、出版家、图书馆学家。——整理者注

全体民众的教育程度及生活状况，使社会的改革上进步上发生较普遍的良好影响，这个作用叫社会教育。由上面看来，社会教育有下列几点特征：① 社会教育是全民的教育；② 社会教育是毕生学习的教育；③ 社会教育是充实人生的教育；④ 社会教育是多式多样制的教育；⑤ 社会教育是利用余暇的教育；⑥ 社会教育是改善社会全体的教育。"[①]依上所述，社会事业的目的，尤其是社会团体工作的目的与社会教育的目的实无多差异之点。本来，教育或社会教育的意义是很广泛的，从广泛意义的教育看来，教育几无所不包，亦无远弗届，社会一切设施都有他的使命，人类一切行为都可以发生教育上的作用，在社区服务工作的过程中，人人皆可受教，人人亦可施教。社会教育是求社会进步的，社区服务工作也是求社会进步的，所以增进人类体之生活是社会教育的目的，也是社会事业的使命。的确人类行为的缺陷，不幸分子的需要，有时是要赖社会教育，才能解救。例如一般人民之常识缺乏，卫生知识缺乏与浪费习惯，非赖社会教育为之潜移默化是不足为功的。

在美国方面，社会教育的目标似可分为两种，虽则其所用的方法及技术，并无二致。[②] 社会教育的第一种目标，或可称为"较好生活的教育"(Education for better living)，即对于社会某一类的

① 马宗荣：《社会教育原论》，《社会教育辅导》第 1 期，第 41 页。
② Dunham, Arthur, Social Welfare Planning, Social Work Year Book of 1937, 484.

人群，如失学之儿童及未受过教育之父母等，施以社会教育，其目的在增进个人知识，改善集团生活，例如识字教育、卫生常识、亲职教育（Parent Education）、安全教育（Safety Education），与种族或团体关系之改善一类的教育，都是要赖社会教育的。为求达到上述各项目的，社会事业常联络各种团体的力量，如公共卫生、预防、医药、初等教育、成人教育、实业组织，以及其他与社会事业有关的团体，以完成其所负的使命。

社会教育的第二种目标，在使民众对于社会的需要，经费的来源、方法及标准，能多所了解。这可以说，就是社会事业的宣传，用以解释社会机关设立之目的、方针与事功，以有效的方法，大都为社会教育的方式，传达于大众，如此，社会事业的意义与价值，一般人民方能有所了解，由了解方易发生同情与合作。此类工作或为一个机关单独地举办，或联合若干机关，共同推动。要使社会教育与社区服务工作，联成一气，互相配合，须有专人为之设计、推动，方能产生预期的效果。

7. 社会立法的修订

社区服务工作的推行，固须有种种配合条件，而在社区服务工作推行之始，社会立法，关系尤为密切，没有完善的社会立法，社会行政与社会事业的实施就没有依据，无所适从，因为人类社会相互间的权利与义务，必须有法律上规定，个人或团体的行为方有所遵循。社会福利事业的推动，有许多方面是要靠法律的力量来执行的，所以现代国家对于社会立法的拟定与修正，不时予以极端的重视。例如美国近数十年来，由于政府及社会方面的社会福利事业的增加及其范围的扩大，使社会立法已成为现代社会事业中之一重要因素。美国联邦政府对于社会救济、社会安全及劳工福利、儿童福利等一类的立法，莫不有详细的规定。现在美国无论公私的社会机关莫不深感立法之重要。美国的社会立法现在约可分为下列四类：[①]① 与政府服务有关之社会立法(Legislation affecting govemmental service)，如联邦政府及地方政府所举办之公共福利、公共卫生、心理卫生、司法行政、惩戒及教育事业等。这一类的立法，大都关系于政府机关的组织、事功、执行与效率等，政府服务的功能与实质与此类立法有深切的关系；② 保证立法(Protective legislation)，即特殊团体及个人需要特殊保证立法，例如工厂女工、童工、私生子被虐待或遗弃儿童之保护等；③ 规定立法(Regulative legislation)，即对于个人及团体方面之各种规定，例如与婚姻、离婚及继承方面有关之各种立法；④ 限制立法(Restrictive legislation)，即关于惩治犯人与刑罚等之各种限制的立法。

美国对于社会立法虽极重视，但因其政治制度或政府组织的

① Bond, Elsie M., Social Legislation, Social Work Year Book of 1939, 470～471.

特殊，社会立法的制定与推行困难之处亦颇多。有许多社会机关虽则承认社会立法对于他们工作推行之重要，而对于重要的立法建议常采漠视态度，既不作积极的赞助，也不作坚决的反对。仅有少数的社会福利机关视立法为普通节目之一部。

社会机关或领导社区服务工作者，一与立法工作的活动发生关系，必须注意到下列各点：① 注意与机关行政有关之各种立法上的知识；② 各种立法方面的建议内容与决定，应以研究为基础；③ 起草立法的建议及修正未决的议案；④ 留意立法进行时的各项消息；⑤ 立法程序上的知识；⑥ 令熟悉立法的人员一人或二人出席会议：⑦ 与其他机关联络赞助或反对某项立法；⑧ 用有效的方法公布；⑨ 对于政策有关之未决案件，作迅速之决定；⑩ 对于每一议案，以最有效的方法，获得所希望的结果。此外与立法领袖随时发生密切联系，亦属重要，如此，社会立法对于社区服务工作，方能产生较大的效果。

社区服务工作的种类及方式颇多，兹择其要者略述于下：

1. 社区中心(Community Centers)

所谓社区中心，是居在一个区域以内的人民，共同参加有关社会、娱乐及文化等活动的集会场所。[①] 此类社区中心，通常系建立在一种民主式的组织上，用以供给社区各种活动的需要。这类社

① Stainer S. E. , Community Centers, The Encyclopaedia of the Social Sciences, Vol. 4, 105.

区组织产生的目的，是在增加社区以内人民的团结及发展社区的健全生活。社会中心(Social Center)一词，在1904年以前，应用已有相当的普遍，但是社区中心一词，大约是在1915年时才经开始通用，代替了社会中心这个名词。社会中心之所以被人重视，是与公社运动及教育工作有关，但是此种运动即在美国，一直到本世纪[①]之初才有普遍的开展，那时，纽约及其他少数城市的人民开始将学校房屋作为成人教育及娱乐活动之用。1907年时，纽约罗折思特(Rochester)[②]曾经设立一个学校社会中心(School Social Center)，附有社区活动的精彩节目，其中包括公民问题的讨论、各种俱乐部的组织及各项娱乐的设备。同时，类似上述的组织在其他都市亦可发现，此种运动，在1911年时，已获得各地的响应，结果形成了美国全国社会中心联合会(The Social Center Association of America)。不数年后，"社区"一词获得更普遍的应用，于是以社区为社会单位的兴趣更见浓厚，全国社区中心联合会(National Community Center Association)于1916年由当时参加此类工作之活动人物组成，其主要目的在提倡以学校作为社区中心。由于社区运动之迅速扩展，社会中心乃改称社区中心，但其中的一切活动与内容，并无若何变更。社区服务工作利用学校的设

① 此处指20世纪。——编者注

② Rochester，现多译为"罗契斯特"(市)，为美国明尼苏达州的城市。——编者注

备,在上次欧战时已甚普遍,那时,国防会议常利用学校作为宣传抗战之所,数千与国防会议有关之地方社区,因而成立。

在上次欧战以后,美国有许多的学校房屋曾随时准备作为社区活动的用途,但是当时只有少数学校,视社区活动为学校活动项目之一,备有社区中心节目。依据 1924 年之学校社区中心调查报告,美国计有 1 569 个社区中心,除掉夜校以外,一星期之内开放一次,计有二次以上的活动举行,或一星期之内开放两次,计有一次活动举行。这些社区中心分散在 722 个都市、市镇及村庄之中,其中有 244 个区域之人口在千人以上。学校社区中心的工作,每不能照常举行,这是调查所得的一种重要事实,仅有 25%的社区中心在一年之内有 9 个月的工作;44%的社区中心于一星期之内有一夜或二夜的工作。虽则如此,但是,社区中心已能获得社会大众的认识与赞助,其主要原因,就是注重娱乐节目。社区中心大都备有游戏、体育竞赛、健身、舞蹈及各种集会的设备。同时,对于成人教育的推行,亦甚注意。美国公民教育对于移民之职业指导与训练,与这一类的工作是有关联的。

学校社区中心经费的来源,大都出自公家,有时公家的财政不充裕或有不便,则由地方联合共负维持的责任。此种事业的执行与管制,并无一定的规划。在 1924 年时,有 61%的学校社区中心由学校委员会执行其职务,12%由娱乐及公园委员会执行其职务;

有16%由学校委员会与私人团体共负执行之责；有11%则全由私立机关担任。用官方的力量管制此类组织不大受人欢迎，因为有人以为社区中心组织是训练民主精神的场所。

以往此种运动的主要动向，大都是使学校成为社区的中心，但现在都已承认，学校不过为社区生活中心之一种而已，社区教堂、社区房屋、游戏场所以及商店、机关皆可作为推动社区服务工作之所。以往有许多社区中心节目，现在渐感难于与市政府、私人团体及商业组织之设备优良的娱乐节目，互相竞争。近年以来，交通工具之大量发展，使人口的移动更形剧烈，结果，人民倾向于维持地方的社区忠心(Community Loyalty)日形减少，因之，较小社区中心工作之维持颇感不易。但是社区中心，在一般美国人的生活中，似仍占极重要的地位，学校与教堂建筑的内容，大都能与社区中心的需要互相配合。有多数的州份对于学校的建筑定有法规，强迫执行此类工作。就目前的趋势看来，如往日开始发展时，专以一种中心来推动服务工作，已成过去，今则趋向于在不同管辖之下，建立不同的中心，供给不同的特殊节目，此类节目大都是带有娱乐性质的。如同社区中心代替了社会中心一样，社区中心渐渐走到娱乐方面而且很显然形成了一种(颇具)广泛(性)的娱乐运动。[①]

---

① 本节资料多系采自 Steiner J. F. ，Community Centers，The Encyclopaedia of the Social Sciences，Vol. 4，105～106.

此类社区服务工作，无论是称为社区中心也好，或社会中心也好，在我国一般人看来，此类名词颇觉生疏，称为公社或易于使人了解。

2. 社会服务交换所(Social Service Exchanges)

社会服务交换所乃一个社区社会服务的联合机关，其主要目的在供给全社区之社会个案记录的总索引(Central Index)，在可能范围之内，务使每一个参加之服务机关，彼此对于被救济或服务之家庭或个人的以往情形均能知悉，如此，重复的服务既可避免，许多有价值的社会资料及重要消息，亦因而获得。现在美国的社会服务交换所，在各地有不同的名称，例如联合注册局(Joint Registration Bureau)、中央清理所(Central Clearing House)、秘密交换所(Confidential Exchange)，总索引或社会服务索引皆是。

此类交换所之设立，原始于“慈善组织”运动，为最兴盛时之私立家庭福利社。社会服务交换所随着社会机关的增加而发展，现在美国，不仅在较大的都市社区有此种组织，即在较小的城市及乡村社区，亦有同样的组织可以发现。自 1933 年以来，全国公共社会服务日益扩充，结果，在乡村方面形成了一种新的交换处所。

社会服务交换所的索引，通常仅包括姓名、年龄、住址及曾经参与服务之机关名称及开始接触日期。各机关互通声气之方法或用通信，或用电话，或差专人查询，至不一定。倘使查询以后，发现同时有二个以上之机关对于相同之个人或家庭，予以援助，则须共同互商处理的计划或方法。

社会服务工作的交换，每一种社会事业机关都很需要，例如社会救济行政、家庭服务会社、儿童福利机关、公共卫生及护士组织、医药社会工作、犯人试释工作，以及学校、教堂、公社，都可加以运用。他如社区服务工作的设计，联合募捐的实施，几莫不须有这类组织，方能推动有效。据 1936 年之统计，美国此类交换所的数目有三百个以上，全国社会服务交换机关曾发行一种刊物，一年出版十次，专为传达各种社会服务交换之消息。①

社会服务的交换乃往日从事于社会事业者的一种工具，此种服务交换工作，在过去十余年内，大都能适应社会变迁的要求。由于查询工作的逐渐增加，社会服务交换机关，乃不得不扩充其设备与人员。自政府的社会服务工作发达以后，在交换方面，产生一些新的问题。如何使联邦政府、各州政府、地方政府及其他公私社会服务工作互相配合与联系，乃成社会服务交换工作的主题了。此外下列几种趋势，似乎亦值得吾人之注意：① 在一个区域以内，独有社会服务交换机关，范围日加扩大；② 如在一区域之内有不同的社会服务交换机关，日益趋重于合作经营之途径；③ 对于无家

① Hughes, Elizabeth, Social Service Exchanges.

可归之人，或暂时的过客，亦常被若干社区，予以注意记载，以供服务之参考。

3. 社会机关会议(Councils of Social Agencies)

社会机关会议乃本世纪[1]初叶一种社会机关服务联合运动节目之一，现在美国有若干的都市中均有此种组织。此种组织之通常形式有一中央代表团，包括专业及非专业的各种代表，其原来目的除避免无谓的重复与浪费之外，并致力于社区之研究，集团思想及计划之提倡，普通服务行政标准的改进，以及公私社会事业的相互了解与维护。自1920年以来，此种会议运动很受发展迅速之联合募捐的影响。我们可以说，联合募捐加强了社会机关会议，而社会机关会议亦协助了联合募捐的成就。

社会机关会议运动，在美国近二十年来对于社会福利的促进，曾有相当的贡献，但就社会事业家的眼光看来，仍属一种过渡的阶段，将来的发展虽则不能预期，但从近今的趋势看来，亦有可得而言者。其中最值得注意的为地域分权(Territorial De-centralization)的趋向，有许多的都市之中，设有区域或邻里会议，此种趋向，似在财力与人员许可之下，迅速的发展。与上述有关之另一种趋势，就是社会设计之渐被重视。财力集中的发展，亦与社会机关会议新的

① 此处指20世纪。——编者注

动向有关。社会事业经费的来源多出自国家的赋税，因之，社会机关会议对于公共福利、公共卫生及其他市政的标准的改进与提高，特别加以注意。在上次经济恐慌时期，募捐不易，社会事业很迅速地走到公共机关掌理之下，于是市政人员之参加社会机关会议者日多一日。

4. 社会机关联合会

社会机关为加强各有关机关之联系与合作，可组织一社会机关联合会以保持并发展各有关机关之友谊接触。在较大的社区中，社会机关林立，彼此经常地不时接触，商讨各种困难问题，互相交换意见，是很重要的一件事体。此类联合会之组成，不应仅限于社会机关的代表，凡一社区之重要机关之代表，如教育、卫生、实业以及军政方面之主持者，均当邀其参加。不过，领导此类联合会之人物，人格资历须孚众望，否则亦殊难望其有所成就也。

社区服务工作的种类，有如社会教育一般，是多式多样的，社区娱乐、社区音乐、社区戏剧、社区询问处、社区福利促进会，以及其他福利或公益事业，都可运用社区服务工作的方式加以提倡或举办，所以一个社区服务工作的内容及种类，每因社区领袖的能力与人格、社会人士的兴趣、地方的财力与设备而各有不同。

# 第四章　社区服务工作的原则及其方法

社区服务工作的意义及其种类，已略如上述，关于社区服务工作的原则及其方法，下列几点，颇属重要，兹一一申述于下：

1. *应多方联络当地的机关与领袖共策进行以谋工作的发展*

社会之有组织虽由来已久，人类社会的互助虽自古已然，但此类社区组织或社区服务，还是一种比较新的方式，欲谋工作的顺利进展，必须联络当地有关机关与士绅领袖，共策进行，方易收效。社区服务工作如不加以推进，自然亦觉无事可作，但一经发动，则常有"事业无穷"之感。社会事业，千头万绪，人民需要社区服务工作的协助是多方面的，专靠少数人的精力与时间来推动社区服务工作，很易感到"力不从心"，所谓"众擎易举""独力难支"，都是说明一种事业必须多方联络，共同合作，才易成功。社区服务工作的推行，也应格外注意到这一点。

2. 应极力启发人民的自发的情绪和自动的精神

社区服务工作固多有赖于先知先觉为之首先倡导，树立规模，而社会事业范围广泛，社区服务工作种类亦多，而且此类工作亦不可陈陈相因，毫无创见，而须常常发现新的方法、新的技术。欲使此种事业垂之永久，自有赖于人民之自力和自动，极力设法形成其社区民主团体的组织，让民众对于团体的生活为有力地参加，切不可长久由发动者一手包办，养成其依赖习性。我国过去有许多的地方社会服务工作，徒知以行政力量支配一切，或仅做些编制功夫如点名造册之类，而对于人民的自动和自觉的启发则多不注意，社区服务工作，应以社会运动团体多做些教育上的功夫来启发其自动的精神，来培养其根本观念。人民有了自发的情绪和自动的精神以后，他们一定会慢慢地替他们自己出力，来改革他们的生活，促进他们的福利。如此，在时日许可之下，人民自力和自动的习性，既已渐渐养成，推行社区服务工作的人员，只要从旁加以指导协助，便能推动各项社区服务工作。所谓“费力少而成功多”，这也是社区服务工作方面一个最重要的原则。

3. 应注意到社区人民的需要并顾及社区的人力与物力

社区服务工作的推行，应注意到社区人民的需要，然后根据需要,再定实施的方针与步骤。社区需要最迫切的是哪一种服务工作,我们就应设法为之兴办或促成人民自动兴办。如此,则所推行的社区服务工作,方能切合实际,发生力量。从理想方面看来,也许一个社区所应办之服务工作甚多,有时而且“百废待举”,但是,因为人力与物力的限制,当然不能同时并举,自不得不权衡轻重缓急,择其重而急者先行举办。所以社区服务工作必须顾及社区的人力与财力,脚踏实地,逐步前进,从大处着眼,小处下手,在人力物力许可之下规定推行步骤,分期分区举办,切不可好高骛远,徒事铺张,只顾表面,不切实际,始则计划庞大,当终则“一事无成”,以致贻人口实,无法挽救,这是主持社区服务工作者不可不慎的。不过,地方的人力与物力,亦在能否善为利用,以我国人力物力之艰难,这类工作的推行,当非易事,但若是有适宜的计划,人事的联络,与真实负责之领导人员,所谓人力与物力之艰难,也不是不能加以克服的。

4. 应注意于社区服务工作的研究与实验及其效率的考核

社区服务工作一方面固须有健全的哲学和观点,一方面还要有新创的方法与技术,这些基本条件都要靠研究同实验得来,才能适合于我国的情形。欧美各国的社区服务工作,固然也有许多的地方可以供作我们的参考,但是我国的社区服务工作,必须多多留意到我国的民族心理、社会状况经济环境和文化背景,等等。我们若是对于这些情形要能多加了解，自己的研究与实验是绝对不可少的。从自己的研究与实验的结果才能获得妥善解决的办法。社区服务工作有如医生治病一样，且要继续不断的诊断，方能对症下药，或能使药到病除。同样，社区服务工作也要随时加以研究与实验，才能发现适合的方法或技术及其解决途径，根据研究与实验所得，从事各项工作之改进。同时，考核工作亦殊重要，因为考核工作可以促进工作进步，并且可以知道研究与实验的结果，对于某种工作或问题究能有多少贡献。

5. 应注意到社区服务工作的推广

社区服务工作固应重视研究与实验，但是，我们也不当长在一个地方研究与实验，一有相当结果即应将其所获得的结果，推广到各地，务使此类工作能日益普遍。试观欧美各国社区服务工作的起源与发展，开端亦只有极少数人在一个地方倡办，一有成效，各地即闻风兴起，风声所播，不久即普及各地，对于全国的社会改造，发生不少的影响。我国幅员广大，社区服务工作有待推行之处极多，一处有了成效，并应将其所获得之成绩推广于各地。这样，社区服务工作才有生气。

6. 应利用时机，推行各项工作

利用时机是宣传社会事业的一个紧要原则，也是推行社区服务工作一个重要因素。服务工作虽则因时因地因人而有不同，然均当利用良好的时候，适当的机会，引起人们的注意，对于民众偶发与经常的事项，要随时随地善为利用。

7. 应了解民众的心理

社区服务工作的对象是人民，是群众，所以社区服务工作的推行不能离开民众。换句话说，我们若要社区服务工作能社会化、普遍化，必须多多接近民众，了解民众的心理。他们的意志、思想、情绪，以及行为态度等，我们要随时加以研究。对于民众的心理有了了解以后，然后选择适合于民众心理的工作，先行举办。我们要改造社会，必须先要明了社会心理，要改造民众心理，必须先要迎合民众心理，如此，民众对于领导社区服务工作的人，方易发生信仰，工作方易推动顺利，这也是举办社区服务工作的人所当留意的。

8. 要有具体的组织

社区服务工作不是空谈可以奏效的，也不是少数人的临时集合摇旗呐喊予以提倡，可以达到目的的，而必须有具体的组织如公社一类的结合，才能产生力量。旧有的组织与力量有时固亦可予以运用，但是一种较新的社会运动，似须有具体而新的机构为之配合，方能收效。

9. 社区服务工作人员的修养是社区服务工作成败的关键

大凡一种事业的成功与失败，人的因素要占主要的成分，其他事业如此，社会事业方面之社区服务工作犹然。试观欧美各国社区服务工作最昌盛之时，莫不有健全或人格高尚之领袖，为之倡导。他们的态度行为、思想以及其他素养，均足为人表率，而民众于不知不觉之间，亦受其潜移默化，其对于服务工作的影响之大，是不能用尺度予以估量的。所以良好行为习惯的养成、人格态度的培育，不仅是领导社区服务工作的人员要加注意，凡是执行社区服务工作的人亦应留心。

10. 我国的社区服务工作应多从乡村市镇方面着手

社区服务工作固然也可以从都市方面着手，但是都市区域广大，人口众多，服务工作，难期普遍。乡村社会建设之重要，从我国全国人口比例上说来，或从这次抗战的经验上说来，几毋庸多述，不过，广漠的乡村，居民散漫，不易集合，所以从适合的工作单位看来，我国的社区服务工作应多从乡村市镇入手。因为乡村市镇是我国社会经济活动的中心，又为沟通乡村与都市关系的重要锁钥。我国之农村社会经济，虽然逐渐地卷入国际经济的旋涡，但是大部分社会经济状况，依然停留在市镇社会经济阶段之中，市镇早已成为乡村社会及经济组织的中心。社区服务工作若是忽视了此种中心组织，就是忽视了我国社会改造的重心。今后我国的社区服务工作要把握住此种中心，加紧乡村市镇的社区服务工作。

# 第五章　社区服务工作的评价

前面已经提到，社区服务工作是社会事业园地中所采用的一种方法或工作，与社会个案工作及社会团体工作有同样的重要。从纵的方面说来，社区服务工作与夫各项社区组织，在欧美各国，已有悠久的历史，成绩昭著，事业彪炳，以往对于这类工作曾有伟大之贡献者，亦大有人在。从横的方面看来，现在欧美各国对于此种工作之推行，仍不遗余力，学者对于社区服务工作之研究与提倡亦甚注意，学校对于此类课程之开设日见普遍。人民对于是类工作的举办，亦多感兴趣。社区服务工作之所以日在发展，不为无因。

英美等国的社会经济改造运动的方式颇多，种类不一，例如合作、劳工、妇女、社会调查、儿童福利等运动，莫不对于人类生活的改进，各有其特殊之贡献。无疑地，社区运动不过为近代社会运动中之一种，社区服务工作亦不过为社会事业园地中方法之一种，从整个的社会运动或社会事业看来，社区服务工作对于人类社会的贡献自属有限。一个社区公社的建立，无论其怎样完备，对于一个社区也不会有“旋乾转坤”或“起死回生”的作用，如果同时其他方面没有改善。更进而言之，一点一滴的社区服务工作，虽可增进少数人的幸福，却挡不住暴风疾雨的怒潮，更保不住整个民族的生存。目下的社区服务事业，好像很有生气，可是对于整个社区的福利，究竟能增加多少？况且有些社区服务的组织，徒具形式，没有内容，若是再有不法之徒，外借服务之名，内作谋利之实，那就更要令人失望了。所以社区服务工作的本质，原属无可非议，但是，推行的方法，基本的认识，那就几乎全靠得人了。

国父致力国民革命凡四十年，其留传之宝贵遗教甚多，而其中最值得吾人，尤其从事于社会事业的人，所当拳拳服膺者，莫过于“人生以服务为目的”及“天下为公”的基本精神。国父说：“聪明才力愈大者，当尽其能力以服千万人之务；聪明才力略小者，当尽其能力以服千百人之务；至于无聪明才力者，亦当尽一己之能力以服一人之务。”吾人从此可以认识人生的目的及服务的使命。换言之，人生最大的任务，就是服务，社会的进化、人类的生存都要靠这些基本精神，为之发扬光大。人类所有的活动，都应配合这些基本精神，才有意义。吾人亦认为社会革命最后的目的，就是一个“公”字，“社会公道”，以及“天下为公”的思想与“民治、民有、民享”的精神，亦相吻合。社区或公社一类的组织，似乎是以往社会改造家所提倡的或新创的一种事业，若干不大明了其中意义或内容的人，有时不免“另眼相看”，或则以为“标新立异”独树一帜，或则视为“无足轻重”，漠不关心，此于社区服务工作之推行，均不无阻碍。持此种看法者，大都因为不甚明了近代社会运动及现代国家趋势之所致。

就现代国家的趋势言之，国家是社会的机关①，国家是一个基本的社会组织。所有社会机关或任何社会组织的主要任务，就是服务，为人民谋福利。国家的功能，在为人民服务上方能表现。为人民谋福利是政府应有的职责。由社会本位的观念看来，国家是有权力的，而权力即包含着责任。政府的职务，是随时代的需要而增加的，人民福利的发展与保障，是现代国家的重要职责之一。大凡一种法律的制定，包含着权利与义务两方面，权利与义务，都不能离开责任的观念。所谓国家的主权是什么？国家的主权就是国家的权力与责任的总体。国家的功能，是为人民尽责任，尽义务。换句话说，就是为人民而服务。有人曾就政治关系的性质将现代国家分为权力国家（Power States）与福利国家（Welfare States）两

① 马季佛（Maciver 著、胡道维译）：《现代的国家》第十六章“国家的一个新解释”。

种。福利国家的意义，乃是对于一般福利与服务工作的推进，随时随地就其权利与义务，尽其应尽之责。这就是现代国家的一种趋势。

就近代社会运动的趋势言之，近代社会运动的种类颇多，方式不一，而其主要目的在针对社会需要，打破个人主义的观念，增进人类全体的福利。“社会统一的生存，完全要视公共利害关系或公共性质的观念是否强于个别利害关系的观念为转移，人类是一种社会动物，他们感觉这一点愈尽致，社会的系统便愈坚固与伟大。凡现存或能存的统一，莫不以这一种觉悟为根源。”①

所以增进人类全体的福利，改造社会大众的生活，是现代国家的主要任务，也是近代社会运动的重要目标，社区服务就是朝着这种方向而努力的一种工作。现在有些人对于这类工作不甚重视或不尽了解，一俟新的国家观念及新的社会意识有了培养以后，此类工作的重要与内容是不难于了解的。

再就现代社会事业的趋势而言，社会福利的设计，社会事业行政机关的联系与调整，以及各项工作技术上的配合，都非常重要。但以往各种社会事业的举办，对于上述几点，很少有人注意。就是现在，因为许多事实上的困难，也没有达到我们所希冀的境地。社

① 马季佛著（Maciver 著、胡道维译）：《现代的国家》，第 448 页。

区服务工作，除着重于服务的人生观以外，并须运用近代社会学上的社区组织原理，从事于组织、设计及调整等工作，以求工作的推动与发展，就这些方面看来，其尚待吾人的努力与研究的工作，是很多的。

## 本编参考书目


1. Hiscock, Ira Vaughan, Community Health Organization, the Commonwealth Fund, New York, 1939.

2. Hodson, William, "Community Planning for Social Welfare", 1929, 1930, National Conference of Social Work Proceedings.

3. Mangald, George B., Organization for Social Welfare, The Macmillan Co., New York, 1934.

4. Mccleahan B. A., Organizing the Community, The Century Co., New York, 1925.

5. Millspaugh A. C., Public Welfare Organization, 700 pp, particularly. 417 ~ 619, 1935 includes a Bibliography.

6. North, Gecil C., The Community and Social Welfare, Mcgraw - Hill Book Co., New York, 1931.

7. Persons W. Frank, The Welfare Council of New York City, 1935.

8. Pettit W. W., Case Studies in Community Organization, The Century Co., New York, 1928.

9. Reeves, Margaret, "Community Planning in Rural Communities" National Conference of Social Work Proceedings, 1935.

10. Steiner J. E., Community Organization, The Century Co., New York, Rev. ed., 1930.

11. Van Kleeck, Mary, Social Planning and Social Work, National Conference of Social Work Proceedings, 1933.

12. 李世勋译：《邻保事业》，中华社会事业研究会出版，1930 年。

13. 蒋旨昂著：《战时的乡村社区政治》，乡村建设研究所出版，1941 年。

# 附录一　日本纪年与公元纪年对照表

| | | | |
|---|---|---|---|
| 明治七年 | 1874 年 | 明治三十七年 | 1904 年 |
| 明治十四年 | 1881 年 | 明治三十九年 | 1906 年 |
| 明治十八年 | 1885 年 | 明治四十年 | 1907 年 |
| 明治十九年 | 1886 年 | 明治四十一年 | 1908 年 |
| 明治二十四年 | 1891 年 | 明治四十二年 | 1909 年 |
| 明治二十七年 | 1894 年 | 明治四十四年 | 1911 年 |
| 明治三十年 | 1897 年 | 大正元年 | 1912 年 |
| 明治三十二年 | 1899 年 | 大正二年 | 1913 年 |
| 明治三十三年 | 1900 年 | 大正三年 | 1914 年 |
| 明治三十四年 | 1901 年 | 大正六年 | 1917 年 |

| | | | |
|---|---|---|---|
| 大正七年 | 1918 年 | 昭和二年 | 1927 年 |
| 大正八年 | 1919 年 | 昭和三年 | 1928 年 |
| 大正九年 | 1920 年 | 昭和四年 | 1929 年 |
| 大正十年 | 1921 年 | 昭和五年 | 1930 年 |
| 大正十一年 | 1922 年 | 昭和七年 | 1932 年 |
| 大正十二年 | 1923 年 | 昭和八年 | 1933 年 |
| 大正十三年 | 1924 年 | 昭和九年 | 1934 年 |
| 大正十四年 | 1925 年 | 昭和十一年 | 1936 年 |
| 昭和元年 | 1926 年 | | |

# 附录二　中国历史纪年与公元纪年对照表

| | | | |
|---|---|---|---|
| 隋开皇三年 | 583年 | 熙宁二年 | 1069年 |
| 开皇五年 | 585年 | 南宋乾道四年 | 1168年 |
| 唐贞观二年 | 628年 | 淳熙八年 | 1181年 |
| 贞观十三年 | 639年 | 绍定元年 | 1228年 |
| 北宋淳化三年 | 991年 | 元世祖二十五年 | 1288年 |
| 淳化五年 | 994年 | 至元六年 | 1340年 |
| 咸平二年 | 999年 | 明洪武七年 | 1374年 |
| 天禧四年 | 1020年 | 清康熙四十九年 | 1710年 |
| 嘉祐二年 | 1057年 | 乾隆十年 | 1745年 |
| 治平二年 | 1065年 | 嘉庆七年 | 1802年 |

| | | | |
|---|---|---|---|
| 嘉庆九年 | 1804 年 | 咸丰六年 | 1856 年 |
| 道光十二年 | 1832 年 | 咸丰八年 | 1858 年 |
| 道光十七年 | 1837 年 | 咸丰九年 | 1859 年 |
| 道光二十三年 | 1843 年 | 同治二年 | 1863 年 |
| 道光二十五年 | 1845 年 | | |
| 道光二十六年 | 1846 年 | | |
| 道光二十七年 | 1847 年 | | |

# 后　记

言心哲先生生于1898年7月，于1984年2月去世，亲身经历了民国时期社会学和社会工作的引入和中华人民共和国成立后的专业裁撤，乃至之后老一辈社会学家积极争取恢复的那一段历史。作为社会学家，他的主要研究集中在社会调查和农村社会学上，虽其功底扎实、治学严谨，但在那个社会学界“群雄并起”的时代显得并不突出。但是作为社会工作教育家和学者，言心哲即便是仅凭《现代社会事业》一书，也足以称得上个中翘楚。本书成书于1944年，再版于1946年，无论在理念、理论，还是知识体系的设计上，都可以算是那个时期社会工作初次引入中国后知识与经验总结的集大成者——既有西方较为系统的前沿理论知识，以及对各国社会工作实务进展的述评，同时又有对本土社会工作发展的总结与理论知识应用于实践的切实思考，在那样一个时代，殊为难得，弥足珍惜，是我们回顾和借鉴那一阶段历史以及完善本土社会工作学科史不可多得的良好素材。

本书主要根据1944年商务印书馆第一版整理而成，整理者林顺利。彭秀良做了全面校订。时逢整理者正在承担国家社会科学基金项目“民国时期社会工作本土化研究”(13CSH097)，该书的整理完成也是课题成果之一。河北大学2017级社会工作硕士贾梦瑶、2018级社会工作硕士刘婷艺、刘瑜、辛丽丽协助查阅了一些相关资料。

“中国社会工作史料汇编(第一辑)”编辑委员会

2018年9月